rowohlts monographien
begründet von Kurt Kusenberg
herausgegeben
von Wolfgang Müller und Uwe Naumann

Alexander von Humboldt

mit Selbstzeugnissen
und Bilddokumenten
dargestellt von
Adolf Meyer-Abich

Rowohlt

Dieser Band wurde eigens für «rowohlts monographien» geschrieben
Die Zeugnisse und die Bibliographie besorgte Adalbert Plott
Neubearbeitung der Bibliographie (2000) durch Wolfgang Beck
Herausgeber: Kurt Kusenberg · Redaktion: Beate Möhring
Umschlaggestaltung: Werner Rebhuhn
Vorderseite: Alexander von Humboldt. Gemälde von Joseph Stieler, 1843.
Potsdam, Schloß Charlottenhof (Rowohlt Archiv)
Rückseite: Das Zeltzimmer Humboldts in Schloß Charlottenhof, Potsdam
(Ehem. Staatliche Bildstelle, Berlin)

Veröffentlicht im Rowohlt Taschenbuch Verlag,
Reinbek bei Hamburg, November 1967
Copyright © 1967 by Rowohlt Taschenbuch Verlag GmbH,
Reinbek bei Hamburg
Alle Rechte an dieser Ausgabe vorbehalten
Gesetzt aus der Linotype-Aldus-Buchschrift
und der Palatino (D. Stempel AG)
Gesamtherstellung Clausen & Bosse, Leck
Printed in Germany
ISBN 3 499 50131 7

17. Auflage Oktober 2004

Inhalt

Einleitung 7
1. Abschnitt
   Familie, Erziehung, Beruf und Reisevorbereitung 14
2. Abschnitt
   Die große Amerikareise 66
3. Abschnitt
   Erntezeit und Vollendung 108

Anmerkungen 157
Zeittafel 168
Zeugnisse 172
Bibliographie 176
Namenregister 187
Quellennachweis der Abbildungen 190
Über den Autor 191

Alexander von Humboldt am Orinoko. Gemälde von W. G. Weitsch, 1806

EINLEITUNG

Wer Alexander von Humboldts Wesen und Wirken nicht nur verstehen, sondern auch richtig würdigen will, darf sich nicht auf das beschränken, was uns die deutsche Geistesgeschichte davon erzählt; er muß vielmehr den Spuren Humboldts in Amerika nachgehen. Denn von allen Deutschen, die in Amerika für Amerika gewirkt haben, ist Humboldt mit weitem Abstand der bedeutendste gewesen. Innerhalb der deutschen Geistesgeschichte bleibt er der größte Naturforscher der Goethe-Zeit und zugleich der letzte Universalgelehrte auf dem Felde der Naturwissenschaften, der ihre derzeitigen Ergebnisse nicht nur in ihren allgemeinen Gedanken und Theorien, sondern auch bis zu ihren letzten Einzelheiten herab noch vollkommen beherrscht hat. Im amerikanischen Geistesleben aber bedeutet er ungleich mehr; dort ist er eine bis in unsere Tage hinein lebendig weiterwirkende Tradition.

Dafür mögen schon an dieser Stelle einige bezeichnende Hinweise gegeben werden. Außer den Denkmälern der Brüder Humboldt vor der alten Berliner Universität gibt es in Deutschland nur noch den Gedenkstein auf Humboldts Grab in Tegel. Im übrigen Europa sieht es kaum besser aus, erst in der spanischen Welt spürt man die mit seinem Namen verbundene lebendige Tradition. Schon in Teneriffa, der ersten Station seiner großen Reise, gibt es den allen Touristen bekannten «Humboldt-Blick» mit einem entsprechenden Gedenkstein und eine Erinnerungstafel an dem Adelspalast in Orotava, in dem Humboldt Gastfreundschaft genossen hat. Von da an finden wir Humboldt-Denkmäler und -Gedenksteine überall in Süd- und Nordamerika. Auf allen Stationen seiner großen Reise von Venezuela über Kuba, Kolumbien, Ekuador und Peru bis Mexiko begegnen sie uns auf bemerkenswerten Plätzen, und darüber hinaus im übrigen Amerika, wo er selbst niemals gewesen ist. Von zahllosen schönen Tälern und Landschaften wird dem heutigen Reisenden erzählt, Humboldt habe gesagt, daß es die schönste Landschaft sei, die er auf seiner Reise gesehen habe. Das ist geradezu zu einem gesamtamerikanischen Mythos geworden. Der Verfasser hat selbst mindestens zweimal erlebt, daß ihm das in Ländern erzählt worden ist, die Humboldt nachweislich nie betreten hat. In Alexander von Humboldts Werken und Briefen sucht man vergeblich nach solchen Bemerkungen. Und es ist nicht nur die Geisteswelt Amerikas, die in immer noch fortwirkender Überlieferung dem Namen Humboldt ihren Respekt und ihre Dankbarkeit bezeigt – auch im einfachen Volk lebt er weiter. Nahe bei Cumaná (Venezuela), wo Humboldt zuerst amerikanischen Boden betreten hat, erlebte ich eine für ganz Iberoamerika bezeichnende Episode. Ende April 1959 kamen im Auftrage der Bundesregierung zwei deutsche Professorenkommissionen nach Iberoamerika, um gemeinsam mit den Universitäten und Regierungen dieser Länder des 100. Todestages Alexander von Humboldts zu gedenken. An einem dieser Tage befanden wir uns vor der berühmten großen Tropfsteinhöhle bei Cumaná, die Humboldt als eines der ersten Naturwunder Südamerikas nach seiner Ankunft erforscht hatte. Im Auftrage der Asociación Humboldt in Caracas sollten wir eine Gedenktafel an der Stelle der Höhle einweihen, bis zu welcher Alexander von Humboldt hatte vordringen können. Diese Höhle ist dadurch bemerkenswert, daß in ihr riesige Scharen des interessanten hühnergroßen Guacharó-Vogels nisten und den ganzen Tag über von Sonnenaufgang bis Sonnenuntergang sich aufhalten. Nur in der Nacht fliegen diese Vögel, obwohl sie morphologisch und taxonomisch zu den Tagvögeln gehören, auf Nahrungssuche aus. Während wir also nun am Eingang dieser Höhle auf unsere ortskundigen Begleiter warteten, näherte sich uns ein einheimischer Bauer und fragte, ob wir Amerikaner seien. Als wir verneinten und uns als Deutsche zu erkennen gaben, rief er aus: «Dann sind Sie also Landsleute [compatriotas] des berühmten Gelehrten Alejandro de Humboldt!» Als ich verblüfft fragte: «Aber woher kennen Sie denn Humboldt?», entgegnete er: «Aber das ist doch der Mann, der allen unseren Pflanzen und Steinen ihre Namen gegeben hat! Das lernen wir doch schon in der Schule!» Ich möchte einmal wissen, was ein deutsches Dorfschulkind, ja sogar ein Abiturient von Humboldt berichten könnte! Günstigstenfalls würde er ihn mit seinem Bruder Wilhelm verwechseln, von dem im Zusammenhang mit Schiller vielleicht noch manchmal die Rede ist.

In den Vereinigten Staaten war Humboldt nur auf der Rückreise von Mexiko nach Europa im Sommer 1804 knappe sechs Wochen. In Philadelphia angekommen, hatte er, der schon während seiner Reise und eben durch sie Weltruhm errungen hatte, sich bei Jefferson, dem damaligen dritten Präsidenten der Vereinigten Staaten, gemeldet. Dieser lud ihn sogleich ein, ihn zu besuchen, und so verbrachte Humboldt dann noch einige Wochen bei Jefferson in Washington und auf dessen Landsitz Monticello. Über Gott und die Welt haben sie damals miteinander gesprochen, insbesondere natürlich über die großen Fragen Lateinamerikas. Sie haben Pläne über die beste politische Gliederung der damaligen spanischen Kolonien als künftigen Mitgliedern Panamerikas gemacht und sicherlich auch über den Plan eines Panamakanals gesprochen, eine der Lieblingsideen, die Humboldt von Amerika heimgebracht und sein ganzes langes Leben hindurch weiterhin propagiert hat. Man lese nur in Eckermanns Gesprächen nach, was Goethe darüber nach einem Besuch Alexander von Humboldts in Weimar gesagt hat.

So kurz Humboldts Aufenthalt auch in Washington gewesen ist, so hat er doch gerade in den Vereinigten Staaten eine Wirkung gehabt, die derjenigen seiner fünf Jahre in Iberoamerika kaum nachsteht. Es gibt heute nicht weniger als acht Ortschaften in Kanada und den Vereinigten Staaten – und zwar in Illinois, Iowa, Kansas, Minnesota, Nebraska, South Dakota und Tennessee –, die «Humboldt City» heißen. Eine Meeresbucht, die «Humboldt Bay» in Kalifornien, drei Landkreise, nämlich die «Humboldt Counties» in Kalifornien, Iowa und Nevada, ferner der Humboldt Peak in Custer, Colorado, sind nach Humboldt benannt. Im Staate Nevada allein gibt es außer dem Humboldt County nicht weniger als fünf geographische Daten, die Humboldts Namen tragen, die «Humboldt Range», den «Humboldt River», das «Humboldt Reservoir», die «Humboldt Salt Marsh» im Churchill County und die «Humboldt Sink». In Kalifornien gibt es noch den «Humboldt State Redwood Park», während in Südamerika der Humboldt-Strom vor der Küste Perus und der Pico de Humboldt bei Mérida in Venezuela die bekanntesten nach Humboldt benannten geographischen Orte sind.

Treffender, als es eine lange Abhandlung tun könnte, beweisen diese Tatsachen, daß Humboldt für das gesamte Amerika mehr ist als nur eine hervorragende Gestalt in der Geistesgeschichte des Abendlandes. Für ganz Amerika repräsentiert er eine noch bis heute lebendig gebliebene Tradition nicht nur der Naturforschung. Auch die Geographie ist erst von Humboldt zur Wissenschaft erhoben worden. Bis dahin war sie nur eine Sammlung von Kuriositäten und interessanten Notizen der Reisenden über die Länder der Erde. Ferner haben die erdmagnetischen Forschungen Humboldts die seitdem vor allem in Amerika gepflegte Wissenschaft der Geophysik geschaffen, die heute eine der wichtigsten Grundlagenwissenschaften der planetarischen Raumforschung bildet. Ureigenste Schöpfung Humboldts ist ferner die Pflanzengeographie, die er nach den Prinzipien von Goethes Morphologie geschaffen hat und die auch nur aus der Erforschung der großräumigen Vegetationsreiche – Urwälder, Savannen, Flußsysteme der amerikanischen Tropen – erwachsen konnte. So verkörpert Humboldt die wohl stärkste Überlieferung in der amerikanischen Forschung bis heute. Bis zu seiner großen Reise hatte die Forschung in Amerika im wesentlichen nur lokale und provinzielle Bedeutung. Humboldt hat Amerika für die Weltforschung entdeckt und ihren globalen Stil geprägt.

Auch für die deutsche Naturforschung, soweit sie überseeische und speziell tropische Interessen hat, wurde Humboldt zum Leitbild. Er hat den deutschen Naturforschern die Wege nach Südamerika geebnet, und sie sind begeistert seinen amerikanischen Spuren und Anregungen gefolgt. Obwohl Humboldt nie ein Lehramt an einer Universität bekleidet, also nie eigene Schüler gehabt hat, ist er doch einer der wichtigsten Förderer junger vielversprechender Talente in der ganzen Welt gewesen. Man erinnere sich nur der entscheidenden Rolle, die er im Leben des großen deutschen Chemikers Justus von Liebig gespielt hat. So sind auch ausnahmslos alle großen Deutschen, die in der Nachfolge Humboldts die Zentren der Naturforschung in den damals jungen südamerikanischen Republiken geschaffen haben, durch Humboldt zu ihrem Lebenswerk angeregt und dauernd durch ihn gefördert worden. Alle diese Forscher kamen in der direkten Nachfolge Humboldts nach Südamerika und sind ihr wissenschaftliches Leben hindurch dort tätig gewesen. So kann man ohne Übertreibung sagen, daß die Naturforschung in Iberoamerika von Alexander von Humboldt geschaffen ist.

Die Mutter: Marie Elisabeth von Humboldt, geb. Colomb (1741–96). Bildnis eines unbekannten Malers

Aber das alles erklärt noch nicht den unsagbaren Charme und persönlichen Zauber, den Humboldts Gestalt überall in Amerika ausstrahlt, wann und wo immer man seinen Namen ausspricht. Dafür gibt es nur eine Erklärung, und sie definiert zugleich den wesentlichen Unterschied zwischen Humboldt und den zahlreichen, nicht minder bedeutenden Wissenschaftlern aus aller Welt, die auch in Iberoamerika gearbeitet haben, aber keineswegs eine der Humboldtschen vergleichbare Nachwirkung hinterlassen haben. Während diese alle nach Südamerika kamen, um dort ihren Lebensunterhalt zu verdienen, war Humboldt ihnen nicht nur durch seine geistige Universalität, sondern vor allem durch seine Persönlichkeit weit überlegen. Er war eben ein wirklicher «großer Herr», und das weniger durch seinen Adelstitel, der damals noch recht jungen Datums war,

*Der Vater: Alexander Georg von Humboldt (1720–79).
Bildnis eines unbekannten Malers*

sondern durch seine ganze wahrhaft vornehme Lebens- und Wesensart. Er hat nicht nur sämtliche Kosten der großen fünfjährigen Forschungsreise in Amerika für sich und seinen Assistenten Bonpland aus seiner Tasche bezahlt, er hat auch persönlich die Kosten für den Druck und die Honorare des 30 große Bände umfassenden wissenschaftlichen Reisewerks getragen, für dessen Herstellung er zwanzig Jahre in Paris leben mußte. Denn Paris war damals das Zentrum der wissenschaftlichen Welt, nur hier waren alle Spezialisten von der Botanik bis zur Geophysik beisammen, die er für die wissenschaftliche Bearbeitung und Auswertung seiner Sammlungen und Messungen brauchte.

Humboldt ist also bei allen seinen Reisen immer sorgfältig darauf bedacht gewesen, stets sein eigener Herr zu sein und zu bleiben und niemals in die Dienste irgendeines Staates oder irgendwelcher Institutionen zu treten. In einem Brief an seinen Lehrer und *brüderlichst geliebten Freund Willdenow* schreibt er aus Havanna am 21. Februar 1801: *Meine Unabhängigkeit wird mir mit jedem Tage teurer, daher habe ich nie, nie eine Spur von Unterstützung irgendeines Gouvernements angenommen.* Als er erfuhr, eine englische Zeitung habe mitgeteilt, daß er in spanische Dienste getreten und zu einem hohen Posten im Consejo de Indias bestimmt sei, schrieb er darüber in dem zitierten Brief an Willdenow: *Lache darüber wie ich. Falls ich glücklich nach Europa zurückkehre, so werden mich ganz andere Pläne beschäftigen, die mit dem Consejo de Indias wenig zusammenhängen. Ein Menschenleben, begonnen wie das meinige, ist zum Handeln bestimmt, und sollte ich unterliegen, so wissen die, welche meinem Herzen so nahe sind als Du, wissen, daß ich mich nicht gemeinen Zwecken aufopfere.*[1]* Diese Haltung hat Humboldt sein ganzes Leben hindurch bewahrt.

Das in dieser Einleitung vorgetragene Generalthema Humboldts werden wir nun in den folgenden Abschnitten biographisch auszuweiten und zu vertiefen haben, um es dann abschließend in einer seiner universalen Philosophie der Natur gewidmeten Synthese zu präsentieren.

Es gibt nicht viele Biographien von großen Männern, deren einzelne Lebensabschnitte mit geschichtlicher Logik und Notwendigkeit einander tragen und bedingen. Humboldts Leben gehört ebenso zu ihnen wie dasjenige Goethes. In beiden Fällen ist die unabdingliche Voraussetzung eines solchen Lebensablaufes erfüllt gewesen. Beide Männer waren durch das Vermögen ihrer Familien von Geburt an so gestellt, daß sie den früh erahnten und gewollten Sinn ihres Lebens schöpferisch in Freiheit verwirklichen durften, ohne um des täglichen Brotes willen ihrer Wesensart fremde Aufgaben übernehmen zu müssen. Humboldt hat vom Anbeginn seiner Studien instinktiv genau geahnt, was er wollte, und dementsprechend schon seine Studienzeit eingerichtet.

Will man das Lebenswerk eines Künstlers würdigen, kann man das sinnvoll nur tun, wenn man Werk und Leben ständig als ein unteilbares Ganzes vor Augen hat. Ein Kunstwerk gewinnt Leben und Gestalt erst, sobald es aus dem Leben des Künstlers heraus verstanden wird. Dieses aber erhält seinen Wert nur durch die Kunst, der es dient. Dieser unlösbare Zusammenhang zwischen Werk und Leben besteht in der Regel nicht bei Forschern und Gelehrten. Bei ihnen lassen sich Werk und Leben durchaus unabhängig voneinander betrachten, und man kann im allgemeinen sagen, daß das Leben eines Wissenschaftlers gänzlich hinter seiner Lebensarbeit zurücktritt und für diese bedeutungslos ist, sofern ihm ein bescheidener Standard gesichert ist. Es gibt aber auch Ausnahmen von dieser Regel, und wenn sie auftreten, erheben sie Leben und Werk auch eines

---

* Die hochgestellten Ziffern verweisen auf die Anmerkungen S. 157 f.

Forschers in den Rang eines Kunstwerks. Dieser Ausnahmefall ist im Lebenswerk Alexander von Humboldts verwirklicht. Auch hier sind – wie bei seinem großen Freund Goethe – Leben und Werk zu einem untrennbaren Ganzen miteinander verschmolzen. Das hat seinen Grund in zwei für Humboldts Leben wesentlichen Sachverhalten. Einmal in der schon erwähnten Tatsache seiner vollkommenen Unabhängigkeit in wirtschaftlicher Beziehung. Zu keiner Zeit seines Lebens hat Humboldt um des täglichen Brotes willen ein Amt annehmen müssen. Er hat im Gegenteil es eben dann bedenkenlos aufgegeben, als es Zeit geworden war, die selbst gewählte Aufgabe seines Lebens zu verwirklichen, obschon er gerade damals den Gipfel seines Dienstes erreicht und die Früchte seiner Mühen hätte genießen können. Das andere Motiv, weshalb bei Humboldt Leben und Werk zu einem einzigen Unterfangen geworden sind, liegt darin, daß Humboldts Lebenswerk seine große amerikanische Forschungsreise gewesen ist. Schon eine gewöhnliche Reise bildet einen zumeist wesentlichen Abschnitt in jedem Leben. Um so mehr gilt das von einer Reise, die fünf lange Jahre gedauert und jeder Tag mit wissenschaftlichen Beobachtungen, Messungen, Untersuchungen und Wanderungen ausgefüllt gewesen ist. Eine solche Reise ist Werk und Leben in höchster Potenz, in ihr sind beide vollkommen unzertrennlich voneinander. Im Sinne dieser Darlegungen hat eine gleichermaßen dem Leben und Werk Humboldts gewidmete Schilderung drei Hauptepochen zu unterscheiden: Die Zeit der Vorbereitung auf die große amerikanische Forschungsreise, die drei Jahrzehnte umfaßt, die große Reise selbst, die fünf Jahre gedauert hat, und die Zeit der Auswertung der Reiseergebnisse im weitesten Sinne, die Humboldts restliche fünfeinhalb Jahrzehnte ausfüllten. Von diesen Jahrzehnten haben rund zwei die Bearbeitung der 30 Bände des großen Reisewerks beansprucht, die sind in der Hauptsache in Paris verbracht worden. Den Mittelpunkt der restlichen Jahrzehnte bildet die Arbeit am *Kosmos* und an den Neuauflagen der *Ansichten der Natur*, die Humboldts liebstes Buch gewesen und in der Tat das am besten gelungene und vollendetste Werk sind, das er geschaffen hat.

Humboldt hat die letzten Jahrzehnte seines Lebens als Kammerherr des Königs im wesentlichen in Berlin verbracht. Nur den größten Teil des Jahres 1829 war er in Rußland, wo er auf Wunsch des Zaren eine Forschungsreise leitete. Humboldt war damals sechzig Jahre alt und wurde von hervorragenden deutschen und russischen Wissenschaftlern begleitet, deren Arbeiten er zu koordinieren und zu dirigieren hatte. So hat diese verhältnismäßig kurze Reise für Humboldts Leben naturgemäß nicht entfernt die Bedeutung gewonnen wie die große Amerikareise, die er in der Vollkraft seiner dreißig Jahre unternommen hatte. Die russische Reise war in Humboldts Leben kein schicksalsschweres Ereignis, sondern nur eine Episode ohne tiefere Bedeutung.

Hält man sich diesen hier in großen Zügen, die im folgenden ver-

Berlin: Lustgarten und Dom. Stich von Rosenberg, 1780

tieft und ausgeführt werden müssen, charakterisierten Verlauf von Humboldts Leben und Werk vor Augen, so begreift man, daß ein Leben von dieser Art und Größe in seiner Durchführung gründlich gestört, wenn nicht gar zerstört worden wäre, wenn Alexander von Humboldt eine Ehe eingegangen und eine Familie begründet hätte. Dabei stand Humboldt den Frauen keineswegs gleichgültig oder gar ablehnend gegenüber. Im Gegenteil, mit einigen klugen und geistvollen Frauen hat ihn sein Leben lang eine innige Freundschaft verbunden. Wenn er trotzdem niemals eine Ehe geschlossen hat, so muß man darin einfach ein wirkliches Opfer sehen, das er der frei gewählten eigentlichen Aufgabe seines Lebens bewußt gebracht hat.

ERSTER ABSCHNITT

FAMILIE, ERZIEHUNG, BERUF UND REISEVORBEREITUNG

I

Der Adelstitel der Familie Humboldt ist verhältnismäßig jungen Datums. Dem Großvater Alexander von Humboldts, dem Hauptmann in der Garnison Kolberg Johann Paul Humboldt, wurde auf sein Immediatgesuch an den König von Preußen vom 16. Mai 1738

der Adel verliehen. Bei Alexanders Geburt war der Titel also erst einunddreißig Jahre alt. Auch Humboldts Mutter entstammt einer bürgerlichen Hugenottenfamilie, den Colombs. Hier war es ihr Onkel, Peter Colomb, Präsident der Ostfriesischen Kriegs- und Domänenkammer, der am 2. Oktober 1786 für die Familie Colomb den erblichen Adel erhielt. Das war erst siebzehn Jahre nach Alexander von Humboldts Geburt. Man kann also mit Recht behaupten, daß die Brüder Wilhelm und Alexander von Humboldt, die den Namen der Familie in der europäischen Geistesgeschichte des 18. und 19. Jahrhunderts berühmt gemacht haben, bürgerlichen Familien entstammen. So kamen in den Brüdern Humboldt die besten Charaktereigenschaften des preußischen Junkertums mit den mehr im Geistigen wurzelnden Fähigkeiten der französischen Hugenotten zusammen.

Der Vater der Brüder Wilhelm und Alexander war der Major Alexander Georg von Humboldt, Offizier im Heere Friedrichs des Großen und 1761 in den schlesischen Kriegen verwundet. Er trat dann in den Dienst des Berliner Hofes und wurde Kammerherr der Kronprinzessin. Er war ein weltgewandter Kavalier und warmherziger Mensch. Er verheiratete sich mit Marie Elisabeth Colomb, verwitwete von Holwede. Sie brachte einen Sohn mit in ihre neue Ehe, der aber schon zu alt war, um noch an der gemeinsamen Erziehung seiner Stiefbrüder Humboldt teilnehmen zu können. Er wurde später Offizier. Die Mutter war eine vom Vater grundverschiedene Natur. Sie interessierte sich nicht für die «große Gesellschaft» und das Leben am Hofe, das sie für «liederlich» hielt. Sie war nicht sehr mütterlich, wenn man Warmherzigkeit darunter versteht, aber ihr ganzes Lebensziel war die denkbar beste Erziehung ihrer Söhne, die sie überaus planvoll leitete und für die ihr keine Kosten zu hoch waren. Da ihr Gatte früh starb – Alexander war damals erst zehn und Wilhelm zwölf Jahre alt –, lag praktisch die ganze Erziehung in ihren Händen. Sie begründete auch das Vermögen der Familie Humboldt. In die Ehe brachte sie neben einem Haus in Berlin das Gut Ringenwalde in der Neumark und das Gut Tegel ein. Hier war der Wohnsitz der Familie, aus dem sie und ihr Gatte zu machen versuchten, «was durch Kunst daraus werden konnte». Das Gut Ringenwalde war verpachtet worden.

In diese Familie und ihre Umwelt wurden nun die Brüder Humboldt hineingeboren, der ältere Wilhelm am 22. Juni 1767 und der um gut zwei Jahre jüngere Alexander am 14. September 1769. Während Humboldts Geburt leuchtete «ein armdicker Komet» am Himmel. Es war der Komet «Messier», der am 8. August 1769 erschien und bis zum Spätherbst sichtbar blieb. Wichtig für Humboldts Lebenszeit sind folgende historische Tatsachen: Alexander von Humboldt war gleichen Alters wie Napoleon I., hat aber den großen Kaiser der Franzosen noch um achtunddreißig Jahre überlebt. Auch Napoleon III. hat er als jungen Prinzen noch gekannt und ihn für den Bau des Panamakanals interessiert. Humboldts Leben hat sich daher im napoleonischen Europa vollzogen. In den zwei Jahrzehnten, die Humboldt nach Rückkehr von seiner großen Amerikareise in Paris lebte und die wohl die schöpferischsten Jahre seines wissenschaftlichen Lebens umgreifen, erreichte Napoleon die höchste Stufe seiner Macht und erfuhr seinen Sturz. Es ist für dieses Zeitalter, in dem die Künste und Wissenschaften in Europa trotz der gewaltigen Kriegsereignisse blühten wie nie zuvor und in dem selbst das Kriegführen noch eine Kriegs-«Kunst» war, äußerst charakteristisch, daß der Preuße Humboldt, dessen Land mit Frankreich im Kriege lag, in Paris genauso frei und ungehindert leben und seinen Forschungen mit französischen Wissenschaftlern nachgehen konnte, als ob er ein Franzose gewesen wäre. Der europäische Weltbürger, von dem wir heute nur träumen dürfen, war damals eine ebenso geistige wie politische Wirklichkeit. Das andere, noch wichtigere, Humboldts ganzes Leben bestimmende Moment war die Gleichzeitigkeit seines Lebens mit Goethe, dem anderen großen Europäer der Epoche. Goethe war erst zwanzig Jahre alt, als Humboldt geboren wurde, und dieser hat den neben seinem Bruder wichtigsten Freund um siebenundzwanzig Jahre überlebt. Diese beiden dem Leben Humboldts simultanen Daten muß man vor Augen haben, wenn man die Schicksalskoordinaten seines Lebens determinieren will.

II

Ihre Erziehung bis zur Universität, auf der sich ihre Wege trennten, erhielten die Brüder gemeinsam durch «Hausmeister», wie das damals in begüterten, vornehmen Familien üblich war. Zwei Möglichkeiten standen ihnen durch ihre Herkunft offen: nämlich Offizier zu werden oder in den höheren Staats- und Hofdienst zu treten. Beide Brüder wurden auf Grund ihrer früh bewiesenen großen Begabung für hohe Staatsämter erzogen, während ihr Stiefbruder von Holwede Offizier wurde. Beide haben die in sie gesetzten Erwartungen denn auch erfüllt: Wilhelm diente dem preußischen Staat als Diplomat und Kultusminister – als der er die Universität Berlin im Jahre 1811 gegründet hat –, während Alexander in jungen Jahren das Bergbauressort geleitet und in späteren Jahren als Kammerherr am Hofe gedient hat. In den entscheidenden Jahrzehnten seines Lebens allerdings hat er als Forschungsreisender und Wissenschaftler nur die eigene, selbst gesetzte Lebensaufgabe verwirklicht. Jeder der Brüder vereinigte in sich die Charaktere beider Eltern:

Alexander glich äußerlich dem Vater, innerlich aber der Mutter, während bei Wilhelm das Umgekehrte der Fall war.

Alle Hofmeister, welche die Brüder Humboldt erzogen haben, hier aufzuzählen, würde zu weit führen. Nur die wirklich wesentlichen müssen genannt werden. Das ist zunächst und vor allem Gottlob Johann Christian Kunth, den der Major von Humboldt im Jahre 1777 zur Leitung der Erziehung seiner Söhne ins Haus brachte. Kunth blieb volle neunzehn Jahre im Hause Humboldt und übernahm nach dem frühen Tode des Majors auch die Verwaltung des Vermögens der Familie. So war er in allen Erziehungs- und Wirtschaftsfragen stets die rechte Hand der Frau von Humboldt und in praxi der väterliche Vormund und Berater ihrer Söhne. Mit Recht sagt Hanno Beck von ihm: «Es hat selten einen gewissenhafteren Vermögensverwalter als Kunth gegeben.»

Gottlob Johann Christian Kunth, der Erzieher der Brüder Humboldt. Zeichnung von Baron de Galle

Von seiner ihm stets vertrauenden Herrin berichtete Kunth: Sie «beschränkte zuletzt all ihre Wünsche und Bestrebungen darauf, ihre Söhne zu jeder geistigen und sittlichen Vollkommenheit, welche für Menschen erreichbar ist, sich erheben zu sehen. Dies hoffen zu können, war die höchste Freude ihrer letzten Jahre.» Kunth war nicht der erste Hofmeister gewesen. Von den drei ihm vorausgegangenen Hauslehrern war unstreitig der berühmte Pädagoge Joachim Heinrich Campe der bedeutendste, der von 1770 bis 1773 und dann noch einmal 1775 in Tegel war. Besonders sein Unterricht in der Geographie, den er durch anschauliche «Kartenspiele» belebte, beeindruckte das Kind Alexander sehr. Campe blieb auch später in guter Verbindung mit seinen Schülern.

Von den späteren Lehrern, die nun unter der Ägide von Kunth dessen Unterricht ergänzten und vertieften, sind vor allem zwei zu nennen, die für die Brüder unterschiedlich wichtig wurden. Das waren Christian Wilhelm Dohm und Johann Jakob Engel. Dohm war 1779 als Kriegsrat und Staatsarchivar nach Berlin berufen worden und seit 1783 Geheimrat im Auswärtigen Amt. Engel war Professor am Joachimsthalschen Gymnasium und hatte den damals in den Berliner Salons viel gelesenen «Philosophen für die Welt» geschrieben. Beide gehörten zum Kreis um Moses Mendelssohn, den unbestrittenen Führer der sogenannten «Berliner Aufklärung». Engel hat besonders Wilhelm so begeistert, daß er bekannte, hier seine «erste bessere Bildung» empfangen zu haben. Alexander dagegen war im höchsten Maße von Dohms Vorträgen über Nationalökonomie, Weltwirtschaft und politische Geographie angetan. Dohm verfocht sehr freimütige, fast liberale Ansichten. Besonders faszinierten ihn Institutionen wie die ostindischen Kompanien, die sich «wie Souveräne in eigenen Besitzungen» regierten. Auch klimatologische Betrachtungen stellte er an, über die Frage zum Beispiel, in welchem Klima der Mensch sich am günstigsten entfalten und vervollkommnen könnte, wofür ihm ein «mittleres Klima» am geeignetsten erschien. Man begreift, daß solche Gedanken und Probleme sehr mitgeholfen haben, das in dem jungen Alexander schon früh schlummernde Leitbild eines Forschungsreisenden zu erwecken.

Obwohl die Brüder Humboldt, wie ihr Lebenswerk beweist, einander geistig ebenbürtig sind, die Frage also, wer von beiden der intelligentere gewesen sei, völlig sinnlos ist, hatten ihre Erzieher darüber doch eine unterschiedliche Meinung. Für sie galt eindeutig Wilhelm als der klügere und begabtere. Dieses pädagogische Fehlurteil läßt sich nur dann einigermaßen verstehen, wenn man sich drei Momente vor Augen hält. Erstens war Alexander zwei Jahre jünger als Wilhelm, was sich in jungen Jahren natürlich dann besonders bemerkbar machen muß, wenn zwei Jungen zugleich von denselben Lehrern in denselben Fächern unterrichtet werden. Zweitens war Alexander in seiner ganzen Jugend ein kränkliches Kind. Wie er selbst später bekannt hat, ist er erst in den amerikanischen Tropen zu dem kerngesunden Mann herangereift, der er dann sein ganzes neunzigjähriges Leben hindurch geblieben ist. Drittens aber waren Wilhelm und Alexander an ganz unterschiedlichen Wissenschaften interessiert. Daß daher Wilhelm in der Hauslehrerzeit als der Begabtere erschien, lag hauptsächlich daran, daß der von den Lehrern dargebotene Stoff dem Interessenkreis Wilhelms entsprach, während die Hauptinteressen Alexanders nur ganz am Rande berücksichtigt wurden. Die Naturwissenschaften, die Alexander vor allem interessierten, wurden ihm im Unterricht seiner Lehrer eben nicht dargeboten, in ihnen hat er sich in seinen ja glücklicherweise reichen Mußestunden durch Selbstunterricht ausgebildet. Sie bildeten dann natürlich den zentralen Gegenstand seiner Studien auf der Universität. Während Wilhelms Unterricht von Anfang an auf die Vorbereitung zum späteren Jurastudium abgestellt war, hatte Alexander eher den Wunsch, Offizier zu werden – allerdings nicht, weil er den Militärdienst besonders liebte, sondern aus einem gerade für ihn höchst charakteristischen Grunde. Damals unternahmen alle großen Nationen Europas – die Engländer voran, man denke an Kapitän Cooks klassische Weltreisen – sogenannte «Weltumseglungen» zu Forschungszwecken, und alle diese Reisen wurden von Offizieren, die einen Stab von Wissenschaftlern zur Seite hatten,

Der Fünfzehnjährige, 1784. Bildnis eines unbekannten Malers

geleitet. In diesem Sinne wollte auch der junge Alexander von Humboldt den Traum seines Lebens, ein Forschungsreisender zu werden, auf dem Wege über den Offiziersberuf verwirklichen.

Wilhelm von Humboldt hat an seinen und seines Bruders gemeinsamen Studienfreund Karl Gustav von Brinkmann 1793 geschrieben[2]: «Über meinen Bruder bin ich neugierig, Sie zu hören. Ich halte ihn unbedingt und ohne alle Ausnahme für den größten Kopf, der mir je aufgestoßen ist. Er ist gemacht, Ideen zu verbinden, Ketten von Dingen zu erblicken, die Menschenalter hindurch, ohne ihn, unentdeckt geblieben wären. Ungeheure Tiefe des Denkens, unerreichbarer Scharfblick, und die seltenste Schnelligkeit der Kombination, welches alles sich in ihm mit eisernem Fleiß, ausgebreiteter Gelehrsamkeit, und unbegränztem Forschungsgeist verbindet, müssen Dinge hervorbringen, die jeder andre Sterbliche sonst unversucht lassen müßte. In dem, was er bis jetzt geleistet hat, weiß ich nichts anzuführen, was s o v i e l bewiese, als ich hier avancire, aber... ich bin fest überzeugt, daß die Nachwelt (denn sein Name geht gewiß auf eine sehr späte über) mein jeziges Urtheil buchstäblich wiederholen wird. Es ist nicht meine Sache zu loben und zu bewundern, aber ich habe mich, so oft ich meinen Bruder von seinen eigentlichsten Ideen reden hörte, nie inniger Bewunderung erwehren können, ich glaube sein Genie tief studirt zu haben, und dieß Studium hat mir in dem Studium des Menschen überhaupt völlig neue Aussichten verschaft... Das Studium der physischen Natur nun mit dem der moralischen zu verknüpfen, und in das Universum, wie wir es erkennen, eigentlich erst die wahre Harmonie zu bringen, oder wenn dieß die Kräfte Eines Menschen übersteigen sollte, das Studium der physischen Natur so vorzubereiten, daß dieser zweite Schritt leicht werde, dazu, sage ich, hat mir unter allen Köpfen, die ich historisch und aus eigner Erfahrung in allen Zeiten kenne, nur mein Bruder fähig erschienen. Ja, was noch mehr ist, so ist es beinah einerlei, wie er seine Studien treibt, und worauf er sie richtet. Was er behandelt, führt ihn, das habe ich oft bemerkt, von selbst auf den eben angegebenen Gesichtspunkt, wenn er ihn selbst auch nie gerade so gedacht haben sollte. Ich hoffe und weiß gewiß, er wird sein Leben allein diesem Studium weihen, er wird keine Verhältnisse eingehen, die, wie schön sie an sich sein mögen, immer hindern die Kräfte ungetheilt Einem Zweck zu geben, und da er zugleich in die äusere Lage gesezt ist, die ihm möglich macht seine Absichten ganz dem Bedürfnis der Beschäftigungen gemäß unter allen Himmelsstrichen zu verfolgen, so erwarte ich mit der festesten Gewißheit etwas Großes von ihm. Ich habe mich gern hierüber ausgebreitet, weil Sie meinen Bruder, wie ich, lieben, und weil Sie an diesem Raisonnement selbst die ruhige Kälte nicht verkennen können, in der nicht Zuneigung, Liebe, oder wie Sie es sonst nennen mögen, den Gesichtspunkt verrückt. Denn so herzlich Alexanders Charakter auch mein Herz fesselt, so unabhängig ist doch jenes Urtheil davon, das ich nie, wenn ich ihn auch sonst gar nicht kennte, anders fällen würde.» Dieses Urteil über seinen Bruder Alexander schrieb Wilhelm im Jahre 1793, zu einer Zeit also, als Alexander erst vierundzwanzig Jahre alt war, und sechs Jahre vor dem Antritt seiner großen Amerikareise, mit der sein eigentliches Lebenswerk erst anhebt. Wilhelms Beurteilung war zu jener Zeit also eine allerdings großartige prophetische Vision, die Alexander in den folgenden fünfundsechzig Jahren seines Lebens zur Gänze verwirklicht hat. Was gar über Alexanders Streben nach der Erkenntnis der Harmonie der physischen Natur mit der moralischen Natur des Menschen gesagt worden ist, das ist das geradezu visionär formulierte Erkenntnisideal von Alexanders

*Wilhelm von Humboldt. Gipsrelief
von Martin Gottlieb Klauer*

Hauptwerk, dem *Kosmos*, der erst 1845 – zehn Jahre nach Wilhelms Tod – zu erscheinen begann. Es ist kaum anzunehmen, daß Wilhelms großartige Prophetie über Alexander erst im Augenblick ihrer Niederschrift entstand; sie ist vielmehr das klare Ergebnis ihrer gesamten gemeinsamen Erziehung von frühester Jugend an.

Die Schilderung der Erziehung der Brüder Humboldt zur Hochschulreife würde unvollständig sein, wenn man nicht auch ihrer lebhaften Teilnahme an einem ganz bestimmten und für das damalige geistige Berlin hochbedeutsamen Kreise der Berliner Gesellschaft gedenken wollte. Es handelt sich um die von Moses Mendelssohn geführte «Berliner Aufklärung». Das Judentum hat in Berlin bis zu seiner Ausrottung durch die Nazis immer eine große Rolle gespielt und nicht unwesentlich zu dem eigentümlichen Charme der berlinischen Geistigkeit beigetragen. Aus unserer Zeit seien nur Gestalten wie Liebermann, Rathenau, der Bankier Fürstenberg und Max Reinhardt genannt, um diese besondere Atmosphäre des geistigen Berlin in seiner letzten Blütezeit zu charakterisieren. Aber unvergleichlich schöner und schöpferischer ist die Funktion gewesen, die einige geistig besonders hochstehende jüdische Familien – die Men-

Henriette Herz. Gemälde von Anna-Dorothea Therbusch

delssohn, Herz, Levin, Veit, Friedländer, Beer, Stieglitz – um die Wende vom 18. zum 19. Jahrhundert in den Salons der Henriette Herz und Rahel Levin ausgeübt haben. Nie wieder hat eine jüdische Gruppe eine so eigentümliche Aufgabe innerhalb der deutschen Gesellschaft erfüllt wie damals in Berlin. Voll wirksam war noch der Gegensatz zwischen Adel und Bürgertum, die sich nur in wenigen Spitzenpositionen begegneten, im übrigen aber kaum Berührung miteinander hatten. Die Juden gehörten weder dem einen noch dem anderen Stande an, lebten vielmehr noch ziemlich für sich in ihren Gettos. In Berlin aber hatte damals die Emanzipation des Judentums schon eingesetzt, und so war es die kleine Gemeinschaft dieser hochintelligenten jüdischen Familien, die – in Handel und Industrie reich geworden – sich lebhaft und aktiv für die Literatur, die Künste und die Wissenschaften interessierten und sie in ihren Zirkeln und Salons pflegten. In diesen Bereichen waren die damals lebenden Deutschen ja die Zeitgenossen von Goethe, Kant und Mozart. Kein Wunder, daß das intelligente Judentum seine geistigen Interessen auf die Pflege dieser Dinge richtete, zumal es von allen höheren Stellungen des Staates in Heer und Verwaltung ausgeschlossen war. So gelang es diesem jüdischen, zwischen Bürgertum und Adel unsicher schwebenden kleinen Kreise, in Berlin ein Zentrum der musischen Kultur aufzubauen. Die an diesen Dingen interessierten bürgerlichen jungen Akademiker und adeligen Offiziere und Diplomaten fühlten sich zu diesen Salons hingezogen, und so traf sich hier zum erstenmal in der Geschichte des deutschen Geisteslebens eine Gesellschaft, die in sich die traditionellen Klassen überwunden und im Humanismus eines Goethe sich zusammengefunden hatte.

In dieses Milieu traten auch die Brüder Humboldt schon vor ihrer eigentlichen Studienzeit ein, und dieses durch den Freiherrn von Stein und Generale wie Clausewitz – Gestalten, die auch in der Welt Goethes mehr als in derjenigen des großen Königs Friedrich beheimatet waren – repräsentierte Preußen blieb ihr ganzes Leben hindurch ihre geistige Heimat. Die ersten Kontakte zu den Berliner jüdischen Salons gewannen die Humboldt-Brüder durch ihre Eltern und besonders durch ihren Mentor Kunth, der mit dem Arzt Marcus Herz, dem Gatten von Henriette Herz, befreundet war. Vor allem aber hat ihr Lehrer Dohm, der, selbst kein Jude, dem Kreise um Moses Mendelssohn nahestand und schon 1781 eine Schrift zugunsten der Judenemanzipation verfaßt hatte, die Brüder in die jüdische Gesellschaft eingeführt. Sie wurden ständige Teilnehmer der «Dienstagsgesellschaft», an der auch ihre Lehrer partizipierten. Drei Frauen dieses Kreises haben besonders großen Einfluß auf die Brüder gehabt: Dorothea Veit, eine Tochter Moses Mendelssohns, Rahel Levin und ganz besonders Henriette Herz. Diesen Frauen verdanken die Brüder die für sie wesentlich gewordenen ersten Erfahrungen und Unterweisungen im Umgang mit dem weiblichen Geschlecht, etwa im Sinne von Goethes berühmter Maxime aus dem «Tasso»: «Und willst Du recht erfahren, was sich ziemt, so frage nur bei edlen Frauen an!» Daß es dabei auch an Kurzweil und Allotria nicht fehlte, dafür sorgte schon die Jugend des Kreises. Wilhelm war regelrecht in Henriette Herz verliebt, die fünfzehn Jahre jünger war als ihr Mann, den Alexander seinen *väterlichen Freund* und *theuren Lehrer* nannte. Auch Alexander, der in gesellschaftlichen Dingen gewandter und charmanter war als Wilhelm, schrieb der nur fünf Jahre älteren Henriette *schrecklich lange Briefe* und benutzte dabei von Henriette erlernte hebräische Schriftzeichen, wenn er sich über die eigene Umwelt mokierte, Tegel zum Beispiel *Schloß Langweil* nannte oder meinte, *man unterhalte sich besser in Gesellschaft jüdischer Frauen als auf dem Schlosse der Ahnen*[3]. Wenig später, nach Beendigung seines ersten Studiensemesters in Frankfurt an der

Oder, schrieb er an seinen dortigen besten Studienfreund Wegener über Henriette: *Es ist die schönste und auch die klügste, nein ich muß sagen, die weiseste unter den Frauen.*[4] Es war eine Eigenart Alexander von Humboldts, die er in diesem Kreise gewiß vorzüglich betätigen konnte, daß er sich gern über alles und jeden lustig machte. Später sprachen besonders Betroffene geradezu von seinem «Schandmaul», und manchem seiner Gesprächspartner wurde angst und bange, wenn er sich ausmalte, wie Humboldt auch wohl über ihn herziehen möchte, wenn er einmal gerade nicht anwesend sein würde. Andererseits wäre es aber auch nicht richtig, diesen Charakterzug Alexander von Humboldts irgendwie zu überbewerten. Er war nicht böswillig, sondern harmlos, und man muß sich hierbei gegenwärtig halten, daß es kaum einen anderen Mann in der deutschen Geistesgeschichte gegeben hat, der so uneigennützig so vielen jungen Forschern und Künstlern zu dem ihnen gemäßen Lebensweg verholfen hat. Dazu gehören nicht nur hervorragende Forscher Europas wie der Chemiker Justus von Liebig, sondern vor allem fast ausnahmslos alle jene jungen Wissenschaftler, die, angeregt und gefördert von Humboldt, überall in Iberoamerika die seitdem dort existierenden Museen und Forschungsstätten begründet haben. Darauf werden wir später noch zurückkommen müssen. Zusammenfassend muß man feststellen, daß die jüdischen Salons der «Berliner Aufklärung» ganz ungewöhnlich zur Bildung der jungen Brüder Humboldt beigetragen haben. Hochbegabte preußische Junker erwarben hier die erste Tönung jenes weltbürgerlichen Europäertums, das damals besonders in Paris blühte und das die Brüder Humboldt auch in Deutschland heimisch gemacht haben.

Es gibt sicherlich nicht allzu viele Menschenleben, die sich nach einem schon in frühester Jugend geahnten und dann während der eigentlichen Studienzeit schon voll ausgereiften Lebensplan vollzogen haben, wie es bei Alexander von Humboldt der Fall gewesen ist. Voraussetzung dafür, daß er sein Leben kompromißlos der ihm eingeborenen Entelechie entsprechend einrichten und gestalten konnte, war natürlich seine vollkommene ökonomische Unabhängigkeit. Aber auch wenn diese gewährleistet ist, darf man das Leben eines Menschen keineswegs als notwendige Resultante eines Parallelogramms vitaler Kräfte deuten. Was im Leben geschieht, vollzieht sich in Freiheit und eigener Verantwortung, nicht in sturer und blinder physischer Notwendigkeit. So war es auch Humboldts eigener und freier Wille, der seinem Leben in seinen kritischen Momenten die einzuschlagende Richtung vorgeschrieben hat.

Im Leben beider Brüder Humboldt ist es immer wieder ein Umstand gewesen, der es von der selbstgewählten Bestimmung abzulenken versucht hat. Das war der Dienst am preußischen Staate, dem Wilhelm sowohl wie Alexander wichtige Abschnitte ihres Lebens gewidmet haben. Wenn sie dabei den Wünschen der Mutter und ihres Erziehers Kunth Folge leisteten, so waren es doch eben nicht diese persönlichen Wünsche allein, denen sie damit gehorchten, sondern die alte Tradition ihrer Familie. Bei Alexanders Berufswahl wurde das besonders deutlich. Das Studium der Kameralistik, dem er sich widmete, sollte seiner Vorbereitung für den Staatsdienst in den wirtschaftlichen Verwaltungen dienen. Auch hier waren die höheren Stellen dem Adel vorbehalten. Der vornehmste Zweig in diesem Bereich war der Bergbau, der die Grundlage für die damals beginnende Industrialisierung abgab. Das Bergbauwesen bildete also zu Humboldts Zeiten das wichtigste Fach der Kameralistik. Humboldts persönlicher Konflikt ergab sich nun aus der Tatsache der Kameralistik als «Pflichtstudium» und seinen persönlichen Interessen an den reinen Naturwissenschaften und speziell den Forschungsreisen. Immerhin gehörten diese Wissenschaften auch zu den Grunddisziplinen der Kameralistik. Humboldt ist es jedenfalls immer ausgezeichnet gelungen, sein offizielles Studium in den Dienst seiner wirklichen Interessen zu stellen und dennoch den offiziellen Anforderungen seines Faches stets vollauf zu genügen. Er ist ein hervorragender Minenfachmann geworden und konnte so auch auf seiner großen Reise später der Regierung von Mexiko die besten Ratschläge für die Einrichtung ihrer Bergbau-Akademie und überhaupt ihres Minenwesens geben. Auf diese Weise verstand es Humboldt während seiner Studienzeit, nicht nur der Pflicht zu genügen, sondern auch seinen persönlichen Neigungen zu dienen.

Karl Ludwig Willdenow. Stich von Franz Leopold

Sein erstes Studiensemester – Herbst 1787 bis April 1788 – verbrachte Alexander von Humboldt zusammen mit seinem Bruder Wilhelm in Frankfurt an der Oder. Die «alma mater Viadrina» hatte als Universität keinen großen Ruf, sie war sozusagen eine Universität auf Abruf, wurde sie doch 1811 mit der von Wilhelm von Humboldt als damaligem preußischem Kultusminister gegründeten Universität Berlin vereinigt. Daß die Mutter für ihre Söhne gerade Frankfurt an der Oder wählte, hatte vor allem den Grund, daß dort einer der ehemaligen Hausmeister der Brüder, Professor Löffler, Theologie lehrte. Bei ihm nahmen die Brüder auch Wohnung. Offiziell

Bibliothekssaal der Göttinger Universität. Stich von Kaltenhofer

studierte Wilhelm Jura und Alexander Cameralia. Für ihr eigentliches Fachstudium fanden die Brüder an der Viadrina keine besondere Förderung. Nur im Lateinischen konnten sie sich vervollkommnen. Das war nicht nur für den Juristen Wilhelm, sondern auch für Alexander wichtig. Denn nicht nur alle Doktordissertationen mußten damals, auch die Beschreibungen neuer Pflanzenspezies, womit Alexander später auf seiner Amerikareise reichlich beschäftigt war, müssen heute noch, wenn sie international gültig sein sollen, lateinisch geschrieben werden. Sonst ist das in Frankfurt verbrachte Semester für Alexander persönlich noch durch die enge Freundschaft bedeutsam geworden, die er dort im Februar 1788 mit dem Studenten der Theologie Wilhelm Gabriel Wegener schloß. Freundschaft hatte damals in der Blütezeit der Romantik einen tieferen sentimentalen Gehalt als heute. Nach seiner Rückkehr nach Berlin schrieb er an Wegener: *Nichts ist mir daher heiliger, verehrungswerther als Freundschaft, sie die so ganz ein Werk der Freiheit und darum so edel und herrlich ist.*[5]

Das folgende Jahr 1788/89 verlebte Humboldt wieder in Berlin, während sein Bruder Wilhelm nach Göttingen fuhr. Daß Alexander ein weiteres Jahr in Berlin blieb, sollte vor allem der Festigung seiner Gesundheit dienen. Daß Alexander in seiner Kindheit und Jugend viel kränkelte, haben wir schon berichtet. Es war aber nur eine allgemeine Jugendkrankheit, die vielleicht ihren Grund darin gehabt hat, daß die Entwicklung seines Körpers mit der überraschenden Entfaltung seines Geistes nicht mithalten konnte. Sie war wie weggeblasen, nachdem Humboldt den Boden der Neuen Welt in Venezuela betreten hatte. Seitdem war er von eiserner Gesundheit bis in sein hohes Alter hinein. Während der ganzen fünfjährigen Tropenreise ist er keinen Tag ernsthaft krank gewesen. Daß die Tropen, wenn man in ihnen sinngemäß lebt, nicht ungesunder sind als andere Klimazonen, ist sicher. Unsere Erklärung für Humboldts Jugendkranksein wird durch Georg Forster bestätigt, der in einem Brief an seinen Schwiegervater Heyne, dessen Schüler Humboldt damals in Göttingen war, schrieb: «Ich bin aber fest überzeugt, daß bei ihm der Körper leidet, weil der Geist zu tätig ist und weil die logische Erziehung der Herren Berliner seinen Kopf gar zu sehr mitgenommen hat.»[6]

In diesem Berliner Jahr konnte sich Humboldt mehr als bisher mit den Dingen und Wissenschaften beschäftigen, die ihm wirklich am Herzen lagen und seiner Ausbildung zum Forschungsreisenden unmittelbar dienten. Das war vor allem die Botanik. Außerdem trieb er mathematische Studien mit seinem früheren Lehrer Fischer. Ebenfalls beschäftigten ihn Zeichnen und Radieren, in welchen Künsten er es so weit gebracht hat, daß Bilder von ihm in öffentlichen Ausstellungen gezeigt wurden.

Das für Humboldts ganzes späteres Leben wichtigste Ergebnis aber war seine in diesem Berliner Jahr begonnene intime Freundschaft mit dem Botaniker Karl Ludwig Willdenow, der nur vier Jahre älter war als er und sich bereits einen angesehenen Namen in seiner Wissenschaft erworben hatte. Ihn interessierten vor allem Probleme der Pflanzengeographie unter modernen Gesichtspunkten. Die Beziehungen zwischen Vegetation und Klima, die Wanderungen der Pflanzen usw. wurden unter dem Generalthema einer «Geschichte der Pflanzen» behandelt. In seinen Studien mit Willdenow hat Humboldt die entscheidenden Anregungen für sein eigenes wissenschaftliches Leben erhalten, insbesondere gewannen hier seine Ideen zur Pflanzengeographie, die einmal sein wissenschaftliches Hauptwerk werden sollten, ihre erste Gestalt. Außerdem interessierte ihn vor allem die Physiologie der Pflanzen, das, was er die *Kräfte der Pflanzen* nannte. Ihre Erforschung konzipierte er als ein großes Programm, das nur als «Teamwork» in Angriff genommen werden könnte. An seinen Frankfurter Freund Wegener schrieb er am 25. Februar 1789, er arbeite *an einem Werk über die gesammten Kräfte der Pflanzen (mit Ausschluß der Heilkräfte) ... das wegen des vielen Nachsuchens und der tiefen botanischen Kenntniß bei weitem meine Kräfte übersteigt und zu dem ich mehrere Menschen mit mir zu vereinigen strebe. So lange arbeite ich daran zu meinem eigenen Vergnügen und stoße oft auf Dinge, bei denen ich (trivial zu reden) Nase und Ohren aufsperre.*[7] Aber vor allem waren es seine Ideen zur Pflanzengeographie, die in seinen Studien mit Willdenow immer klarere Gestalt gewannen. Den Plan dieses seines späteren wissenschaftlichen Hauptwerks hat Humboldt noch einmal später, aber fünf Jahre vor Antritt seiner großen Reise, die ihn verwirklichen sollte,

*Christian Gottlob Heyne.
Gemälde von J. H. W. Tischbein*

seinem Helmstedter Freund Johann Friedrich Pfaff folgendermaßen erläutert: Er *arbeite an einem bisher ungekannten Teile der allgemeinen Weltgeschichte, der in zwanzig Jahren unter dem Titel: Ideen zu einer künftigen Geschichte und Geographie der Pflanzen oder historische Nachricht von der allmäligen Ausbreitung der Gewächse über den Erdboden und ihrer allgemeinen geognostischen Verhältnisse erscheinen solle.*[8] Das Werk erschien tatsächlich unter dem nur wenig veränderten Titel: *Ideen zu einer Geographie der Pflanzen, nebst einem Gemälde der Tropenländer, auf Beobachtungen und Messungen gegründet...* Tübingen: Cotta 1807. Es hat also nicht zwanzig, sondern nur dreizehn Jahre zu seiner Verwirklichung benötigt.

Das folgende Studienjahr von Ostern 1789 bis Ostern 1790 verbrachte Humboldt in Göttingen. Diese Zeit war vor allem dadurch bemerkenswert, daß er während der großen Ferien zwischen den beiden Semestern seine erste große selbständige Reise durchführen konnte. Die erst 1737 gegründete Universität Göttingen war damals die modernste in Deutschland. Albrecht von Haller gehörte zu ihren Gründungsprofessoren, und sie hat es verstanden, seitdem ein besonders hohes Niveau vor allem in den Naturwissenschaften zu bewahren. Humboldt reiste über Magdeburg, Helmstedt und Braunschweig, wo ihn sein Bruder Wilhelm, der ja schon seit einem Jahr in Göttingen studierte, abholte, und wurde am 25. April 1789 ebendort immatrikuliert. Seine wichtigsten Lehrer in Göttingen waren der Philologe Heyne, der Schwiegervater Georg Forsters, der Physiker Lichtenberg, der Geograph Franz und der Anatom und Zoologe Blumenbach, alle vier in der damaligen wissenschaftlichen Welt international anerkannte Gelehrte. Was Alexander selbst vom Studium in Göttingen für sich erwartete, das hat er kurz vor seiner Abreise aus Berlin in einem Brief an seinen Freund Wegener folgendermaßen zum Ausdruck gebracht: *Ich bin bereit, den ersten Schritt in die Welt zu thun, ungeleitet und ein freies Wesen... Lange genug gewöhnt, wie ein Kind am Gängelbande geführt zu werden, harrt der Mensch, die gebundenen Kräfte nach eigener Willkühr in Tätigkeit zu sezen und sich selbst überlassen der eigene Schöpfer seines Glücks oder Unglücks zu werden ... Keine starke Leidenschaft wird mich hinreißen. Ernsthafte Geschäfte und am meisten das Studium der Natur werden mich von der Sinnlichkeit zurückhalten.*[9] Wie sein Bruder hörte auch Alexander bei dem Altphilologen Heyne Vorlesungen und verfaßte bei ihm eine Abhandlung über *den Webstuhl der Alten*, die aber nicht erhalten geblieben ist. Bedeutsam waren für Humboldt auch die physikalischen Vorlesungen von Lichtenberg, der nicht nur ein hervorragender Experimentator, sondern auch ein glänzender Schriftsteller war. Auch auf Humboldts ureigenstem Gebiete, der Geographie, war Göttingen damals führend. Als zweite Universität in Deutschland hatte Göttingen schon einen hauptamtlichen Professor der Geographie, zu Humboldts Zeiten Johann Michael Franz, der den «Staatsgeographen» als eigenen Beruf zu kreieren versuchte. Den größten Einfluß auf Humboldt hat aber damals in Göttingen der Mediziner und Zoologe Johann Friedrich Blumenbach ausgeübt. Er war der Begründer der modernen Anthropologie und auch Goethe eng verbunden. Blumenbach hatte früh die Bedeutung der Forschungsreise für die Anthropologie und Biologie erkannt; er besaß eine stattliche Bibliothek auf diesem Gebiete und gründete die Ethnographische Sammlung und das Akademische Museum in Göttingen. Um diese neuen, auf Forschungsreisen gegründeten Institutionen versammelte sich ein Kreis junger Naturforscher, zu denen auch Humboldt gehörte und die 1789 eine «Physikalische Gesellschaft» ins Leben riefen. Das Wort «physikalisch» im Namen dieser Gesellschaft steht für «gesamtnaturwissenschaftlich» und hat nichts mit Physik im engeren Sinne zu tun. Ihre Mitglieder waren Mediziner, Geographen und vor allem Biologen. Viele dieser damals jungen Männer sind später hervorragende Vertreter ihrer Fächer an deutschen Universitäten geworden. Aber die Ausbildung, die Blumenbach seinen Schülern gab, beschränkte sich nicht auf theoretische Dinge. Er stand in enger Verbindung mit der damals (1788) in London gegründeten African Association und ermöglichte seinen Schülern die Teilnahme an den wissenschaftlichen Expeditionen dieser Gesellschaft.

Mitten in das Göttinger Jahr hinein fällt auch Humboldts erste selbständige Reise. Sie war keine bloße Kavaliersreise im Stil der damaligen Zeit, sondern schon eine echte Humboldtsche Forschungsreise, die zwei Ziele verfolgte, ein sachliches und ein persönliches. Das persönliche bestand darin, Georg Forster, den größten Forschungsreisenden, der damals in deutschen Landen lebte, kennenzulernen. Das gelang nach Wunsch und führte zur Planung einer größeren Forschungsreise, die unter Führung von Georg Forster gleich nach Beendigung des Göttinger Jahres unternommen werden und über Holland nach England und Frankreich gehen sollte. Das sachliche wissenschaftliche Ziel der Reise aber war scheinbar ein im engeren Sinne mineralogisches, nämlich die Frage nach dem geologisch-geognostischen Ursprung des Basalts. In Wahrheit handelte es sich hier aber um ein universales Grundproblem aller Wissenschaften

*Johann Friedrich Blumenbach.
Gemälde von J. H. W. Tischbein*

von der Erde, wie sie sich im 18. Jahrhundert präsentierten. Man sprach von Neptunismus und Vulkanismus und meinte damit erdphilosophische Theorien über die Entstehung der Erde. Gestützt auf den biblischen Schöpfungsbericht behaupteten die Neptunisten, daß die feste Erde durch Ablagerung aus dem Meer entstanden sei, daß also alle Gesteine ausnahmslos Sedimentgesteine seien. Diese Lehre wurde von A. G. Werner, Professor an der Bergakademie in Freiberg, der in Kürze auch einer der wichtigsten Lehrer Humboldts werden sollte, vertreten. Die entgegengesetzte These des Vulkanismus, der zufolge also die wesentlichen Gesteinsschichten der festen Erde vulkanischen Ursprungs sein sollten, wurde von Werners ältestem Schüler J. K. W. Voigt verteidigt. Das kritische Problem dabei war die Entstehung der Basaltgesteine. Nach der Lehre der Neptunisten waren auch sie Meeresablagerungen, während die Vulkanisten, worin sie Recht behalten sollten, ihre Entstehung auf die Tätigkeit der Vulkane zurückführten. Humboldt war der These des Neptunismus zugeneigt, aber seine Beobachtungen an den von ihm studierten Basaltformationen am Hohen Meißner bei Göttingen und während dieser Reise in Unkel und Linz am Rhein gestatteten ihm nicht, die Theorie des Neptunismus auch auf diese offensichtlich besser durch Vulkanismus zu erklärenden Erscheinungen anzuwenden. Diese Ergebnisse seiner ersten Rheinreise schilderte Humboldt in seinem ersten selbständigen Buche, den *Mineralogischen Beobachtungen über einige Basalte am Rhein;* es erschien zu Ostern 1790 im Verlag seines alten Lehrers Campe. Charakteristisch schon in diesem ersten Buch ist für Humboldt, daß er sich in dieser geologischen Untersuchung nicht auf die unmittelbar einschlägigen mineralogischen Verhältnisse beschränkte, sondern auch die Botanik heranzog, indem er die charakteristische Flora am Hohen Meißner mit derjenigen der rheinischen Basalte verglich und Analogien zwischen ihnen, die auf den gemeinsamen Vulkanismus deuteten, feststellte. Diese Art, universal zu forschen und sich nie auf ein einzelnes Fach zu beschränken, ist für Humboldt charakteristisch. Er war eben ein geborener Philosoph, auch wenn die eigentliche Fachphilosophie ihn nicht besonders interessierte.

Georg Forster. Gemälde von J. H. W. Tischbein

Es bleiben noch ein paar Worte über den faktischen Verlauf der im Göttinger Jahr unternommenen Reise Humboldts zu sagen. Sein Reisebegleiter auf dieser wie auch auf der nächstjährigen Reise mit Georg Forster war der junge holländische Arzt Jan van Geuns, der zu Humboldts Göttinger Freundeskreis gehörte. Die Freunde verließen Göttingen am 24. September und reisten zunächst südwärts und entlang der Bergstraße bis Heidelberg und Bruchsal. Hier begann die Rückreise zunächst nach Mannheim, wo die Reisenden *3 Tage ununterbrochen in dem prächtigen botanischen Garten des Regierungsrath Medicus, der die Schätze beider Indien enthielt*[10], verweilten. Dann fuhren sie nach Mainz weiter, wo sie eine Woche Georg Forsters Gäste waren. Dann ging es mit dem Schiff nach Bonn, wobei ein längerer Aufenthalt zur Untersuchung der schon erwähnten Basalte eingelegt wurde. Von Bonn reisten sie nach Pempelfort bei Düsseldorf zum Landsitz von Goethes Freund Friedrich Heinrich Jacobi, wo sie ebenfalls eine Woche verweilten. Humboldt und Jacobi teilten miteinander jene philosophische Grundauffassung, die das anschauliche Denken, die Intuition, der abstrakten Metaphysik entgegenstellte. Goethe wird bei ihren Gesprächen gegenwärtig gewesen sein. Von Pempelfort reisten die Freunde alsdann nach Göttingen zurück.

Zwischen dem Ende seiner Göttinger Studienzeit und dem Beginn seines Hamburger Semesters liegt seine schon angekündigte große

Abraham Gottlob Werner. Gemälde von Gerhard Kügelgen, 1825

Reise mit Georg Forster. Auch an ihr nahm sein holländischer Studienfreund van Geuns wieder teil. Mitte März 1790 verließen sie Göttingen und trafen mit Forster in Mainz zusammen. Am 25. März fuhren sie dann den Rhein abwärts bis Düsseldorf, wo sie am 30. März eintrafen. Von dort reisten sie auf dem Landwege gut drei Wochen durch Belgien und Holland, wobei sie neben anderen Städten Antwerpen, Den Haag und Leiden besuchten. Von Maas-Sluis setzten sie über nach London, von wo sie in der Zeit von Ende April bis gegen Mitte Juni neben vielen anderen Städten auch Oxford besuchten. Von London ging es dann über Dover nach Frankreich, wo zum Abschluß der Reise dann noch Paris besucht wurde. Von Paris reiste man zurück nach Mainz, wo Humboldt noch fast den ganzen Juli bei Forster blieb. Ende Juli war er wieder in Göttingen und ging von dort gleich nach Hamburg weiter, wo er Anfang August 1790 eintraf. Es ist an dieser Stelle nicht erforderlich, diese Reise Humboldts genauer zu beschreiben, da Georg Forster das selbst vortrefflich getan hat.[11] Freilich darf man Forsters Ansichten nicht mit denjenigen Humboldts identifizieren. Humboldt schrieb über Forsters Buch an seinen Freund Wegener: *Forster, mein Reisegefährte, wird unsere Reise beschreiben. Ich habe die Beschreibung stükweise gelesen. Sie ist schön geschrieben. Ich glaube, sie wird Aufsehen in der Welt machen. Seine Urteile aber halte ich garnicht für die meinigen. Wir haben sehr verschiedene Gesichtspunkte, die Sachen zu betrachten.*[12]

Diese Reise ist für Humboldt unter drei Gesichtspunkten für sein ferneres Leben von hoher Bedeutung gewesen. Zunächst einmal – und das war das Wichtigste! – hat er bei Forster das Forschungsreisen in praxi kennengelernt, dann war er in England, als es sich anschickte, die Übersee-Weltmacht schlechthin zu werden und in London alles um sich versammelte, was die wissenschaftliche Erschließung der überseeischen Gebiete möglich machte. Der Aufenthalt in Frankreich war nur kurz, weil Forsters Urlaub zu Ende ging, aber hier hat Humboldt doch noch den dritten starken Eindruck seiner

Reise empfangen, nämlich das Erlebnis der unmittelbaren Nachwirkungen der Französischen Revolution. *Der Anblick der Pariser, ihrer Nationalversammlung, ihres noch unvollendeten Freiheitstempels, zu dem ich selbst Sand gekarrt habe, schwebt mir wie ein Traumgesicht vor der Seele.*¹³ Wenn Humboldt auch nicht die Begeisterung Georg Forsters für die Französische Revolution teilte, so hat er ihr doch immer seine Sympathie bewahrt, wie er auch in politischen Dingen immer ein liberaler Konservativer gewesen ist.

Anfang August 1790 traf Humboldt also in Hamburg ein, um an der Büsch-Akademie zu studieren. Er blieb dort bis Ende April 1791. Die Büsch-Akademie entsprach damals dem, was wir heute eine Handelshochschule nennen. Auf ihrem Gebiete, den Handelswissenschaften, der Volks- und Weltwirtschaft, den neuen Sprachen und der überseeischen Geographie, gab es in Deutschland damals bestimmt keine Universität, die der Büsch-Akademie gleichwertig gewesen wäre. Der Kreis ihrer Studenten war denn auch international: Holländer, Skandinavier, Spanier, Portugiesen, Russen, Italiener, ja auch Engländer und sogar Amerikaner studierten an dieser Akademie. Ihre bedeutendsten Professoren waren Johann Georg Büsch¹⁴ und Christoph Daniel Ebeling. Humboldt profitierte vor allem von den geographischen Vorlesungen der beiden und von ihren großartigen Bibliotheken, in denen sich viele Reisewerke befanden. Auch konnte er hier seine Sprachkenntnisse vertiefen, indem er skandinavische Sprachen und vor allem Spanisch trieb, was ihm auf seiner großen Amerikareise sehr zustatten kam. Auch in gesellschaftlicher Hinsicht kam Humboldt in Hamburg auf seine Kosten. Die geistige Elite des Hamburger Bürgertums waren damals die Kreise um Klopstock, Matthias Claudius, Reimarus und Sieveking, der in seinem Hammer Landhaus einen Kreis um sich versammelt hatte, der sich «Hammer Akademie» nannte. Auch dem Baron Kaspar von Vogt¹⁵ kam Humboldt nahe und war ein fleißiger Besucher seines Flottbeker Landsitzes, dem ersten der schönen Hamburger Parks an der Elbe, in dem Voght seltene Bäume und Gewächse kultivierte.

*Johann Karl Freiesleben.
Zeitgenössische Lithographie*

Aus dem Freiberger Erzbergbau. Die sogenannten «Freiberger Blenden» geben den Bergleuten Licht. Zeitgenössischer Stich

Im April 1791 kehrte Humboldt nach Berlin zurück und blieb einige Wochen in Tegel. Hier traf er eine Entscheidung über sein ferneres Berufsleben. Kameralistik war ein weites Gebiet, das praktisch alle nichtjuristischen Zweige der Staatsverwaltung umfaßte. Innerhalb der Cameralia entschied sich Humboldt nun für die Bergbauverwaltung, die neben dem Forstwesen mit zu den besonders «vornehmen» Zweigen der Verwaltung gehörte. Humboldt aber interessierte sich für das Minenwesen vor allem deshalb, weil es die praktische Anwendung seiner mineralogisch-geologischen Studien bedeutete. Wir haben ja schon von seinen Basaltstudien im Zusammenhang mit dem Neptunismus-Vulkanismus-Problem als dem damaligen Grundproblem einer Philosophie der Erde gehört.

In diesem Sinne richtete Humboldt am 14. Mai 1791 ein Gesuch an den Minister von Heinitz, der als Oberberghauptmann Chef der preußischen Minenverwaltung war, und bat um Anstellung in der Bergbau-Abteilung seines Ministeriums. Schon nach zwei Wochen wurde er als Assessor in diesem Bereich angestellt und erhielt auch die Erlaubnis, um die er gebeten hatte, seinen Dienst mit einem Studium an der Bergakademie in Freiberg beginnen zu dürfen. Anfang Juni 1791 verließ Humboldt Berlin und konnte sich schon am 14. Juni in die Matrikel der Bergakademie als ihr 357. Student einschreiben. Ihr Leiter und bis heute berühmtester Professor war Abraham Gottlob Werner, der Schöpfer der Neptunismus-Theorie. Bald nach seiner Ankunft besuchte er Werner, der ihn als einen schon selbständigen jungen Forscher aufnahm. Humboldt bat ihn um einen Mentor, der ihn in das Leben und den Betrieb der Akademie einführen könnte. Als solchen empfahl ihm Werner den jungen Johann Karl Freiesleben, einen Sohn des Professors Johann Friedrich Freiesleben, der in Freiberg als «Markscheidekunde» analytische Chemie lehrte. Humboldt wohnte auch im Hause Freiesleben. Der junge Freiesleben war fünf Jahre jünger als Humboldt. Sie wurden für ihr ganzes Leben sehr gute Freunde.

Der Tageslauf der Studenten an der Akademie war streng geregelt und verband praktische Arbeit in den Bergwerken mit theoretischen Vorlesungen. Wie alle Bergleute mußten auch die Studenten jeden Wochentag um 6 Uhr morgens in die Gruben einfahren und dort den ganzen Vormittag Bergmannsdienst tun. Am Nachmittag wurden dann die Vorlesungen gegeben. Die Hauptvorlesung über Mineralogie und Bergbaukunde hielt natürlich Werner. Außerdem las er ein Spezialkolleg über «Geognosie» oder Gebirgskunde, aus dem sich die moderne Geologie entwickelt hat, so daß Werner zu ihren Begründern gehört. Werner veranstaltete auch praktische Übungen mit seinen Studenten. Diese mußten über besondere Themen Referate halten und wurden angehalten, sich Mineraliensammlungen anzulegen, deren Grundstock sie bei dem noch heute bestehenden Mineralien-Kontor der Hochschule erwerben konnten. Die an der Bergakademie gelehrte Chemie war noch eine rein qualitative «Scheidekunst», und die sie beherrschende Doktrin war die Phlogistontheorie von Stahl.[16] Sie wurde erst gegen Ende des 18. Jahrhunderts durch Lavoisier überwunden, der aus der bis dahin rein qualitativ betriebenen Chemie eine moderne quantitative Naturwissenschaft machte. Die Forschungen Lavoisiers fingen auch in Deutschland an bekanntzuwerden, als Humboldt bei Werner in Freiberg studierte. Werner blieb ein Anhänger der Phlogistonchemie, während Humboldt sich anfangs zögernd, dann aber entschieden zu Lavoisier bekannte und so zu einem der ersten Verkünder der modernen Chemie in Deutschland wurde. Auch für seine botanischen Interessen fand Humboldt in Freiberg reiche Förderung. Er studierte die Grubenflora und wurde dabei auf das physiologische Problem des Erbleichens und Wiedergrünwerdenkönnens von Blättern gebracht. Darüber hat er dann auch eine Abhandlung: *Über die grüne Farbe unterirdischer Vegetabilien* publiziert [17].

Neben Göttingen muß die Freiberger Akademie als die Hochschule gelten, die Humboldt am meisten in seiner Studienzeit gefördert hat. In Freiberg hat er das einzige Fachstudium gründlich betrieben, das allein ihn auch als Beruf wirklich interessiert hat: die Wissenschaft und Praxis des Bergbaus. Das ist natürlich in erster Linie der überragenden Persönlichkeit Werners zu verdanken, der auf die damalige Geisteswelt in ganz Europa einen gewaltigen Einfluß ausgeübt hat. Auch zu Humboldts Zeit war ein ganz internationaler Kreis um Werner in Freiberg beisammen. Dazu gehörten neben seinen engeren Freunden Freiesleben und Leopold von Buch verschiedene Spanier, Portugiesen, Norweger und andere Ausländer. Die Akademie war gegen Ende des 18. Jahrhunderts das bedeutendste Zentrum für die Bergbauwissenschaft in Europa. Im März 1792 nahm Humboldt endgültigen Abschied von Freiberg. Da ihm besonders der persönliche Abschied von Freiesleben schwer wurde, reiste er in aller Heimlichkeit ab und schrieb ihm aus Berlin dann einen romantisch-gefühlvollen Brief.[18]

III

Schon während seines Studiums in Freiberg – von Mitte Juni 1791 bis Ende März 1792 – gehörte Humboldt dem preußischen Bergdepartment an. Nach Beendigung seiner Studien an der Bergakademie wurde er ihm am 6. März 1792 als «Assessor cum voto» zunächst bei der Zentrale in Berlin zugeteilt. Ein gutes Jahr später – im Juni 1793 – ging er dann als Oberbergmeister nach Franken in die damals zu Preußen gehörenden Herzogtümer Ansbach und Bayreuth. Als er nach dem Tode seiner Mutter am 19. November 1796 aus der preußischen Bergbauverwaltung ausschied, hatte er somit insgesamt fünf Jahre dem preußischen Staate gedient, wenn wir das auf der Akademie Freiberg verbrachte Jahr nicht mitrechnen. In diesen fünf Jahren wurde Humboldt schon ein gutes Jahr vor seinem Ausscheiden zum Oberbergrat befördert, womit er die damals höchste Stufe – unter dem zuständigen Minister – erreicht hatte.

Trotzdem nahm er sogleich seinen Abschied aus diesem ihm zweifellos auch liebgewordenen Dienst, als er nach dem Tode seiner Mutter die volle Verfügung über das ererbte, für damalige Verhältnisse beträchtliche Vermögen erhalten hatte. Selbst ein großzügiges Angebot von seinem Minister auf weiteren dienstlichen Aufstieg und vor allem für einen längeren Urlaub zur Durchführung von Forschungsreisen vermochte ihn nicht im Staatsdienst zu halten. Die Aufgabe, die er selbst seinem Leben seit frühester Jugend, seit er begonnen hatte, selbständig und in eigener Verantwortung zu denken, gestellt hatte, nämlich eine Forschungsreise in großem Stil und von universaler Bedeutung zu unternehmen, war jedem noch so generösen Staatsdienst mit seinen naturgemäß beschränkten Aufgaben in der Weite ihrer Möglichkeiten und in der persönlichen Freiheit ihrer Gestaltung unendlich überlegen. *Ein Menschenleben, begonnen wie das meinige, ist zum Handeln bestimmt, und ... die, welche meinem Herzen so nahe sind als Du, wissen, daß ich mich nicht gemeinen Zwecken aufopfere,* schrieb Humboldt später während seiner großen Reise an seinen Freund Willdenow (vgl. Einleitung), als er gehört hatte, daß in Europa das Gerücht kursiere, er sei in den Dienst des spanischen Consejo de Indias getreten. Hier also liegt das letzte und wirkliche Motiv für Humboldts Abschied aus

Alexander von Humboldt. Zeichnung von François Gérard, 1795

dem preußischen Staatsdienst, und es versteht sich von selbst, daß Humboldt seinen Beruf erst dann aufgeben und der selbstgewählten Berufung folgen konnte, nachdem sein ererbtes Vermögen ihn dazu in den Stand gesetzt hatte. Der Tod seiner Mutter, deren Lieblingssohn er immer gewesen war, verschaffte ihm die Möglichkeit zu diesem Entschluß, war aber natürlich nicht dessen letzte Ursache.

Es wäre deshalb auch vollkommen abwegig, anzunehmen, daß Humboldt unter einem inneren Konflikt zwischen seinem Bergmannsberuf und seiner Berufung zum Forschungsreisenden gelitten hätte. Die Geschichte seiner akademischen Studien hat uns immer wieder gezeigt, wie vortrefflich Humboldt es verstanden hat, seine persönlichen Studien mit den Erfordernissen seiner Berufsausbildung zu vereinigen. Auch die vielen und mannigfaltigen Forschungen, die er schon in seiner Studienzeit begann und vor allem in seiner Bergmannslaufbahn durchführte, beweisen dasselbe. Und nicht zuletzt kam ihm die Kenntnis des Minenwesens auch während seiner großen Amerikareise sehr zustatten, nicht nur bei seinen geologischen und speziell vulkanologischen Forschungen, sondern auch rein praktisch, als er die mexikanische Regierung in Bergbauangelegenheiten zu beraten hatte.

Alexander von Humboldt war also, als er in die Dienste des preußischen Staates trat, ein «Mann mit einem Objekt» (Gladstone). Preußen wurde damals von Adeligen regiert und verwaltet, die das übliche Kavaliersstudium mit der dazu gehörigen Reise absolviert hatten oder aus dem Offizierkorps kamen. Fachleute wurden sie, wenn überhaupt, erst im Verlaufe ihres Dienstes. Humboldt war einer der ersten hohen preußischen Beamten, der als ein spezialistisch ausgebildeter «Fachmann» seinen Dienst antrat. Er begann seine Laufbahn am 6. März 1792 als «Assessor cum voto» beim «Berg- und Hüttendepartment». Schon ein halbes Jahr nach seiner Ernennung wurde er Oberbergmeister in Ansbach-Bayreuth, Juni 1793 Leiter dieses Oberbergamtes, am 2. April 1794 Bergrat in Berlin und ein gutes Jahr später, im Sommer 1795, «Oberbergrat und vortragender Rat für Bergwerks-, Manufaktur- und Kommerzsachen». Humboldt hat das große Glück gehabt, in dem für sein Gebiet zuständigen Staatsminister Heinitz einen Chef zu haben, der seine großen Talente erkannte und ihn nach Kräften gegen alle Widerstände der Bürokratie förderte.

Im preußischen Bergdepartment waren es vor allem zwei bedeutende Persönlichkeiten, mit denen Humboldt neben seinem Minister Heinitz dienstlich viel zu tun hatte: der Oberbergrat in Schlesien Graf Reden und der größte preußische Staatsmann vor Bismarck, der Reichsfreiherr vom und zum Stein, der damals als Oberbergrat in Berlin fungierte. Während Humboldt mit dem Grafen Reden sehr bald auch in ein gutes persönliches Verhältnis kam, hat er sein Leben lang gegenüber Stein eine persönliche Abneigung nicht überwinden können, obwohl Stein sich seinerseits sehr um Humboldt bemüht hat. Dem diplomatischen Humboldt lag die herrische und oft auch unbeherrschte Natur Steins nicht. Seinen Leistungen im Bergwesen jedoch hat Humboldt immer den größten Respekt erwiesen. Trotzdem hat Stein sich sehr bemüht, Humboldt in sein Departement zu bekommen, aber sein Minister Heinitz hatte schon beschlossen, ihn nach Ansbach zu schicken, da der damalige Minister für Ansbach-Bayreuth, Hardenberg, um einen Reorganisator des dortigen Minenwesens gebeten hatte. Doch bevor Humboldt sich als Oberbergmeister in sein neues Revier begab, machte er noch eine Reise zu Reden nach Breslau, der ihn zu einem Besuch der schlesischen Bergwerke eingeladen hatte. Humboldt konnte naturgemäß viel bei ihm lernen. Während er bei Reden in Breslau weilte, erhielt er auch seine Ernennung zum Mitglied der Leopoldina, der ältesten wissenschaftlichen Akademie Deutschlands.[19] Humboldts Spezialgebiet im Minenwesen war der Salzbergbau, und er erhielt von seinem Minister den Auftrag, einen umfassenden Bericht über das Salinenwesen zu erstatten und praktische Verbesserungsvorschläge über «Salzgradierung und Salzfindung» zu machen. Dieser Aufgabe diente seine große halurgische Reise von Ende September 1792 bis Ende Januar 1793, die ihn nach Bayern, Österreich und Schlesien führte. Wichtig für seine eigenen wissenschaftlichen Interessen war der Aufenthalt in Wien. Hier hörte Humboldt zuerst von den Experimenten Galvanis, mit denen damals eine ganz neue Physik begann. Dadurch wurde auch Humboldt zu einem seiner Forschungs-

Bad Steben im Frankenwald. Ausschnitt aus einem Stich von Richter

bereiche angeregt, nämlich zu seinen eigenen berühmt gewordenen Versuchen über die gereizte Muskelfaser. Auch befanden sich in Wien die in Deutschland führenden Vertreter der modernen Chemie Lavoisiers, der auch Humboldt sich schon in Freiberg angeschlossen hatte. Ende Januar kehrte Humboldt nach Berlin zurück, wo er bis Ende April mit der Herausgabe seiner *Florae Fribergensis* beschäftigt war. Im Mai fuhr er über Erfurt, wo er seinen Bruder Wilhelm kurz besuchte, nach Ansbach-Bayreuth, um seinen dortigen Dienst anzutreten.

Humboldt wohnte in Bad Steben (Oberfranken), in einem ehemaligen Jagdschloß des Markgrafen. Er hat sich große Mühe gegeben, den Bergbau in Franken, der sich nicht mehr recht lohnte, zu beleben. Insbesondere nahm er sich sehr der überaus schlechten sozialen Lage der Bergleute an und gründete eine Fortbildungsschule für sie, nach deren Besuch sie ihr Einkommen verbessern konnten. Die Kosten dieser Schule bestritt Humboldt so gut wie vollständig aus eigener Tasche. Auch das Lehrbuch für diesen Unterricht schrieb Humboldt. Er war seinem Chef Hardenberg auch in schwierigen diplomatischen Verhandlungen von großem Nutzen.

Humboldt hat auch an Erfindungen gearbeitet, die die Arbeit der Bergleute erleichtern und ihr Leben sichern konnten. *Wenn es ein Genuß ist, durch neue Entdeckungen das Gebiet unseres Wissens zu erweitern, so ist es eine weit menschlichere und größere Freude, etwas zu erfinden, das mit der Erhaltung einer arbeitsamen Menschenklasse, mit der Vervollkommnung eines wichtigen Gewerbes in Verbindung steht... Mein eifrigster Wunsch war daher nicht, die Mischung der matten oder bösen Grubenwetter zu kennen, sondern, mit der Noth und dem Unglück, das böse Wetter verbreiten, in mehreren Gebirgen bekannt geworden... war es mein eifrigstes Bestreben, Mittel zu finden, durch welche der Nachtheil der ersteren für das Leben der Menschen und den Betrieb der Grubenbaue gemindert würde.*[20] In dieser Absicht erfand Humboldt einen «Lichterhalter» und eine «Respirationsmaschine». Der erste war eine Vorwegnahme der berühmten Grubenlampe von Davy, und die letztere ein Vorspiel unserer modernen Gasmaske. Humboldt hatte die Genugtuung, seinen «Lichterhalter» an sich selbst zu erproben und zu bewähren. Bei Experimenten im Bernecker Alaunwerk geriet er in Atemnot und fiel in Ohnmacht. Als er aus ihr erwachte, brannte sein «Lichterhalter» noch und half ihm aus seiner mißlichen Lage heraus. Wenn Humboldt später an die in Bad Steben verbrachte Zeit zurückdachte, erschien sie ihm in der Erinnerung als die vielleicht glücklichste seiner jungen Jahre.[21]

Der Verfasser der besten und umfassendsten, hier schon mehrfach zitierten Humboldt-Biographie, Hanno Beck, stellt in seiner Darstellung den G e o g r a p h e n Humboldt in den Mittelpunkt. Es ist gewiß richtig, daß Humboldt hervorragende Leistungen auf dem Felde der Geographie vollbracht hat, ja, daß man ihn geradezu als einen der Hauptbegründer der modernen Geographie als Wissenschaft würdigen muß, aber es ist dennoch nicht richtig, diese seine Leistung als seine zentrale und deshalb wesentliche anzusehen. Humboldt war unendlich viel mehr als ein Geograph, er war der größte und universalste Naturforscher von der Mitte des 18. bis zur Mitte des 19. Jahrhunderts, der Weltepoche also, die wir Deutsche als die Goethe-Zeit bezeichnen.

Nur wenn man sein Wirken unter diesem universalen Aspekt sieht, kann man auch seine wissenschaftlichen Leistungen vor Beginn der großen Reise würdigen. Schon in seiner Studienzeit interessierte ihn die Geographie vor allem als Vorbereitung für seine geplante große Forschungsreise, die als solche nahezu ausschließlich naturwissenschaftliche Ziele verfolgte. Humboldts eigene Forschung stand schon früh unter dem Erkenntnisideal einer G e s c h i c h t e der Erde und also auch der Pflanzen. Genauer definiert Humboldt diese *Historia Telluris*: *Die Erdgeschichte behandelt die den ursprünglichen Erdkreis bewohnenden Pflanzen- und Tierarten, ihre Wanderungen und den Untergang der meisten, die Entstehung der Berge, Täler, Formationen und Erzgänge, die Atmosphäre im Wechsel der Zeiten, bald rein, bald verunreinigt, die Erdoberfläche, die sich allmählich mit Bodenkrume und Pflanzen bedeckt, durch ungestüme Hochfluten wieder davon entblößt, wiederum trocken gelegt und vom Grase neu bekleidet wird.*[22] Man sieht, von dieser «Erdkunde» im Sinne Humboldts macht das, was man heute Geographie nennt, nur einen recht bescheidenen Teil aus. Humboldts *Historia Telluris* – Geschichte der Erde – ist stark von Kant beeinflußt. Kant war überhaupt der Philosoph, der neben Aristoteles großen Einfluß auf Humboldt gehabt hat. Bezeichnenderweise haben Humboldt vor allem Kants «Physische Geographie» und seine «Allgemeine Naturgeschichte des Himmels», die von der Fachphilosophie zu Unrecht gewöhnlich vernachlässigt werden, interessiert. Die hier von Kant gegebenen Anregungen hat Humboldt im *Kosmos* ebenso vollendet verwirklicht, wie er das mit Goethes morphologischen Grundsätzen in seiner Pflanzengeographie getan hat.

Die große wissenschaftliche Arbeit Humboldts aus dieser Zeit war die *Florae Fribergensis specimen*[23], die wohl die bedeutendste wissenschaftliche Arbeit Humboldts vor Antritt seiner großen Reise ist. Wer bei der *Florae Fribergensis* an das denkt, was wir heute unter einer Flora oder Fauna verstehen – an die rein floristische oder faunistische Beschreibung einer Gegend also –, wird dem Werke Humboldts nicht gerecht. Es handelt sich bei diesem Buch vielmehr um eine methodologische Besinnung auf die prinzipiellen Grundlagen der von Humboldt neu zu schaffenden Pflanzengeographie. Diese philosophische Besinnung auf die Grundsätze seiner Forschung nimmt Humboldt nun bezeichnenderweise am Beispiel von Kants Vorlesungen über die «Physische Geographie» vor. Es kam Humboldt hier darauf an, den Unterschied klar herauszuarbeiten, den man zwischen bloßer Natur-B e s c h r e i b u n g und wirklicher Natur-G e s c h i c h t e machen muß. Humboldt wollte die Verbreitung der Vege-

Schiller, Wilhelm und Alexander von Humboldt, Goethe in Jena. Zeitgenössischer Stich

tation auf der Erde als ein Ergebnis der Geschichte der Natur verstanden wissen. Wie Kant war er davon überzeugt, daß die Verbreitung der Pflanzen über die Erde in früheren Zeiten nicht dieselbe gewesen ist, wie sie sich uns heute darstellt. Humboldt glaubte also an eine «Entwicklung» der Vegetation auf der Erde. Aber das darf nun nicht als eine Vorwegnahme der Entwicklungslehre Darwins oder auch nur als eine Vorahnung von ihr verstanden werden. Humboldt war vielmehr Anhänger der «Katastrophenlehre» seines Zeitgenossen Cuvier. Wie Linné [24] glaubte auch Cuvier an die einmalige Schöpfung aller Arten der Pflanzen und Tiere, den Wandel aber der Pflanzen- und Tierwelt während der Geschichte der Erde erklärte er durch seine Katastrophentheorie, derzufolge durch gewaltige geologische Katastrophen – man denke an die «Sündflut» oder die Vergletscherungen – in weiten Gebieten der Erde ganze Faunen und

Floren ausgerottet worden sind. Von den jeweils von den Katastrophen nicht betroffenen Teilen der Erde gingen dann langsam Neubesiedelungen der verwüsteten Gebiete aus. Wenn man daher die historisch aufeinanderfolgenden Schichtungen der Erdrinde an einem bestimmten Platz untersucht, muß man in ihnen voneinander verschiedene Tiere und Pflanzen vorfinden. Auch so kommt eine echte Geschichte des Vegetationswandels auf der Erde zustande. Humboldt glaubte an diese Lehre von Cuvier, konnte daher, ohne ein Entwicklungstheoretiker zu sein, durchaus von einer wirklichen Geschichte der Vegetation auf der Erde überzeugt sein. Man darf auch nicht vergessen, daß im Jahrhundert Goethes, Cuviers und Humboldts die biblische Schöpfungslehre auch im Denken der Naturforscher noch fest verankert war. Werners Neptunismus hatte ja gerade hier eines seiner gängigsten Argumente gehabt. Der *Florae Fribergensis specimen* waren angehängt *Aphorismen aus der chemischen Physiologie der Pflanzen*[25]. Wenn man bedenkt, wie wenig man damals noch von den chemischen Vorgängen im Organismus wußte, dann darf man diese Aphorismen von Humboldt als einen sehr wertvollen Beitrag zum Studium der chemischen Beziehungen zwischen Pflanze und Licht, zum Problem der Photosynthese also, würdigen. Sie stellen eine sinngemäße Fortsetzung der schon in Freiberg unternommenen Versuche über das Ergrünen von Pflanzen in Bergwerken dar.[26]

In diese Zeit der Besinnung auf die philosophischen Grundlagen seines Denkens fallen auch Humboldts Überlegungen über das Verhältnis der organismischen zur unorganischen Natur, ein Problem, das damals die Gestalt der Frage nach einer «Lebenskraft» angenommen hatte. Sind die Lebewesen vor den Dingen der nichtlebendigen Natur durch den Besitz einer «Lebenskraft» (vis vitalis) ausgezeichnet oder unterscheiden sich grundsätzlich und qualitativ in nichts von den rein physikalisch-chemischen Strukturen der toten Natur? Das ist hier die große Frage. Heute nennt man diejenigen, die von der qualitativen Besonderheit des Lebendigen überzeugt sind, Vitalisten, und diejenigen, die eine solche leugnen, Mechanisten. Die überwiegende Mehrheit der Naturwissenschaftler glaubt heute an den Mechanismus. Humboldt ist auch in dieser Frage durchaus ein echter Vertreter seiner Epoche und symbolisiert sie sogar, da sie in ihm kulminiert. Für sie aber war gerade der Vitalismus ebenso charakteristisch und dominierend wie für uns die mechanistische Doktrin, und da es sich bei beiden Anschauungen um Philosophien handelt, die ohnehin weder bewiesen noch widerlegt werden können, mag es fast als reine Geschmackssache erscheinen, ob wir die Natur in ihrer Totalität lieber als eine gigantische Maschine denn als ein herrliches Gemälde betrachten sollen. *Naturgemälde* ist ja das Zauberwort, das Humboldt immer dann verwendet, wenn er irgendwo ein Gesamtbild von einer *kosmischen* Naturerscheinung mit großartigen Pinselstrichen malen will. Er hat denn auch jenen kleinen Essay, der seine Philosophie der Natur darstellt, in Form einer poetischen Allegorie geschildert und erstmals in Schillers «Horen» veröffentlicht. Dieser Essay über die lebendige und die nichtlebendige Natur ist in den letzten Jahren seiner Bergmannszeit geschrieben. Daß er aber mehr ist als eine Jugendsünde, sein philosophisches Glaubensbekenntnis für sein gesamtes Leben nämlich, hat Alexander von Humboldt dadurch dokumentiert, daß er diese Studie auch in seine *Ansichten der Natur* aufnahm, die er nach Rückkehr von seiner großen Reise auf der Höhe seines Lebens geschrieben hat. Wir halten dieses Buch, auf das wir noch ausführlich zurückkommen werden, für das eigentliche Hauptwerk seines Lebens und stellen es selbst über den *Kosmos*. Die Studie aber, von der hier die Rede ist, heißt *Die Lebenskraft oder der rhodische Genius*. Wir werden uns noch mit ihr beschäftigen.

Durch seinen Bruder Wilhelm kam Humboldt zum erstenmal mit Goethe und Schiller in Jena zu Anfang des Jahres 1794 zusammen. Wilhelm von Humboldt lebte nach seinem Ausscheiden aus dem Auswärtigen Amt in Berlin und seiner Heirat mit Caroline von Dacheröden auf den Gütern seiner Frau in der Nähe von Erfurt und hatte überdies in Jena Wohnung genommen, um dem Kreise um Goethe und Schiller nahe zu sein. Hier in Jena besuchte Alexander den Bruder und gewann sofort lebendigen Kontakt hauptsächlich mit Goethe, aber auch mit Schiller. Das Lebenswerk der Brüder Humboldt ist ohne den Weimarer Kreis der beiden größten Dichter Deutschlands gar nicht zu denken. Goethe ist natürlich die alles überragende Gestalt; daneben war Wilhelm mit Schiller enger verbunden, mit dem er gemeinsame philosophische und geisteswissenschaftliche Interessen hatte. Der Naturforscher Alexander hingegen stand Goethe besonders nahe, während Schiller ihm mehr reserviert gegenüberstand. In solcher «Wahlverwandtschaft» verstanden sich Goethe und Alexander von Humboldt vom Anfang ihrer Begegnung an sozusagen a priori. Beide waren «intuitive Morphologen», die «sogar Ideen sehen» konnten. Wir werden später erfahren, daß Humboldts Geographie der Pflanzen nach denselben morphologischen Prinzipien aufgebaut ist, die Goethe entwickelt und unter anderem in der «Metamorphose der Pflanzen» dargestellt hat. Diese morphologische Geistesverwandtschaft von Humboldt und Goethe erhellt sehr deutlich aus einem Brief, den Humboldt an Schiller über dessen «Horen» geschrieben hat. Humboldt begrüßt das Unternehmen, *wo große Kräfte eine große Wirkung hoffen lassen,* und fährt dann fort: *Es freut mich unendlich, daß Sie die Naturkunde aus Ihrem Plane nicht ausschließen... Wie man die Naturgeschichte bisher trieb, wo man nur an den Unterschieden der Form klebte, die Physiognomik von Pflanzen und Tieren... mit der heiligen Wissenschaft selbst verwechselte, so lange konnte unsere Pflanzenkunde z.B. kaum ein Object des Nachdenkens speculativer Menschen sein. Sie fühlen mit mir, daß etwas Höheres zu suchen, daß es wiederzufinden ist... Die allgemeine Harmonie in der Form, das Problem, ob es eine ursprüngliche Pflan-*

*Alexander von Humboldt als Siebenundzwanzigjähriger.
Stich von A. Krausse, 1796*

zenform gibt, die sich in tausenderlei Abstufungen darstellt, die Verteilung dieser Formen über den Erdboden, die verschiedenen Eindrücke der Fröhlichkeit und Melancholie, welche die Pflanzenwelt im sinnlichen Menschen hervorbringt, der Contrast zwischen der todten unbewegten Felsmasse ... und der belebten Pflanzendecke, die gleichsam das Gerippe mit milderndem Fleische sanft bekleidet; Geschichte und Geographie der Pflanzen, oder historische Darstellung der allgemeinen Ausbreitung der Kräuter über den Erdboden, ein unbearbeiteter Teil der allgemeinen Weltgeschichte, – das scheinen mir Objecte, die des Nachdenkens wert und fast ganz unberührt sind.

Ich beschäftige mich ununterbrochen mit ihnen...[27] Diktion und Inhalt dieses Briefes erinnern geradezu verblüffend an das berühmte «Jenaer» Gespräch Goethes und Schillers[28], mit dem ihre Freundschaft begann. Nur hat Humboldt hier fast wörtlich die Rolle Goethes übernommen. Auch Goethes zentrales morphologisches Thema, die «Urpflanze» als «Modell aller Pflanzen», steht hier im Mittelpunkt des Briefes, und es ist sehr bezeichnend und gewiß kein Zufall, daß Humboldt unmittelbar seine eigenen Lieblingsgedanken über die Pflanzengeographie als Teil der Universalgeschichte anschließt. Das beweist besser als viele Worte die Geistesverwandtschaft Humboldts mit Goethe im Zentralthema der Morphologie. Freilich geht Humboldts universalgeschichtliches Denken über die reine Morphologie Goethes hinaus, dem das eigentlich Geschichtliche noch fremd war. Aber Geschichte kann nie an Morphologie vorbeigehen, sie muß durch die Morphologie hindurchgehen, wenn sie sich selber finden will, sie ist vertiefte Morphologie.[29] Auch die Verknüpfung des Gestalthaften mit der ästhetisch-sentimentalen Wirkung der Pflanzen ist ein Lieblingsthema von Goethe, besonders in der «Farbenlehre». Man darf mit Sicherheit annehmen, daß diesem Brief Humboldts an Schiller manches Gespräch mit Goethe voraufgegangen ist. Schillers Entfremdung Alexander gegenüber ist sachlich schwer verständlich, es muß hier persönliche Motive gegeben haben, und ich möchte vermuten, daß Goethe dabei unbewußt eine Rolle gespielt hat. Alexanders Freundschaft mit Goethe war von der ersten Begegnung bis zu Goethes Tod immer eine besonders herzliche gewesen, die in vollkommener Geistesverwandtschaft wurzelte. Alexander hat sich in der Naturforschung immer als Goethes Schüler gefühlt, während Goethe in ihm den Meister und Vollender seiner eigenen Art, die Natur zu schauen, bewunderte. Diese apriorische und nie getrübte Harmonie zwischen Goethe und Humboldt hat Schiller vielleicht unbewußt gewurmt, wenn er sich der großen Schwierigkeiten erinnerte, die er selber einst überwinden mußte, bis er Goethes Freundschaft gewonnen hatte.

Bevor wir Humboldts Lebensweg weiterverfolgen, müssen wir einen Augenblick verweilen, um seinen Charakter und insbesondere sein Verhältnis zu Freundschaft und Liebe kennenzulernen. Unmittelbarer Anlaß dazu ist eine um diese Zeit entstandene, fast leidenschaftliche Freundschaft mit dem um vier Jahre jüngeren Leutnant Reinhard von Haeften, der in Bayreuth in Garnison stand. Diese Freundschaft unterschied sich in der Tat von seinen älteren Freundschaften mit Wegener in Frankfurt und Freiesleben in Freiberg dadurch, daß sie nicht wie diese auf gemeinsame wissenschaftliche Interessen gegründet, sondern eben weiter nichts war als eine starke persönliche Zuneigung, die sich auch auf von Haeftens Braut Christiane von Cramon übertrug. So sehr sogar, daß Alexander nach dem frühen Tode von Haeftens am 20. Januar 1803 wohl einen Augenblick daran gedacht hat, seine Witwe zu heiraten. Aus Humboldts Briefen an von Haeften hat einer seiner Biographen, Helmut de Terra[30], sogar den Schluß ziehen zu dürfen geglaubt, Humboldt sei homosexuell veranlagt gewesen. Der Ton dieser Briefe war damals zwischen Freunden jedoch gang und gäbe, Freundschaft galt als hohes Ziel. Jean Paul zum Beispiel wertete die Freundschaft höher als die Liebe.[31] Solche Freundschaftsschwärmerei findet sich auch in Humboldts Briefen an die Freunde seiner Jugend – in denen an von Haeften vielleicht um eine sentimentale Tonart stärker als in den Briefen an Wegener und Freiesleben.

Was hier von Humboldts Freundschaften mit Männern gesagt ist, gilt ebenso von seinen Beziehungen zu Frauen, etwa zu Henriette Herz, die ihm in seiner Jugend ganz besonders nahestand. Liest man Humboldts Briefe an Henriette Herz, dann weiß man wirklich manchmal nicht, ob es sich nicht doch um wirkliche Liebe, statt nur um Freundschaft gehandelt hat. Hanno Beck[32] meint sogar, daß Humboldt gerade in der Zeit der größten Blüte seiner Freundschaft mit von Haeften einen echten Liebesbrief an Henriette geschrieben habe, und bestreitet mit ihm die Hypothese von Terras über Humboldts homosexuelle Veranlagung. Man versteht die wechselseitigen Beziehungen der romantischen Menschen – einerlei, ob zwischen Männern oder zwischen Männern und Frauen – nur dann, wenn man immer daran denkt, daß für sie alle Liebe und Freundschaft im Grunde Synonyma für die gleiche menschliche Beziehung sind. Für sie waren eben Liebe und das, was wir heute «Sex» nennen, noch lange nicht ein und dasselbe. Ganz gewiß war die Sexualität gerade den Romantikern nicht fremd – man denke nur an Schlegels «Lucinde»! –, und auch von Humboldt wissen wir, daß er, was Sexualität betrifft, niemals wie ein Mönch gelebt hat. Aber man verwechselte eben damals noch nicht Sex und Liebe. So war auch Humboldts freundschaftliche Liebe zu Henriette Herz durchaus vereinbar mit seiner liebevollen Freundschaft zu ihrem Mann Marcus Herz. Alexander von Humboldt war im Freundeskult und in der Liebe ein echter Sohn der Romantik und keineswegs eine besonders sentimentale Werther-Natur. Daß er niemals geheiratet hat, hat seinen Grund in der Lebensaufgabe, die er sich selbst gestellt hatte. Wer im Hauptberuf Forschungsreisender sein und bleiben wollte, mußte jederzeit persönlich frei und unabhängig sein. Irgendeine Bindung an eine Familie hätte diesem Beruf, der für ihn Berufung war, sofort ein Ende setzen müssen.

Wo Licht ist, da ist auch Schatten. Das gilt auch für Humboldt. Erwähnt wird oft seine Eitelkeit, aber der vielleicht unschönste Charakterzug war sein ebenso großes wie gefürchtetes «Lästermaul», sein ironisches, sich über alles und jedes Mokieren. Selbst Menschen, die er am meisten geliebt hat, waren in dieser Hinsicht nicht vor ihm sicher. Sein Bruder Wilhelm schrieb einmal an Alexanders liebste Freundin Henriette Herz[33]: «Daß mon frère so oft zu Dir kommt, freut mich. Und aus Mitleid thut ers gewiß nicht; er ist Dir wirklich gut. Er hat sich zwar oft gegen mich über Dich moquiert, aber theils um mich zu ärgern, theils weil er sich über jeden moquiert. Gegen jeden andern hat er Dich mit einem ihm sonst ungewöhnlichen Eifer verteidigt.»

Die beiden letzten Jahre Humboldts im Staatsdienst (1795–96) sind zum größten Teil ausgefüllt durch eine große Reise, die Humboldt nach Oberitalien und vor allem in die Schweiz unternahm und die, obwohl sie zunächst als Erholungsreise mit seinem Freunde von Haeften gedacht war, doch auch dienstlichen Aufgaben diente und sich überdies zu einer richtigen Forschungsreise ausweitete. Die Reise begann im Juli 1795 in Bayreuth und führte in ihrem ersten Teil über München, Innsbruck, Venedig, Padua, Verona, Parma, Genua, Mailand und am Lago Maggiore entlang über den St. Gotthard-Paß nach Schaffhausen. Von hier kehrte von Haeften nach Deutschland zurück, weil sein Urlaub abgelaufen war. In Gemeinschaft mit seinem Bayreuther Chef von Hardenberg, der in der Schweiz zu den Reisenden gestoßen war, fuhr er nach Bern weiter, wo Dienstgeschäfte zu besorgen waren. Hardenberg reiste nach Genf, und Humboldt begann nun mit seinem inzwischen in Bern eingetroffenen Freunde Freiesleben die eigentliche Forschungsreise durch die Schweiz. Uns interessiert hier nur dieser Abschnitt der Reise, deren wissenschaftliche Ergebnisse und Begegnungen mit den führenden Schweizer Forschern für Humboldts späteres Lebenswerk wichtig werden sollten.

In Oberitalien hat Humboldt Fühlung mit den Schülern Galvanis genommen und auch Volta auf seinem Landsitz am Comer See besucht. Abgesehen von den persönlichen Gelehrtenbegegnungen war für die Vertiefung von Humboldts geologischem Weltbild besonders wichtig der Abschnitt ihrer Reise, der von Genua bis zum St. Gotthard-Paß führte. Das Erlebnis der Steigung von der oberitalienischen Ebene bis zur Höhe der Alpen war so nachhaltig, daß Humboldt noch viele Jahre später das Profil dieser Reise aus dem Gedächtnis zeichnen konnte. Er erlebte die Höhendimension in der Morphologie der Erde: *Ich begriff die Idee, ganze Länder darzustellen wie ein Bergwerk.*[34] Diese Erfahrungen kamen ihm auf seiner Reise durch die südamerikanischen Anden sehr zustatten, zum Beispiel bei seinen Profilen von La Guaira nach dem Gipfel der Silla de Caracas in Venezuela, wo Höhenunterschiede über 2000 Meter zu überwinden waren, oder von Cartagena nach Bogotá in Kolumbien, wo es um eine Steigung bis nahezu 3000 Meter ging. Diese Einbeziehung der Höhendimension in die geographische Darstellung hat Humboldt auf seiner Schweizer Reise zum erstenmal in ihrer großen Bedeutung erfahren. Landschaftlicher Höhepunkt der ganzen Reise war die Gegend um den Luzerner und Sarner See, in ihr sah Humboldt *die lieblichste Gegend der ganzen Schweiz*[35] und träumte davon, sich hier einmal niederzulassen. Im übrigen brachte ihm die Schweizer Reise eine große Fülle wertvoller wissenschaftlicher Bekanntschaften, vor allem in Bern und Genf. Groß war die Zahl der Forscher, die Humboldt in Genf kennenlernte, das damals besonders in der alpinen Forschung eine Bedeutung hatte, die es nie wieder in der Geschichte dieser Stadt gegeben hat. Der bedeutendste dieser Forscher war Horace Bénédict de Saussure[36]. Er ist der eigentliche Begründer der Gletscherforschung, deutete die Bewegungen der Gletscher als durch die Schwerkraft verursacht und beschrieb als erster alle damit zusammenhängenden Phänomene (Moränenbildungen, abgeschliffene und gerundete Felsen usw.) und war auch einer der ersten, die den Montblanc erstiegen. Ohne die Kenntnis der in der Schule von Saussure entwickelten Methoden der Alpen- und Gletscherforschung hätte Humboldt die Geologie der amerikanischen Anden nicht verstehen können. An Saussure geschult, wurde ihm im Chamonixtal miteins deutlich, daß *alle Gletscher... Thäler sind*[37]. Hier erkannte Humboldt auch die Notwendigkeit, nicht nur in verschiedenen Klimazonen, sondern auch in den verschiedenen Höhenlagen der Gebirge *meteorologische Observatorien* anzulegen. Diese erste Erkenntnis Humboldts über die intimen Relationen der zweidimensional über die Erde verbreiteten Klimazonen zu den ebenso unterschiedlichen Klimaten, die man dreidimensional durchläuft, wenn man im Hochgebirge von der Talsohle zum Gipfel hinaufsteigt, sollte sich später zu einem wesentlichen Gesetz seiner morphologischen Pflanzengeographie verdichten. Wenn es sich nämlich um ein in den Tropen gelegenes Gebirge handelt, gelangt man, nur der Höhendimension folgend, von der tropischen Zone in die arktische.

Nach Rückkehr von seiner Schweizer Reise Ende November 1795 war Humboldt noch ein weiteres Jahr – bis zum Tode seiner Mutter – im Bergdepartment tätig. Im Februar 1796 erkrankte Frau von Humboldt so schwer (wahrscheinlich an Brustkrebs), daß ihre Söhne, die das Schlimmste fürchten mußten, nach Tegel reisten. Ihre Krankheit war hoffnungslos und der Tod wäre gewiß als Erlöser gekommen, aber ihr Leiden zog sich noch fast bis zum Ende des Jahres hin. Alexander kehrte im April nach Franken zurück und erkrankte nun selbst, erschüttert durch das schwere Leiden der Mutter, deren Lieblingssohn er immer gewesen war, an einem Nessel- und Schleimfieber, das ihn viele Wochen quälte. Als er davon gerade genesen war, übertrug Hardenberg ihm eine diplomatische Mission. Humboldt war der geborene Diplomat; seine universale Bildung und Debattierkunst, seine Eitelkeit, Ironie und Spottlust zeichnen den geborenen Diplomaten aus. Dazu kam in dem besonderen, hier gegebenen Falle, daß es sich um eine Verhandlung mit Franzosen handelte, die Alexander aus persönlicher Erfahrung von seiner Reise mit Georg Forster durch das revolutionäre Frankreich kannte und deren Mentalität ihm verwandt war. Damals war ein französisches Revolutionsheer unter Moreau in Süddeutschland eingedrungen, und es spielten sich dort jene Szenen ab, die Goethe so anschaulich in «Hermann und Dorothea» geschildert hat. Es kam nun darauf an, den General Moreau dazu zu bringen, die Neutralität der preußischen Enklaven in Franken und in Württemberg zu respektieren. Die Truppen des deutschen Kaisers hatten es vorgezogen, einen «strategischen Rückzug» anzutreten, und so hing hier nun alles von einer geschickten Diplomatie ab. Zwölf Tage zog Humboldt mit seiner Parlamentärtruppe hinter den Franzosen her, ehe er Moreau traf und seine Verhandlungen mit ihm zum guten Ende bringen konnte. Die Erfahrungen, die er bei dieser Gelegenheit mit seinen Deutschen machen mußte, waren nicht gerade erfreulich; denn es ist *ein widriger Anblick, die Deutschen vor den Franzosen im Innern des Reichs kriechen zu sehen, Deutschland über sogenannte Friedensschlüsse regelmäßig schwatzen zu hören, daß einem weh ums Herz wird*[38].

Im Herbst des Jahres 1796 war Humboldt wieder in Franken. Hier erhielt er nun die Nachricht von dem am 19. November dieses Jahres erfolgten Hinscheiden seiner Mutter. Er reiste sogleich nach Berlin, wo er auch seinen Bruder bereits antraf. Obwohl er schon lange täglich damit rechnen mußte, ist ihm der Heimgang der Mutter bestimmt sehr nahegegangen. Durch sein Erbteil war Humboldt nun ein reicher Mann. Damit war er wirtschaftlich vollkommen unabhängig, und er zögerte nicht, daraus unverzüglich die Konsequenzen für sein persönliches Leben zu ziehen. Diese waren klar und eindeutig: sofortiger Abschied vom Staatsdienst, den Beruf aufzugeben und der selbstgewählten Berufung zu folgen. Er bereitete sich nunmehr ohne jede weitere Ablenkung auf die große Forschungsreise vor. Gut zwei Jahre brauchte er noch zur Vorbereitung. Die Zeit bis dahin verbrachte er in verschiedenen wissenschaftlichen Zentren, die für seine geistige und methodisch-instrumentelle Reiseausrüstung wichtig waren, vornehmlich in Goethes Weimar und in Paris.

Humboldts Biograph Beck hat gemeint, daß er aus politischen Gründen den preußischen Staatsdienst aufgegeben hätte.[39] Das ist ganz gewiß nicht der Fall gewesen. Wäre er nach seiner späteren endgültigen Rückkehr nach Berlin am preußischen Hofe Kammerherr geworden, wenn er wirklich ein überzeugter Republikaner und nicht ein liberal-konservativer Monarchist gewesen wäre? Humboldt war ein preußischer Beamter in der besten Tradition dieses Dienstes im 19. Jahrhundert, wenn er als für sich verbindlich bekennt: *Je mehr man selbst die sittlichen Handlungen anderer richtet, desto strenger muß man selbst die Gesetze der Sittlichkeit befolgen.*[40] Und er fährt fort, mit übergroßer Bescheidenheit von sich selbst zu bekennen: *Das Verdienst, die Freundschaft eines Ministers nicht gemißbraucht zu haben, ist ja das einzige Verdienst, welches ich in diesem Lande zurücklasse.*[41] Dieser Satz steht ausgerechnet in dem Brief, in dem Humboldt das Angebot seines Ministers, ihn für seine geplante große Reise für unbefristete Zeit mit Gehalt vom Dienst zu beurlauben, abgelehnt hat. Kann man wirklich annehmen, daß ein Mann, der so denkt, jahrelang einer Regierung und durch Jahrzehnte einem Königshof treu hat dienen können, wenn er die politische Struktur seines Staates nicht gebilligt hätte? Die Republik, der Humboldt angehörte, war die übernationale Republik der Gelehrten, und die ist immer mit allen Arten von nationalen Staats-

Goethe. Kupferstich von Heinrich Lips, 1791

formen durchaus verträglich gewesen. Es gibt keinen anderen Grund für Humboldts Ausscheiden aus dem preußischen Staatsdienst als den, daß sein selbstgewählter Beruf des wissenschaftlichen Forschungsreisenden die unbedingte persönliche Freiheit und Unabhängigkeit sowie die vollkommene Verfügbarkeit über alle seine Zeit erforderte. Deshalb m u ß t e Humboldt spätestens in dem Augenblick den Dienst aufgeben, als er durch sein Erbe die Möglichkeit erhalten hatte, frei und unabhängig nur noch seiner autonomen Berufung zu folgen.

IV

Nachdem Humboldt aus dem preußischen Staatsdienst ausgeschieden war, benutzte er die nun folgenden zweieinviertel Jahre vom 1. März 1797 bis zum 5. Juni 1799, dem Tag der Abreise nach Südamerika, ausschließlich zur Vorbereitung der Amerikareise. Die Stationen dieser Reise zur großen Reise waren Jena, Dresden, Wien, Salzburg, Paris, Marseille, Madrid und so ziemlich ganz Spanien. Überall verbrachte Humboldt einige Monate bis zu einem halben Jahr. Der Leitgedanke, der allen diesen Aufenthalten und Unternehmungen zugrunde lag, war die seit langem geplante «Westindienreise».

Indessen können große Ziele immer nur auf Umwegen erreicht werden. Solche Umwege hat auch Humboldt gehen müssen. So wollte er eine Weile eine Vorreise nach Nordafrika und Ägypten unternehmen. Napoleons Feldzüge in Italien und Ägypten machten die Durchführung dieses Planes unmöglich. Dann wollte er an der von der französischen Regierung unter Baudin geplanten Weltumseglung teilnehmen, um so nach Amerika zu gelangen und dann von dort seine eigene Amerikareise zu beginnen. Dieser Plan scheiterte an den finanziellen Schwierigkeiten der französischen Regierung, die mehr als genug mit den Kriegen Napoleons belastet war und daher diese Weltumseglung immer wieder hinausschieben mußte.

Die von Humboldt geplante Reise war von grundsätzlich anderer und vollkommen neuer Art als alle bisherigen großen Weltreisen. Bei diesen handelte es sich in der Hauptsache um Weltumseglungen, die macht- und kolonialpolitische Ziele verfolgten und der Forschung nur nebenbei dienten, indem sie Naturforscher mitnahmen und soweit arbeiten ließen, als es mit dem politischen Zweck der Weltumseglung vereinbar war. Längere, der Forschung erst wirklich nützliche Landaufenthalte oder auch nur größere Exkursionen über Land waren auf diese Weise gar nicht möglich.

Humboldts Forschungsreise stellte dagegen etwas vollkommen Neues dar: die erste Weltreise über Land! Außerdem verfolgte sie keinerlei politische Ziele, sondern rein wissenschaftliche. Das war ein Novum in der damaligen Zeit, und auf diesen Umstand ist, abgesehen von den persönlichen Qualitäten des Menschen Humboldt, der beispiellose Erfolg seiner Reise zurückzuführen sowie die Tatsache, daß sie eine immer noch fortdauernde Tradition in der wissenschaftlichen Welt begründet hat. Humboldts große Reise war die erste rein wissenschaftliche Forschungsreise in der Geistesgeschichte des Abendlandes. Der einzige, der gleichzeitig mit Humboldt in Iberoamerika Naturforschung zu Lande betrieben hat, war der Böhme Thaddäus Haenke.[42] Allein er mußte dabei auch seinen Lebensunterhalt verdienen, war auf ein bestimmtes Gebiet beschränkt und besaß nicht die einmalige Universalität der Interessen, die Humboldt zum Philosophen der Erde gemacht haben.

Westindien war Humboldts definitives Reiseziel. Aber unter West-

Jena. Links der alte Anatomieturm, in dem Alexander von Humboldt 1794 mit Goethe arbeitete.

indien verstand man zu Humboldts Zeiten noch nicht jenen engbegrenzten Inselbereich zwischen Florida und Trinidad, den wir heute damit bezeichnen. Damals war man dem ursprünglichen, auf Kolumbus zurückgehenden Begriff von Westindien noch nahe. Kolumbus suchte den westlichen und, wie er annahm, kürzeren Seeweg nach Indien und glaubte, nach Cipangu – dem heutigen Japan etwa – gelangt zu sein. Als die Kolumbus folgenden Konquistadoren dann erkannten, daß Amerika ein eigener neuentdeckter Erdteil ist, nannte man das neuentdeckte Gebiet eben das westliche Indien, also kurz Westindien. Zu Humboldts Zeiten verstand man unter Westindien also noch so ziemlich das gesamte spanische Amerika. Das hatte auch Humboldt im Sinn, wenn er davon sprach, nach Westindien reisen zu wollen.

Die Reise zur Vorbereitung der großen Reise begann in Jena, wo Humboldt im Kreise Goethes und Schillers sowie seines damals auch zumeist in Jena weilenden Bruders Wilhelm während der drei Monate März, April und Mai 1797 äußerst beschäftigt war. In Jena war es vor allem Schillers Haus, in dem sich die Brüder damals am häufigsten auch mit Goethe trafen.

Was Humboldt und Goethe miteinander verband, das war die Morphologie und das morphologische Denken über die Natur, die sie als einen Kosmos, ein «Gemälde» von Gestalten, verstanden. Humboldt empfing von Goethes Morphologie den Begriff des dynamischen Typus [43] als das methodische Prinzip, Gestalten in ihrer geschichtlich gewordenen Ganzheitlichkeit zu beschreiben. Eine solche dynamische Urgestalt war zum Beispiel Goethes Urpflanze als das Modell, das nicht nur allen existierenden Pflanzen als ihr gemeinsames Muster zugrunde liegt, nach dessen Bauplan man vielmehr auch noch beliebig viele neue Pflanzen hinzuerfinden könnte, «die, wenn sie auch nicht existieren, doch existieren könnten und nicht etwa malerische oder dichterische Schatten und Scheine sind, sondern eine innerliche Wahrheit und Notwendigkeit haben. Dasselbe Gesetz wird sich auf alles übrige Lebendige anwenden lassen.»[44] Eben dieses Gesetz des Typus, das Goethe auf die einzelnen Gestalten der Pflanzen und Tiere angewandt hatte, hat Humboldt später in seiner Geographie der Pflanzen benutzt. Humboldts *Geschichte der Pflanzen* war nur auf dem Grunde von Goethes Morphologie der Pflanzen möglich. Wenn Goethe in seiner bedeutendsten Schrift über die theoretischen Grundlagen der Morphologie[45] im Hinblick auf das Tier sagte: «Bei dieser Betrachtung tritt uns nun gleich das Gesetz entgegen: daß keinem Teil etwas zugelegt werden könne, ohne daß einem andern dagegen etwas abgezogen werde, und umgekehrt. Hier sind die Schranken der tierischen Natur, in welchen sich die bildende Kraft auf die wunderbarste und beinahe auf die willkürlichste Weise zu bewegen scheint, ohne daß sie im mindesten fähig wäre, den Kreis zu durchbrechen oder ihn zu überspringen. Der Bildungstrieb ist hier in einem zwar beschränkten, aber doch wohl eingerichteten Reiche zum Beherrscher gesetzt. Die Rubriken seines Etats, in welche sein Aufwand zu verteilen ist, sind ihm vorgeschrieben, was er auf jede(s) wenden will, steht ihm, bis auf einen gewissen Grad, frei. Will er der einen mehr zuwenden, so ist er nicht ganz gehindert, allein er ist genötigt, an einer andern sogleich etwas fehlen zu lassen; und so kann die Natur sich niemals verschulden oder wohl gar bankrott werden.» Das hier von Goethe formulierte Prinzip, dem zufolge einzelne Organsysteme auf Kosten oder zugunsten anderer in ihrer Funktion für das Ganze verstärkt und weiter ausgestaltet, beziehungsweise eingeschränkt und simplifiziert werden können, ist neuerdings von dem Hallenser Zoologen Haecker[46] «Kompensationsprinzip» genannt worden. Diese beiden Prinzipe des dynamischen Typus und der Kompensation der ihm möglichen zueinander homologen Gestaltungen sind in der Tat die theoretischen Säulen, auf denen Goethes Morphologie und Humboldts morphologische Pflanzengeographie gleichermaßen ruhen. Diese dynamische Morphologie hat Humboldt während seiner beiden Aufenthalte in Jena – Dezember 1794 und im Frühling 1797 – bei Goethe gelernt. Goethe selbst hatte schon betont, daß dies von ihm auf das einzelne Tier und die einzelne Pflanze bezogene morphologische Denken auch auf Kollektive von Tieren und Pflanzen, auf Tiergesellschaften und auf Pflanzengemeinschaften und auf beider Beziehungen zueinander übertragen werden müßte. So sagt er in einem seiner ältesten morphologischen Fragmente: «Und wie würdig ist es der Natur, daß sie sich immer derselben Mittel bedienen muß, um ein Geschöpf hervorzubringen und zu ernähren! So wird man... nunmehr... die organisierte Welt wieder als einen Zusammenhang von vielen Elementen ansehen... Wir werden uns gewöhnen, Verhältnisse und Beziehungen nicht als Bestimmungen und Zwecke anzusehen, und dadurch ganz allein in der Kenntnis, wie sich die bildende Natur von allen Seiten und nach allen Seiten äußert, weiterkommen.»[47] In diesem goetheschen Geist hat Humboldt die Pflanzengeographie als eine vergleichend-morphologische Grundwissenschaft der Botanik begründet. Die Pflanzengemeinschaften der verschiedenen geographischen Areale, des tropischen Regenwaldes, der Savanne, der andinen Hochgebirge usw. waren für Humboldt Gestalttypen, die sich in den verschiedenen Erdteilen unter gleichen Klimaverhältnissen in homologen Lebensgemeinschaften darboten und deren Gliederungen untereinander kompensiert werden konnten, ohne den Charakter der Gesellschaften als Ganzheiten gleicher Gestaltung zu zerstören. In seiner bedeutendsten wissenschaftlichen Schöpfung, der Pflanzengeographie, ist Humboldt also auf das stärkste von Goethes Morphologie beeinflußt worden.

Humboldt war aber mehr als nur ein Schüler Goethes. Man muß in ihm den wirklichen Vollender der Naturforschung der Goethe-Zeit erblicken. Was in Goethes Schriften immer nur ein gigantisches Fragment geblieben ist, in Humboldts *Kosmos* gewann ein ganzes Zeitalter der Naturforschung seine abschließende und vollendete Selbstdarstellung. Humboldt hat aber in der Morphologie von Goethe nicht nur empfangen, sondern auch selbst an Goethe viel gegeben. Das hat Goethe ausdrücklich bezeugt. Goethes morphologische Forschungen beginnen schon in den frühen achtziger Jahren, aber der Durchbruch zu einer universalen Morphologie gelang Goethe nach seinem eigenen Zeugnis erst nach den Besuchen der Brüder Humboldt und den Diskussionen mit ihnen, in denen ohne Frage Alexander für Goethe der mitschöpferische Partner gewesen ist. Hören wir, was Goethe selbst darüber sagt: «So benutzte ich viele Zeit, bis im Jahre 1795 die Gebrüder von Humboldt, die mir schon oft als Dioskuren auf meinem Lebenswege geleuchtet, einen längeren Aufenthalt in Jena beliebten. Auch bei dieser Gelegenheit strömte der Mund über, wovon das Herz voll war, und **ich trug die Angelegenheit meines Typus so oft und zudringlich vor**, daß man, beinahe ungeduldig, zuletzt verlangte, ich solle das in Schriften verfassen, was mir in Geist, Sinn und Gedächtnis so lebendig vorschwebte.»[48] Dieses Verlangen wurde erfüllt. Noch im selben Jahre 1795 schrieb Goethe den schon zitierten «Ersten Entwurf einer allgemeinen Einleitung in die vergleichende Anatomie»[49] und diktierte im folgenden Jahre die vermutlich erstmals vor den Brüdern Humboldt gehaltenen «Vorträge über die drei ersten Kapitel des Entwurfs...».[50] Damit ist der denkbar engste Kontakt zwischen Goethe und Humboldt bei einer universalen, morphologischen Betrachtung der Welt und speziell der Organismen erwiesen. Die nun noch kurz zu erwähnenden weiteren Stationen seiner Vorbereitungsreisen dienten neben diesem einmaligen theoretischen Gewinn von Jena und Weimar ausschließlich praktischen Zwecken, der Vervollständigung nämlich von Humboldts Ausbildung in der Technik geographischer und geophysikalischer Messungen auf Reisen und dem Gewinn nützlicher Informationen bei jenen, die vor ihm solche Reisen praktiziert hatten. Über die besten Erfahrungen auf diesem Gebiete verfügte damals in Deutschland Franz Xaver von Zach (1754 bis 1832), der Leiter der Sternwarte auf dem Seeberg bei Gotha, der damals wohl bedeutendsten in Deutschland. Zach stand mit der ganzen damaligen wissenschaftlichen Welt in Verbindung und besonders auch mit Göttingen, wo Humboldt schon Kontakt mit ihm bekommen hatte. Diesen pflegte er nun in dem nahen Jena intensiv weiter, indem er auf seinen Exkursionen die neuesten Geräte von Zachs erprobte, vor allem auf ihre Brauchbarkeit für die westindische Reise.

Die Brüder Humboldt planten schon lange eine Reise nach Italien. Wegen der Wirren des napoleonischen Feldzuges in Italien erfuhr dieser Reiseplan immer wieder neue Verzögerungen und kam schließlich, was sein Ziel betraf, überhaupt nicht zustande, führte vielmehr Alexander von Humboldt schließlich über Dresden, Wien, Salzburg und Paris nach Madrid, wo dann die wirkliche große Reise ihren Anfang nahm.

Zunächst ging es am 31. Mai 1797 von Jena nach Dresden, wo man bis Ende Juli, immer auf bessere Nachrichten aus Italien wartend, blieb. Hauptbesuchspartner in Dresden, besonders für Wilhelm von Humboldt, war Schillers Freund Körner. Die für Alexander im damaligen Dresden wichtigste Persönlichkeit war Johann Gottfried Koehler, Inspektor der Dresdener Sammlungen und Leiter der Sternwarte. Koehler stand auch mit von Zach in Gotha in enger Verbindung und arbeitete wie dieser an der Verbesserung astronomischer und geodätischer Geräte. In der engeren und weiteren Umgebung von Dresden bis nach Prag herunter hat Humboldt mit ihm Exkursionen gemacht und dabei viele astronomische Ortsbestimmungen und barometrische Höhenmessungen durchgeführt. So erprobte und verbesserte Humboldt ständig seine Instrumente. Nach Dresden war auch der alte Lehrer der Brüder Humboldt und treue Berater ihrer Mutter und ihr Testamentsvollstrecker Kunth gekommen, um die Erbteilung zwischen den Brüdern zu vollziehen. Alexanders Erbe betrug rund 90 000 Taler, womit er für unsere Begriffe mehr als ein Millionär geworden war.[51]

Am 25. Juli 1797 verließ Alexander Dresden und fuhr über Prag nach Wien, während die Familie seines Bruders in Dresden zurückblieb. In Wien blieb Humboldt etwa drei Monate. Wien war damals d i e deutsche Weltstadt und zugleich Deutschlands wissenschaftliches Zentrum, in dem er schon 1792 bei seinem ersten kurzen Aufenthalt *weit mehr Gutmüthigkeit und ächte Humanität als in Berlin* festgestellt hatte[52]. Durch Willdenow wußte er, daß seit der ersten österreichischen Westindienexpedition, die der ältere Jacquin im Auftrage des Kaisers Franz I. durchgeführt hatte, viele westindische Pflanzen in Schönbrunn kultiviert wurden.⁵³ Diesen alten westindischen Beziehungen Wiens galt nun natürlich Humboldts Hauptinteresse während dieses längeren Aufenthaltes dort. Bis damals hatten die Kaiser Franz I. und Franz II. insgesamt sechs große Expeditionen nach Übersee durchführen lassen, um Pflanzen für Schönbrunn zu sammeln.⁵⁴ So erhielt Humboldt in Schönbrunn eine sehr lebendige Einführung in die gesamte westindische Pflanzenwelt, er sah Gewächse nicht nur von den Antillen, sondern auch vom ganzen südamerikanischen Festland, aus fast allen Ländern also, die Humboldt selbst auf seiner großen Reise besuchen sollte.

*Leopold von Buch.
Gemälde von Karl Begas*

Auch in Wien hatte Humboldt jede freie Minute benutzt, um an der Fertigstellung des Manuskripts zum zweiten Band des Werkes über die gereizte Muskel- und Nervenfaser zu arbeiten. Diese Arbeit mußte unbedingt noch vor Beginn der großen Reise zum Abschluß gebracht werden. Um diese Aufgabe zu erledigen, begab sich Humboldt den ganzen folgenden Winter – von Ende Oktober 1797 bis Ende April 1798 – nach Salzburg. Der Krieg in Italien dauerte an, und so wurde die ursprünglich geplante Italienreise aufgegeben. Humboldts Bruder Wilhelm fuhr mit seiner Familie über München und die Schweiz nach Paris, wohin Alexander ihm dann später von Salzburg nachkommen wollte. Humboldt war am 26. Oktober 1797 in Salzburg eingetroffen; sein alter Freiberger Studienfreund Leopold von Buch, einer der Schöpfer der modernen Geologie⁵⁵, den er schon kurz in Wien getroffen hatte, folgte ihm ein wenig später nach Salzburg nach. Dort unternahmen sie viele geognostische Exkursionen, bestimmten unter anderem die Polhöhe Salzburgs und machten viele Höhenmessungen, wobei sie auch chemische Untersuchungen der Luft in verschiedenen Höhen vornahmen und zum Beispiel feststellten, daß die höhere Luft ärmer an Sauerstoff ist als die Luft in den Niederungen. Alle diese Untersuchungen kamen Humboldt später in Südamerika sehr zustatten.

Seine Hauptarbeit in Salzburg aber galt der Fertigstellung des Manuskripts des zweiten Bandes seiner *Versuche über die gereizte Muskel- und Nervenfaser*⁵⁶. Wir lernen hier den Naturwissenschaftler Humboldt von einer anderen als der uns seit Goethe geläufigen morphologischen Seite kennen. Humboldt war auf dem anderen Ufer der Naturwissenschaft, dem der exakten Newtonschen Physik, genauso zu Hause wie bei Goethes morphologischen Gestalten. Die Welt der «Hebel und Schrauben», die Goethe verabscheute, war Humboldt nicht minder vertraut, und man muß es Goethe hoch anrechnen, daß er niemals versucht hat, Humboldt dem Newtonismus zu entfremden. Er verstand, daß Humboldt imstande war, beiden Gesichtern der Naturforschung gleichermaßen gerecht zu werden, und ließ ihn vertrauensvoll gewähren. Humboldt wußte, daß die Natur nicht nur aus morphologischen G e s t a l t e n, sondern auch aus physikalischen V o r g ä n g e n besteht, zu deren Erkenntnis man nur dann gelangen kann, wenn man wie Galilei und Newton mit ihnen experimentiert und dabei entsprechend der Devise der Schule Galileis «mißt, was man messen kann, und meßbar macht, was man noch nicht messen kann»[57]. Wir haben in unserer bisherigen Schilderung von Humboldts Leben und Wirken immer wieder erfahren, welche bestimmende Rolle dabei der Umgang mit jenen Meßinstrumenten spielt, die wir benötigen, um die physikalischen Vorgänge auf unserer Erde zu messen: Raum- und Zeitmessungen, Temperaturen, Luftdruck, Magnetismus, Höhenmessungen, Luftbestimmungen, usw., um nur die Humboldt besonders interessierenden geophysikalischen Messungen zu erwähnen. Auch der Biokosmos, die gesamte Welt des organismischen Lebens auf der Erde, ist der messenden Naturforschung unterworfen. Diese spezielle Physik und Chemie der Lebewesen ist seit Harvey und Haller die Physiologie, und zu ihrem Bereich gehört auch Humboldts Hauptwerk in diesem Feld der Naturwissenschaften, eben seine *Versuche über die gereizte Muskel- und Nervenfaser*. Die Reizbarkeit ist seit Haller[58] ein Urphänomen der organismischen Natur, durch das sich die Lebewesen fundamental und grundsätzlich von allen nichtlebendigen Dingen unterscheiden. Hanno Beck hat das wichtigste Ergebnis von Humboldts physiologischen Forschungen sehr zutreffend mit folgenden Worten beschrieben: «Humboldt wies erstmals auf die großen Verschiedenheiten in der Erregbarkeit reizbarer Teile hin und lenkte den Blick auf die Einflüsse, von denen sie abhängen. Sein Buch ist eine Übersicht der Reizerscheinungen in der belebten Natur... Besonders bezeichnend sind die Versuche des zweiten Bandes, die der ‹Stimmung der Erregbarkeit› gewidmet sind, d. h. der Untersuchung ihrer Änderung unter dem Einfluß physikalischer und chemischer Stoffe.»[59] An der Reizbarkeit als einem Urphänomen der organismischen Natur zweifelte also auch Humboldt nicht; er hat vielmehr dazu beigetragen, das organismische Wesen der Reizbarkeit noch tiefer zu fundieren, indem er qualitativ unterscheidbare «Stimmungen» bei ihr feststellte. Es ist daher völlig ausgeschlossen, Humboldt durch seine Reizphysiologie als einen mechanistischen, das heißt nur physikalisch-chemisch denkenden Physiologen erweisen zu wollen. Das war er ganz bestimmt nicht, in seiner Physiologie ebensowenig wie in seiner Morphologie. Humboldt gehört vielmehr zu jener heute klassisch gewordenen Linie der Physiologie, die von Haller[60], dem größten deutschen Physiologen des 18. Jahrhunderts, zu Johannes Müller[61], dem größten deutschen Physiologen des 19. Jahrhunderts, führt. Johannes Müller war ein Naturforscher von genau derselben Art wie Humboldt. Beide wurzeln im Denken Goethes, beide haben den dogmatischen Vitalismus der «Lebenskraft» in ihrem Forschen überwunden, sind aber deshalb gleichwohl nicht zu den sturen Mechanisten von heute geworden – wie ihre modernen Biographen das so gerne sehen möchten –, sondern zu Holisten im Sinne der damaligen Zeit, das heißt sie vertraten eine Auffassung von der lebendigen Natur, die beide Naturen, die rein physikalische wie die lebendige als eine aktiv-schöpferische Ganzheit verstanden. Dann galten für die Organismen selbstverständlich die physiko-chemischen Gesetze auch in voller Strenge, aber darüber hinaus noch andere Prinzipien, denen alles Lebendige und nur dieses ebenfalls unterworfen war. Die physikalische Wirklichkeit war sozusagen nur ein vereinfachter Sonderfall der biologischen.

Am 24. April 1798 verließ Humboldt Salzburg und kam Ende April nach Paris.[62] Hier traf er seinen Bruder Wilhelm wieder, der inzwischen schon mit der Pariser Gelehrtenwelt Fühlung genommen hatte und nun auch Alexander in sie einführen konnte. Frankreich war damals die erste Macht der Welt, kulturell sowohl wie politisch. In der Regel geht die kulturelle Größe einer Nation ihrer politischen Erhebung zur Weltmacht voraus und überlebt sie um viele Jahrhunderte. Was wir heute den französischen Esprit nennen, hatte seine Prägung durch die großen französischen Klassiker aus der Zeit Ludwigs XIV. und durch die geistigen Väter der Französischen Revolution: Rousseau, Voltaire und die Enzyklopädisten, erfahren und war damals auf der Höhe seiner Geltung für die Welt. Von dem sich gerade bildenden und in bewußtem Gegensatz zum französischen Esprit orientierten deutschen Geist – Lessing, Kant –, der in Goethes Weimar seiner höchsten Vollendung entgegenging und von da nach Berlin ausstrahlte – Fichte, Schelling, Hegel –, wußte man in Paris damals noch so gut wie nichts. Die an Weimar orientierten Brüder Humboldt waren die ersten, die ihren französischen Freunden eine Ahnung von diesem geistig erwachenden Deutschland vermittelten. Wilhelm litt unter dem mangelnden Verständnis der Franzosen für Deutschlands größte Dichter und «sehnte sich» – mit Hanno Beck zu sprechen[63] – «mitten in Paris nach Jena zu Goethe und Schiller zurück». Es war die deutsche «Innerlichkeit» – ein Wort, das ebenso wie das deutsche «Gemüt» in romanische Sprachen unübersetzbar ist –, die die Brüder Humboldt im französischen Esprit vermißten.[64] Wilhelm hat später diese Erfahrungen benutzt, um in der von ihm geschaffenen Vergleichenden Anthropologie den deutschen Nationalcharakter dem französischen entgegenzustellen. Alexander litt weniger unter dem Gegensatz der französischen zur deutschen Mentalität. Er dachte und fühlte überhaupt mehr europäisch als deutsch und konnte daher von den Franzosen als ihresgleichen genommen werden. So war auch gerade er es, der den Hellhörigen unter seinen französischen Freunden die Überzeugung vermittelte, daß man nunmehr auch Deutsch verstehen müsse, wenn man in den Wissenschaften und der Kunst die gewonnene Höhe wahren wolle. Der Astronom Lalande äußerte, er «predige überall, im Collège, im Lycée, im National-Institut, daß wir Deutsch lernen sollen und daß wir in allen Wissenschaften zurückbleiben, wenn wir nicht diese Sprache erlernen»[65]. Dieses kommende neue Deutschland wurde damals durch die Brüder Humboldt in Paris würdig vertreten. Alexander hielt drei Experimentalvorträge vor der Französischen Akademie, die ausgezeichneten Eindruck machten und in ihren «Mémoires» publiziert wurden.[66] Große Themen wie die «Théorie de la Terre» oder die «Mécanique celeste» beschäftigten die damaligen Großen der französischen Wissenschaft und gaben Humboldt neue Nahrung für seine schon lange gefaßte *idée d'une physique du monde*, aus welcher dann später der *Kosmos* hervorgehen sollte. Im übrigen hat Humboldt seinen Pariser Aufenthalt natürlich vor allem dazu verwandt, die neuesten Verbesserungen der geographischen Meßinstrumente kennenzulernen und sich in ihnen zu üben.

In Paris wurde damals eine neue große Weltumseglung geplant, an der teilzunehmen auch Humboldt eingeladen wurde. Obwohl sie praktisch für Humboldt niemals wichtig geworden ist, hat sie doch die Planung und Durchführung von Humboldts großer Reise wesentlich mitbestimmt. Wir müssen deshalb kurz auf diese Weltreise eingehen. Ihr Leiter sollte Bougainville, Frankreichs «Kapitän Cook», der Nestor der französischen Weltreisenden[67], werden. Er war es gewesen, der Humboldt für dieses Unternehmen interessiert hatte. Da er jedoch nahezu siebzig Jahre alt war, konnte er die Führung der neuen, auf fünf Jahre berechneten Expedition nicht mehr übernehmen. An seiner Stelle wurde nun der eben erst aus Westindien zurückgekehrte Kapitän Thomas Nicolas Baudin zum Chef der neuen Weltumseglung ernannt.[68] Er stand vorher in den Diensten des Kaisers Franz II. und hatte die Leitung eines auf dessen Kosten eingerichteten Schiffes übernommen, um wertvolle Pflanzen und Naturalien aus Indien für den Schönbrunner Garten und die Wiener Museen zu besorgen. Baudin mißbrauchte des Kaisers Vertrauen, indem er auf der Rückfahrt einen Sturm dazu benutzte, seine wertvolle Pflanzenfracht in Trinidad auszuladen. Er kehrte dann nach Frankreich zurück, betrog den Kaiser und machte dem französischen Direktorium die in Trinidad verbliebenen Schätze zum Geschenk. Baudin wurde dann mit einem neuen Schiff nach Trinidad entsandt, um im Namen Frankreichs die dortgelassene Ladung heimzuholen. Humboldt kannte diese Zusammenhänge von seinen Wiener Freunden und verhielt sich entsprechend vorsichtig bei seinen Verhandlungen mit Baudin über seine eventuelle Teilnahme an der geplanten neuen Reise. Er gewann das Vertrauen Baudins, der natürlich daran interessiert war, einen Mann von Humboldts wissenschaftlichem und persönlichem Ansehen in seinem Stab zu haben. Beider Interessen waren von Anfang an nicht die gleichen. Humboldt wollte, wie wir schon erfahren haben, eine L a n d r e i s e im tropischen Amerika durchführen, Baudins Unternehmen aber war eine neue Weltumseglung, also eine Seereise. Er machte daher mit Baudin aus, daß er ihn jederzeit, wo immer es ihm nützlich schien, verlassen könne, um seine Landreise zu beginnen. Wäre Baudins Reise zustande gekommen, so hätte Humboldt seine Reise in Südamerika und Westindien in umgekehrter Richtung genauso durchführen können, wie er sie wirklich gemacht hat. Statt von Westindien nach Peru herunter zu reisen, hätte er Baudin in Chile oder Peru verlassen können, um dann der Westküste folgend nach Venezuela und Mexiko herauf zu wandern. Leider zerschlug sich Baudins Unternehmen. Die Kosten der Kriege Napoleons belasteten den Staatssäckel so stark, daß Baudins Expedition auf später verschoben werden mußte. Humboldt aber wollte nicht länger warten. Immerhin hatte ihm die Mitgliedschaft zum Stab der neuen Weltumseglung den großen Vorzug gebracht, daß alle Museen und Sammlungen in Paris ihm offenstanden und daß er die modernsten Instrumente dort erproben konnte.

In seinem Hotel in Paris lernte Humboldt einen französischen Botaniker kennen, der vier Jahre jünger war als er: Es war Aimé Goujaud Bonpland[69], der als Sohn eines Chirurgen Medizin studiert und sich auf Botanik spezialisiert hatte. Humboldt bot Bonpland an, ihn auf seiner Amerikareise zu begleiten. Bonpland nahm an, und damit hatte Humboldt den treuesten Freund und ergebensten Mitarbeiter gewonnen, den er jemals in seinem Leben gehabt hat. Natürlich hat Humboldt alle Kosten ihrer gemeinsamen Reise getragen, so daß Bonpland ihn offiziell als sein Assistent begleitete. In Wirklichkeit aber war Bonpland für Humboldt unendlich viel mehr, eben der absolut zuverlässige persönliche Freund und ebenbürtige Wissenschaftler. Die menschlich größte Leistung ihrer fast fünfjährigen gemeinsamen Reise voll von Mühseligkeiten, Beschwerden, Abenteuern und echten Gefahren bestand eben darin, daß sie nicht eine Stunde lang von persönlichen Differenzen zwischen ihnen getrübt war. Wer die Geschichte der großen Forschungsreisen auch nur ein wenig kennt, der weiß, wie sehr sie durch persönliche Eifersüchteleien und Feindschaften, ja tiefen Haß zwischen den Teilnehmern gehemmt und gefährdet worden sind. Nichts dergleichen hat es jemals zwischen Humboldt und Bonpland gegeben: sie waren schlechthin ideale Kameraden. Dafür mögen schon hier einige Zeugnisse Humboldts gegeben werden: *Mit meinem Reisegefährten Bonpland habe ich alle Ursache überaus zufrieden zu sein. Er ist ... überaus thätig, arbeitsam, sich leicht in Sitten und Menschen findend, spricht sehr gut spanisch, ist sehr muthvoll und unerschrokken, – mit einem Worte, er hat vortreffliche Eigenschaften für einen reisenden Naturforscher.*[70] Als Bonpland einmal nach Rückkehr von ihrer ersten, überaus strapaziösen Orinokoreise an schwerem Fieber erkrankt war, schrieb Humboldt nach Bonplands Genesung an seinen Bruder Wilhelm: *Ich kann Dir meine Unruhe nicht beschreiben, in der ich während seiner Krankheit war. Niemals würde ich einen so treuen, thätigen und muthigen Freund wieder gefunden haben. Auf unserer Reise, wo wir unter den Indianern und in den mit Krokodilen, Schlangen und Tigern angefüllten Wüsten von Gefahren umringt waren, hat er erstaunliche Beweise von Muth und Resignation gegeben. Nie werde ich seine großmüthige Anhänglichkeit an mich vergessen, die er mir in einem Sturme, der uns am 6. April 1800 mitten auf dem Orenoco überfiel, gegeben hat. Unsere Pirogue war schon zwei Drittel mit Wasser angefüllt, die Indianer sprangen bereits ins Wasser, um schwimmend das Ufer zu erreichen; nur mein großmüthiger Freund blieb treu an meiner Seite und bat mich, ihrem Beispiel zu folgen und mich auf seinem Rücken von ihm schwimmend durch die Fluten tragen zu lassen.*[71] Das sind gewiß eindeutige und einmalige Zeugnisse von Freundschaft und Kameradschaft.

Humboldts Reiseabmachung mit Bonpland bezog sich natürlich von vornherein auf die große Amerikareise. Trotzdem wollte aber Humboldt, wenn irgend möglich, noch eine Vorreise nach Nordafrika unternehmen. Die Forscher planten, den Winter in Tunis und Algier zu verbringen, wo Bonpland botanisieren und Humboldt die auf allen seinen Reisen unternommenen geographischen und geophysikalischen Messungen durchführen wollte. Humboldt und Bonpland brachen am 20. Oktober 1798 von Paris auf und trafen am 27. Oktober abends in Marseille ein. Hier blieben sie zwei wohlgenutzte Monate, woraufhin sie mit einem selbstgecharterten Schiff von Marseille nach Tunis segeln wollten. Allein dieser Plan konnte nicht durchgeführt werden, weil Nachrichten über Franzosen-Verfolgungen in Nordafrika nach Marseille gelangt waren und die französischen Behörden deshalb keine Pässe für Tunis ausstellten. Um aber nicht noch mehr Zeit zu verlieren, entschlossen sich Humboldt und Bonpland nun, nach Spanien zu reisen, um von dort aus vielleicht doch noch die afrikanische Vorreise zu verwirklichen. Es kam indessen anders, und zwar brachte Spanien nach allem Mißgeschick in Frankreich für Humboldts Reise nunmehr die definitive glückliche Wende. Die Vorreise fiel aus, und die endgültige große Amerikareise nahm ihren Anfang.

Ende Dezember 1798 reisten Humboldt und Bonpland langsam und angenehm von Marseille über die Pyrenäen nach Barcelona. Dort besuchten sie den Montserrat und fuhren dann weiter über Valencia nach Madrid, wo sie in den ersten Februartagen des Jahres 1799 eintrafen. Insgesamt sind sie dann bis zu ihrer Abreise nach Amerika am 5. Juni rund fünf Monate in Spanien gewesen. Da Spanien damals naturwissenschaftlich ein noch wenig bekanntes Land war, ist die Reise unserer Forscher durch Spanien tatsächlich auch eine echte Forschungsreise gewesen. Sie brachte unter anderem als ein außerordentlich wichtiges und bis dahin vollkommen neues Ergebnis die Erkenntnis, daß das ganze Innere Spaniens in geographischer Hinsicht eine in sich geschlossene Hochfläche darstellt. Damit erklärt sich die jeden aufmerksamen Spanienreisenden immer wieder verblüffende Tatsache, daß Spanien eigentlich nur an seinen Küsten mediterranen südländischen Charakter hat, während seine inneren Landschaften mehr an Mitteleuropa erinnern.

Auf ihrer Reise durch Spanien machten Humboldt und Bonpland vor allem astronomische Ortsbestimmungen und erdmagnetische Messungen, außerdem sammelten sie Pflanzen, Mineralien und sonstige Naturalien; sie taten also genau dasselbe, was sie auch während ihrer amerikanischen Reise tun würden. So wurde die Spanienreise für Humboldt und Bonpland tatsächlich zu der von ihm immer geplanten Vorreise. Angesichts der Tatsache, daß so gut wie keine exakten Vorarbeiten vorlagen, auf die Humboldt sich stützen konnte, muß seine Erforschung Spaniens als eine ganz hervorragende Leistung bewertet werden.[72]

Am 23. Februar 1799 waren die Reisenden in Madrid angekommen. Hier wurde es Humboldt bald klar, daß sein westindischer Reiseplan sich wahrscheinlich am besten und leichtesten von Madrid aus verwirklichen lassen würde. Das war an sich überraschend, da Spanien immer die Politik befolgt hat, Nichtspanier aus seinen Kolonien fernzuhalten. Diese Abschließung der Kolonien von der ganzen übrigen Welt ist bekanntlich einer der wesentlichen Gründe für den späteren Abfall der Kolonien von Spanien gewesen. Aber Humboldt hatte Glück, für seine Person traf er damals eine ungewöhnlich günstige Konstellation unter den für eine Reiseerlaubnis maßgebenden Persönlichkeiten in Madrid an. Das konnte er freilich erst in Madrid selbst feststellen. Das erste Motiv aber, nach Madrid zu reisen, war ein rein finanzielles. Er mußte zunächst einmal Verbindung mit einer spanischen Bank aufnehmen, die gewillt war, seine Berliner Kreditbriefe zu honorieren und ihn auch in den spanischen Kolonien durch ihre dortigen Bankpartner mit den erforderlichen Geldmitteln zu versorgen. In Madrid kam nun ein für Humboldt überaus günstiges finanzielles Arrangement sofort zustande. Seine alten jüdischen Freunde in Berlin halfen ihm dabei in der uneigennützigsten Weise. Das Berliner Bankhaus Mendelssohn und Friedländer, dem Humboldts Vermögensverhältnisse genau bekannt waren, «erbot sich sofort ohne Unterpfand und Bürgschaft für Hrn. von Humboldt jede beliebige Summe an eins der ersten Häuser in Madrid, an den Marquis d'Iranda in Firma Simon d'Arragora anzuweisen. Der mehr als siebzigjährige Marquis ... überhäufte Humboldt mit Wohlwollen und Liebe, ordnete die finanziellen Erfordernisse seiner Reise auf das Beste und Uneigennützigste und honorirte auch später seine Anweisungen.»[73]

Damit war die finanzielle Seite der Amerikareise aufs beste geregelt, und auch die diplomatische fand nun eine rasche und erfreuliche Lösung. Da Humboldt wußte, daß *am spanischen Hof alles lediglich auf persönlichen Einfluß ankam*[74], bemühte er sich um eine Audienz beim König und seinem Minister des Auswärtigen Don Mariano Luis de Urquijo, dem großen Favoriten der Königin María Luisa. Der sächsische Gesandte Baron von Forell, zu dem Humboldt persönliche Beziehungen hatte, verhalf ihm zur Audienz beim Außenminister. Durch diesen bekam Humboldt im März dann eine Audienz bei König Carlos IV., der ihn, der fließend Spanisch sprach, mit größtem Wohlwollen aufnahm und von seinem Reiseplan berichten ließ. Der König empfahl ihm, *dem Staatssekretär eine darauf bezügliche Denkschrift* einzureichen[75]. Das geschah, und der Consejo de Indias – Rat von Indien – stellte Humboldt daraufhin einen Reisepaß aus, der an Großzügigkeit nicht übertroffen werden konnte und für einen protestantischen Ausländer, der noch dazu von einem «citoyen» der Französischen Revolution begleitet war, im katholischen Spanien ganz sicher etwas Einmaliges gewesen ist. *Nie war einem Reisenden mit der Erlaubnis, die man ihm ertheilte, mehr zugestanden worden, nie hatte die spanische Regierung einem Fremden größeres Vertrauen bewiesen*[76], so kommentierte Humboldt selbst seinen Reisepaß, in den er auch den Passus hatte aufnehmen lassen, *ich sey ermächtigt, mich meiner physikalischen und geodätischen Instrumente in voller Freiheit zu bedienen; ich dürfe in allen spanischen Besitzungen astronomische Beobachtungen, die Höhen der Berge messen, die Erzeugnisse des Bodens sammeln und alle Operationen ausführen, die ich zur Förderung der Wissenschaft vorzunehmen gut finde*. Und Humboldt konnte hinterher feststellen: *Diese Befehle des Hofes wurden genau befolgt... Ich meinerseits war bemüht, diese sich nie verläugnende Freundlichkeit zu erwiedern*. Das hat Humboldt vor allem dadurch getan, daß er ebenfalls in seinen Paß die Bestimmung hatte aufnehmen lassen, er sei «beauftragt», auch für spanische Museen und botanische Gärten Pflanzen und Mineralien zu sammeln. Die kurze, ihnen noch in Madrid verbliebene Zeit nutzten die Reisenden, im Naturhistorischen Museum und in den botanischen Gärten die vorhandenen Sammlungen zu studieren. Natürlich war nirgendwo sonst im damaligen Europa so viel an Naturalien aus Iberoamerika zusammengetragen wie in Madrid. Hier begegneten ihnen schon Herbarien des großen spanischen Gelehrten Celestino Mutis, dessen Gast Humboldt später bei einem längeren Aufenthalt in Bogotá (Kolumbien) sein würde. Im übrigen beeilten sich Humboldt und Bonpland, nun so rasch wie möglich ihre große Reise zu beginnen, zumal auch jetzt noch Hindernisse ganz anderer Art zu befürchten waren. Die Engländer blockierten die spanischen Küsten in der Absicht, nach Westindien reisende spanische Schiffe zu kapern. Der Haupthafen für diese Schiffe war La Coruña an der spanischen Nordwestküste. Mitte Mai 1799 reisten Humboldt und Bonpland von Madrid dahin ab. Dort hatte der General Don Rafael Clavijo, an den der Staatssekretär in Madrid Humboldt empfohlen hatte, den Oberbefehl über die spanischen Postschiffe für die Kolonien. Er war den Reisenden behilflich und brachte sie auf der Korvette «Pizarro» unter, die nach Kuba und Mexiko segeln und Humboldt zu Gefallen auch einige Tage in Teneriffa verweilen sollte, damit er dort Forschungen am höchsten Berg Spaniens, dem Pico de Teyde, machen könnte. In La Coruña waren Humboldt und Bonpland nur zwei Tage, dann setzte ein starker Nordweststurm ein, der die englischen Kriegsschiffe zwang, die Blockade abzubrechen und aufs hohe Meer hinwegzusegeln. Diese günstige Gelegenheit nutzte Don Luis Artajo, der Kapitän der «Pizarro», um aus dem Hafen auszulaufen und seine Reise unbemerkt von den Engländern zu beginnen.

Humboldt war dreißig Jahre alt und ein damals nur in Fachkreisen bekannter Naturforscher, als die große Reise, der Traum seines ganzen bisherigen Lebens, begann. Als ein in der ganzen Welt diesseits und jenseits des Atlantik berühmter und hochgelehrter Mann kehrte er fünf Jahre später nach Europa zurück. Humboldts universale Idee war der Gedanke des «Kosmos», der holistischen Beschreibung der Erde als einer in allen ihren mannigfaltigen Strukturen und Funktionen wie ein lebendiger Organismus zusammenwirkenden Natur. Die Erde war der Kosmos, der in den großen astronomischen Makrokosmos genauso eingeklinkt ist, wie es der Mensch und alle Lebewesen als Mikrokosmen in den Kosmos der Erde sind. Das wird Humboldt alsbald nach Rückkehr von der großen Reise in seinem schönsten Buch, in den *Ansichten der Natur*, als *Naturgemälde* der Erde vor uns ausbreiten. Diese ihn bei Antritt der Reise beseelende Stimmung bringt er noch einmal in drei Abschiedsbriefen an seine Freunde zum Ausdruck, die er am Tag vorher und am Abreisetag in La Coruña geschrieben hat. Am 4. Juni schrieb er an Freiesleben: *Welch ein Glück ist mir eröffnet! Mir schwindelt der Kopf vor Freude. Ich gehe ab mit der spanischen Fregatte «Pizarro». Wir landen auf den Canaren und an der Küste von Caracas in Südamerika. W e l c h e n S c h a t z v o n B e o b a c h t u n g e n w e r d e i c h n u n n i c h t z u m e i n e m W e r k e ü b e r d i e C o n s t r u k t i o n d e s E r d k ö r p e r s s a m m e l n k ö n n e n ! Von dort aus mehr. D e r M e n s c h m u ß d a s G u t e u n d G r o ß e w o l l e n ! Das Übrige hängt vom Schicksal ab.* Und in einem Brief vom 5. Juni an seinen Freund und Fachgenossen von Moll heißt es: *In wenigen Stunden segeln wir um das Cap Finisterre ... Ich werde Pflanzen und Fossilien sammeln, mit vortrefflichen Instrumenten astronomische Beobachtungen machen können; – ich werde die Luft chemisch zerlegen .. D a s a l l e s i s t a b e r n i c h t H a u p t z w e c k m e i n e r R e i s e . A u f d a s Z u s a m m e n w i r k e n d e r K r ä f t e , d e n E i n f l u ß d e r u n b e l e b t e n S c h ö p f u n g a u f d i e b e l e b t e T h i e r - u n d P f l a n z e n w e l t , a u f d i e s e H a r m o n i e s o l l e n s t e t s m e i n e A u g e n g e r i c h t e t s e i n !* ... Und in einem Brief an Willdenow vom selben Tag wiederholt er noch einmal alle diese Gedanken, um erneut mit dem Leitspruch seines Lebens zu schließen: *D e r M e n s c h m u ß d a s G r o ß e u n d G u t e w o l l e n !* Das erste Mal wird das

Gute zuerst genannt und das zweite Mal das *Große*. In Humboldts Leben und Werk leuchten unzertrennlich immer miteinander: das Große und das Gute. Das ist wieder eine andere Fassung von Humboldts letztem und höchstem Leitbild, nämlich die Synthese der physischen mit der moralischen Natur im Menschen zu vollziehen.

Zweiter Abschnitt
DIE GROSSE AMERIKAREISE

I

Humboldts Reise gliedert sich deutlich in drei Abschnitte, die auch zeitlich ungefähr dieselbe Dauer beansprucht haben. Der erste Abschnitt läßt sich am besten als Orinokoreise bezeichnen und umfaßt Humboldts Aufenthalt in Venezuela vom Tage seiner Ankunft in Cumaná (16. Juli 1799) bis zum Tage seiner Abreise von Nueva Barcelona nach Havanna am 24. November 1800. Die Venezuelareise hat also insgesamt ein Jahr und vier Monate gedauert. Zu diesem ersten Reiseabschnitt gehören dann noch die ungefähr sechs Wochen der Seereise von La Coruña über Teneriffa nach Cumaná (5. Juni bis 16. Juli 1792). Den zweiten Hauptabschnitt der Reise kann man am treffendsten als «Zwischenreise» bezeichnen. Sie hatte zum Ziele, in Callao die französische Weltumseglung unter Baudin zu treffen und mit ihr über die Philippinen und Indien nach Europa zurückzureisen. So war es in Paris vereinbart, aber Baudin hatte seinen Reiseplan geändert und fuhr um Afrika herum nach Indien. Dadurch wurde Humboldts Reise von Kuba über Kolumbien und Ekuador nach Peru zu einem eigenen Reiseabschnitt. Er umfaßte die Zeit von der Abreise von Nueva Barcelona am 24. November 1800 nach Kuba bis zur Abreise von Callao nach Mexiko am 5. Dezember 1802. Insgesamt hat Humboldt also für die Zwischenreise gut zwei Jahre gebraucht. Der dritte und letzte, vorwiegend Mexiko gewidmete Reiseabschnitt umfaßt die Zeit von der Abreise von Callao bis zur Ankunft in Philadelphia am 19. Mai 1804, insgesamt also ein Jahr und viereinhalb Monate. Der Aufenhalt in den Vereinigten Staaten – ungefähr sechs Wochen – und die Seereise von Philadelphia bis Bordeaux, die dreieinhalb Wochen gedauert hat, bilden die Rückreise. Während also der erste und der letzte Reiseabschnitt je eineinhalb Jahre gedauert haben, hat die Zwischenreise ein halbes Jahr mehr in Anspruch genommen. Insgesamt ergibt sich also für Humboldts große amerikanische Reise eine Dauer von gut fünf Jahren.

Bevor wir mit der Schilderung eines jeden der drei Reiseabschnitte beginnen, müssen noch einige Bemerkungen über den Gesamtcharakter der Reise und die dabei besonders von Humboldt gepflegten wissenschaftlichen Ziele gemacht werden. Humboldts Forschungsreise zeichnet sich von allen vor und nach ihm gemachten wissenschaftlichen Reisen dadurch aus, daß sie eine philosophische Zielsetzung gehabt hat. Sein Problem war ein philosophisches, genauer ein geophilosophisches gewesen. Es ging Humboldt nicht darum, die verschiedenen und unterschiedliche Ziele verfolgenden Naturwissenschaften lediglich ihrer eigenen Art gemäß zu fördern, so daß insgesamt nur ein Sammelsurium von Erkenntnissen dabei herausgekommen wäre, die miteinander nur in losen und zufälligen Beziehungen stehen. Das war nicht Humboldts Absicht. Für ihn war die Erde eine lebendige und aktive Ganzheit, deren unterschiedliche Gliederungen – ihr Pflanzenkleid und ihr Tierleben, ihr Vulkanismus und Neptunismus, ihre Lithosphäre, Hydrosphäre und Atmosphäre – immer holistisch auf die Erde als Ganzes bezogen sind, von ihr bestimmt werden und natürlich auch ihrerseits auf sie zurückwirken. In diesem Sinne sollte ihm seine Reise dazu dienen, *kosmische Naturgemälde* der Erde und ihrer Gliederungen zu malen. Deshalb sind seine *Ansichten der Natur*, die kurz nach seiner Rückkehr erschienen, die erste vollendete Selbstdarstellung der Reise geworden und können daher als der allgemeine Teil des gesamten Reisewerks verstanden werden: *Überblick der Natur im großen, Beweis von dem Zusammenwirken der Kräfte, Erneuerung des Genusses, welchen die unmittelbare Ansicht der Tropenländer dem fühlenden Menschen gewährt, sind die Zwecke, nach denen ich strebe. Jeder Aufsatz sollte ein sich geschlossenes Ganzes ausmachen, in allen sollte ein und dieselbe Tendenz sich gleichmäßig aussprechen.*[77] Eine solche holistische Forschungsreise größten Ausmaßes hat es nur ein einziges Mal in der Geistesgeschichte des Abendlandes gegeben, eben in Humboldts Amerikareise.

Von den verschiedenen möglichen Spezialaspekten, ein Gemälde von der Erde als einem Ganzen zu entwerfen, sind es vor allem zwei gewesen, denen Humboldts ganz besonderes Interesse gegolten hat, der Vegetation nämlich oder der Erde als Biosphäre – denn an die Flora der Erde ist ja auch ihre Fauna gebunden – und der Erde als kosmischem Magneten. Aus dem ersten Interesse ist Humboldts Pflanzengeographie entstanden, die durch ihn zu einer selbständigen biologischen Wissenschaft geworden ist. Er hat das sie konstituierende Grundgesetz entdeckt, das nur auf einer großen, durch alle Klimazonen der Erde gehenden Reise ermittelt werden konnte. Und es ist Goethes Morphologie gewesen, die ihm die zum Aufbau seiner Pflanzengeographie erforderlichen Prinzipien geliefert hat. Für die Wissenschaft vom Erdmagnetismus gilt das gleiche. Zwar wußte man seit Gilbert (1600), daß die Erde als Ganzes ein ungeheurer Magnet ist, aber erst 1832 schuf Gauß, der bisher größte Mathematiker aller Zeiten, die grundlegende mathematische Theorie des Erdmagnetismus, für den seitdem ein «Gauß» als Maßeinheit gilt. Aber schon vorher hatte Humboldt die Notwendigkeit erkannt, überall auf der Erde die Intensität des Magnetismus zu bestimmen und entsprechende meteorologische Beobachtungsstationen einzurichten. So wurde seine amerikanische Reise auch zur ersten systematisch durchgeführten erdmagnetischen Forschungsreise, und auch hier hat

*Alexander von Humboldts Reiseweg in Amerika
(1799–1804)*

Juli 1799	Ankunft in Cumaná (Venezuela), Küstenwanderung bis Caracas;
März 1800	bis Juni 1800 Orinokofahrt;
November 1800	bis März 1801 Aufenthalt in Kuba;
März bis September 1801	Reise auf dem Magdalenenstrom, Aufenthalt in Bogotá;
Januar 1802	Ankunft in Quito, Juni Chimborazobesteigung, Oktober Ankunft in Lima;
Dezember 1802	Weiterreise nach Guayaquil;
März 1803	Ankunft in Acapulco, Aufenthalt in Mexiko bis März 1804;
März 1804	bis April Aufenthalt in Kuba;
Mai 1804	bis Juli in den Vereinigten Staaten;
August 1804	Ankunft in Bordeaux

Humboldt ein wesentliches Grundgesetz des Erdmagnetismus entdeckt. Pflanzengeographie und Erdmagnetismus lieferten so die wesentlichsten Spezialaspekte seiner kosmischen Naturgemälde der Erde. Schließlich und nicht zuletzt war seine Reise natürlich ein geographisches Unternehmen. Überall hat er auf seiner Reise genaue geographische Ortsbestimmungen vorgenommen und ganz wesentlich dazu beigetragen, die Landkarte der von ihm bereisten Länder – man denke an den Verlauf des Orinoko in Venezuela und seine natürliche Verbindung mit dem Rio Negro durch den Casiquiare – zu berichtigen und nicht selten erst zu schaffen. Die Geographie galt, als Humboldt begann, noch nicht als eine Wissenschaft, wie wir sie heute verstehen. Durch seine Monographien über Kuba und Mexiko ist die Geographie erst zu einer eigenständigen Wissenschaft geworden. So bilden pflanzengeographische Beobachtungen, geophysikalische Messungen aller denkbaren Art und exakte geographische Ortsbestimmungen Humboldts ständiges Tagewerk auf seiner ganzen Reise. Selbstverständlich gehören dazu ferner umfangreiche Sammlungen von Naturalien: Pflanzen, Tieren und Mineralien. Nach diesen konstanten Schwerpunkten ist die ganze Reise durchgeführt worden, die wir nun in ihren drei Einzelabschnitten verfolgen wollen.

II

Die spanische Fregatte «Pizarro» unter dem Kapitän Luis Artajo verließ am 5. Juni 1799 La Coruña und traf am 16. Juli in Cumaná (Venezuela) ein, wo Humboldt und Bonpland an Land gingen.

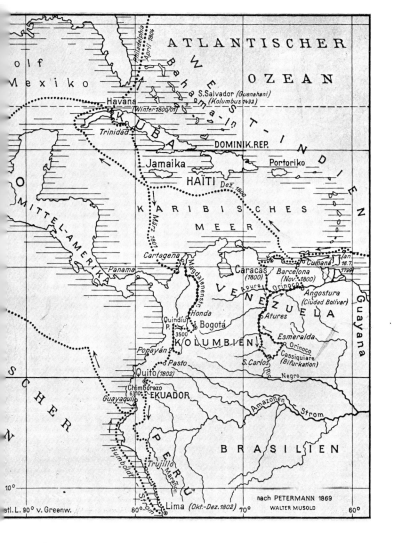

Von den zweiundvierzig Tagen, die diese Reise dauerte, verweilten sie sechs Tage in Teneriffa, der bedeutendsten der Kanarischen Inseln. Es war Humboldts Wunsch, hier kurze Station zu machen, und die spanische Regierung hatte dem Kapitän entsprechende Order erteilt. Für Humboldt war dieser Aufenthalt von größtem Wert; denn es gibt in der Nähe Europas keine bessere Einführung und Vorbereitung auf die tropischen Zonen als die Kanarischen Inseln. Selbst noch den Subtropen zugehörig – sie liegen auf dem 28. Breitengrad, eben unter der Südgrenze Marokkos –, besitzen diese «glücklichen

69

Krater des Pico de Teyde auf Teneriffa. Die erste Besteigung eines Vulkans durch Alexander von Humboldt. Zeichnung von Gmelin nach einer Skizze Humboldts

Inseln» wohl das beste Klima, das es auf dieser Erde gibt und das, mit dem unseren verglichen, nur Frühling und Sommer kennt. Es gedeihen deshalb hier noch alle Pflanzen und Früchte der gemäßigten und schon die meisten Gewächse der tropischen Zone, wie jeder Tourist weiß, der die ausgedehnten Bananenplantagen auf Teneriffa gesehen hat. Kartoffel und Tomaten liefern hier drei Ernten im Jahr. Eine der großen Moden des 18. Jahrhunderts an den europäischen Fürstenhöfen war die Anlage sogenannter Akklimatisationsgärten, in denen man die von den Weltumseglern mitgebrachten tropischen Blumen und Bäume kultivierte und akklimatisierte. Das war in Europa natürlich nur in Glas- und Warmhäusern möglich; die verschiedenen «Palmengärten» und «Orangerien» erinnern heute noch daran. In Teneriffa aber konnte man alle diese Gewächse unter freiem Himmel kultivieren, genau wie in den Tropen selbst. Der Marqués de Nava hatte einen solchen Garten 1795 im Orotavatal angelegt, ihn konnte Humboldt also in seinen Anfängen kennenlernen. Er besteht heute noch. Hier erhielt Humboldt seine erste Einführung in die tropische Vegetation, deren Gewächse er nun in der freien Natur und einem ihnen konformen Klima studieren konnte. *Überblicken wir die Vegetationsformen von Teneriffa, so sehen wir, daß die ganze Insel als ein Wald von Lorbeer, Erdbeerbäumen und Fichten erscheint, der kaum an seinen Rändern von Menschen urbar gemacht ist, und in der Mitte ein nacktes steinigtes Gebiet umschließt, das weder zum Ackerbau noch zur Weide taugt.*[78]

Dieses die Mitte Teneriffas einnehmende *nackte steinigte Gebiet* beherbergt den Pico de Teyde, einen zur Zeit ruhigen Vulkan und den höchsten Berg Spaniens (3716 Meter). Seine Ersteigung war natürlich das wichtigste wissenschaftliche Unternehmen Humboldts auf Teneriffa. Humboldt bestieg den Berg bis zum Krater und stieg in diesen hinein, dessen Schwefeldämpfe Löcher in seinen Anzug brannten, besuchte auch die «Eishöhle» unter der Grenze des ewigen Schnees, die er als einen *unterirdischen Gletscher* deutete. Den Pico de Teyde erklärte Humboldt als einen Basaltberg mit darüber geschichtetem *Porphyrschiefer* und *Obsidianporphyr*. Dementsprechend waren ihm *fast alle Laven geschmolzener Basalt*[79]. Diese Bemerkung zeigt, daß Humboldt den Neptunismus seines Lehrers Werner vollkommen aufgegeben hatte und wie sein Freund und Werner-Mitschüler Leopold von Buch Vulkanist geworden war. Bei der Besteigung des Pico de Teyde gewann er auch bereits die erste Vorstellung seines pflanzengeographischen Grundprinzips, das dann auf der amerikanischen Reise seine definitive Gestalt gewinnen sollte: *Wir sahen, wie sich die Gewächse nach der mit der Höhe abnehmenden Temperatur in Zonen verteilen.*[80] An den Hängen des Pics ließen sich diese Zonen wie die «Stockwerke» eines Hauses erkennen.[81] Solcher Klimazonen unterschied Humboldt auf Teneriffa fünf. Die erste reichte vom Meer bis etwa 500 Meter hoch und könnte in unserem Sinne als «tropisch» bezeichnet werden. Hier gediehen Bananen, Datteln, Oliven, Weizen und Wein. Die zweite Zone war schon mehr waldig, hier wuchsen Lorbeer und Edelkastanien, sie reichte bis etwa 1600 Meter hinauf. Die dritte Zone reichte von hier bis etwa 2500 Meter, ihre typische Vegetation waren Fichtenwälder. Die vierte und fünfte Zone gingen bis zum Gipfel des Pico. Hier war das Reich der Gräser und der sogenannten Retama, die heute jeder Tourist in den «Cañadas», dem a l t e n großen Krater des Teyde besucht. Wer von Santa Cruz nach Orotava fährt, hat auf der Höhe von Tacoronte einen herrlichen, weiten Blick ins Orotavatal und auf den Ozean. An dieser Stelle findet sich der «Humboldt-Blick» mit einem Gedenkstein an seinen kurzen Besuch vom 19. bis 25. Juni 1799.

Am 25. Juni verließ die «Pizarro» Santa Cruz und war auf ihrer großen Ozeanreise so vom Wetter begünstigt, daß Humboldt den Eindruck hatte, *als ginge es auf einem Fluß hinunter*[82]. Am 27. Juni passierten die Reisenden den Wendekreis des Krebses, und in der Nacht vom 4. auf den 5. Juli erblickte Humboldt zum erstenmal das «Kreuz des Südens», das Himmelssymbol der spanischen Konquistadoren, die nie aufgehört haben, sich als Kreuzfahrer zu fühlen. Wie unter dem nördlichen Wendekreis nicht anders zu erwarten, stand es am Rande des Horizontes, *war stark geneigt und erschien von Zeit zu Zeit zwischen den Wolken, deren Mittelpunkt, wenn das Wetterleuchten dadurch hinzuckte, wie Silberlicht aufflammte*[83]. Es gibt in der Tat wenig, was sich an erhabener Schönheit mit einer hellen Sternennacht auf tropischen Meeren vergleichen läßt, besonders wenn Vollmond ist und zudem auch noch das Meer leuchtet. Gegen Ende der Seereise brach an Bord ein bösartiges Fieber aus, an dem ein Passagier starb. Einige Passagiere, unter ihnen auch Humboldt und Bonpland, beschlossen deshalb, die Reise nicht bis zu den Endhäfen – Havanna (Kuba) und Veracruz (Mexiko) – fortzusetzen, sondern schon in Venezuela auszusteigen. Sie wollten nur einige Wochen an der Küste Venezuelas bleiben, aber es wurde schließlich der ganze erste Abschnitt der Reise, die große Orinokofahrt, daraus.

Nachdem sie schon am 13. Juli frühmorgens das erste südamerikanische Land, die Insel Tobago – bei Trinidad – gesichtet hatten, ein Ereignis, das Humboldts Standortmessungen genau vorausgesagt hatten, lagen sie am 16. Juli 1799 auf der Reede von Cumaná. Seit der Abfahrt von La Coruña waren einundvierzig Tage und seit derjenigen von Teneriffa zwanzig Tage vergangen; die Reise war also für den damaligen Schiffsverkehr sehr rasch verlaufen. Der Kapitän Artajo führte Humboldt und Bonpland beim Statthalter der Provinz Cumaná ein, der für die Wissenschaften großes Interesse hatte, besonders wenn sie zur Erschließung der Bodenschätze beizutragen vermochten. Er lud die Reisenden als Gäste in sein Haus. Um ungestört an seinen Instrumenten arbeiten zu können und Platz für seine Sammlungen zu haben, mietete Humboldt ein geräumiges Haus. Ihre Mahlzeiten nahmen sie in der Regel beim Statthalter, dem Gobernador Don Vicente Emperán, ein. Die Stadt Cumaná, die heute ein modernes Seebad ist, liegt an einer wunderschönen Bucht. *Alle Häuser sind von weißem Sinabaum und Atlasholz gebaut. Längs dem Flüßchen (Río de Cumaná), das wie die Saale bei Jena ist, liegen sieben Klöster und Plantagen, die wahren englischen Gärten gleichen... Die Plantagen sind alle offen, man geht frei ein und aus; in den meisten Häusern stehen selbst Nachts die Thüren offen: so gutmütig ist hier das Volk. Auch sind hier mehr echte Indianer als Neger.*[84] Die Häuser haben in der Regel flache Dächer, Humboldt konnte daher auf dem Dach seines Hauses seine astronomischen Instrumente montieren und eine Serie von astronomischen Messungen und Ortsbestimmungen vornehmen. Natürlich machten er und Bonpland viele botanische Exkursionen in die Umgebung Cumanás. Es gab nur wenige Orte und vereinzelte Siedlungen, die isoliert voneinander in der wilden Natur und im Urwald lagen. *Die wild wachsenden Pflanzen beherrschen noch durch ihre Masse die angebauten Gewächse und bestimmen allein den Charakter der Landschaft*, und der Mensch *tritt nicht als unumschränkter Gebieter auf, der die Bodenoberfläche nach Gefallen modelt, sondern wie ein flüchtiger Gast, der in Ruhe des Segens der Natur genießt*[85]. Ein Hügel gewährte ihnen einen weiten Rundblick bis zum Meer: *Ein ungeheurer Wald breitete sich zu unsern Füßen bis zum Ocean hinab; die Baumwipfel mit Lianen behangen, mit langen Blüthenbüscheln gekrönt, bildeten einen ungeheuren grünen Teppich, dessen tiefdunkle Färbung das Licht in der Luft noch glänzender erscheinen ließ.*

Dieser Anblick ergriff uns um so mehr, da uns hier zum erstenmal die Vegetation der Tropen in ihrer Massenhaftigkeit entgegentrat.[86] *Wie die Narren laufen wir bis jetzt umher; in den ersten drei Tagen können wir nichts bestimmen, da man immer einen Gegenstand wegwirft, um einen andern zu ergreifen. Bonpland versicherte, daß er von Sinnen kommen werde, wenn die Wunder nicht bald aufhören. Aber schöner noch, als diese Wunder im einzelnen, ist der Eindruck, den das Ganze dieser kraftvollen, üppigen und doch dabei so leichten, erheiternden, milden Pflanzennatur macht. Ich fühle es, daß ich hier sehr glücklich sein werde, und daß diese Eindrücke mich auch künftig noch oft erheitern werden.*[87]

Größere Exkursionen machten Humboldt und Bonpland zu den Kapuziner-Missionen der Provinz Cumaná. Sie überquerten die Sierra Imposible und befanden sich nun im dichten tropischen Urwald. Der ihn zum erstenmal betretende Forscher *weiß nicht zu sagen, was mehr sein Staunen erregt, die feierliche Stille der Einsamkeit oder die Schönheiten der einzelnen Gestalten und ihre Contraste oder*

*Drachenbaum auf Teneriffa. Höhe 20 Meter, Umfang 15 Meter.
Aus dem Reisewerk*

Die Guacharó-Höhle in Venezuela. Nach einer Skizze Humboldts

die Kraft und Fülle des vegetabilischen Lebens. Es ist, als hätte der mit Gewächsen überladene Boden gar nicht Raum genug zu ihrer Entwicklung... Wir wanderten einige Stunden im Schatten dieser Wölbungen, durch die man kaum hin und wieder den blauen Himmel sieht. Er schien mir um so tiefer indigoblau, da das Grün der tropischen Gewächse meist einen sehr kräftigen, ins Bräunliche spielenden Ton hat. Zerstreute Felsmassen waren mit einem großen Baumfarn bewachsen, der sich vom Polypodium arboreum der Antillen wesentlich unterscheidet. Hier sahen wir zum ersten Mal jene Nester in Gestalt von Flaschen oder kleinen Taschen, die an den Ästen der niedrigsten Bäume aufgehängt sind. Es sind die Werke des bewunderungswürdigen Bautriebes der Drosseln, deren Gesang sich mit dem heiseren Geschrei der Papageien und Aras mischte. Die letzteren, die wegen der lebhaften Farben ihres Gefieders allgemein bekannt sind, flogen nur paarweise, während die eigentlichen Papageien in Schwärmen von mehreren Stücken umherfliegen.[88] Tropische Urwälder unterscheiden sich wesentlich von unseren Wäldern der gemäßigten Zone, sie kennen keinen Winter, der ihnen ihren Lebensrhythmus aufzwingt und starke Beschränkungen auferlegt. Infolgedessen ist ihre Artenmannigfaltigkeit unendlich größer als in den Wäldern der gemäßigten Zonen. Während diese etwa dreißig verschiedene Spezies von Bäumen beherbergen, kennt man in tropischen Wäldern dreihundert bis fünfhundert unterschiedliche Arten von Bäumen. Umgekehrt bedeutet das aber auch, daß man in den Tropen zumeist sehr viel länger suchen muß, wenn man einen bestimmten Baum finden will. Nur bei uns gibt es Wälder, in denen eine bestimmte Baumart so dominiert, daß sie direkt nach ihr benannt sind: Eichenwälder, Buchenwälder, Tannenwälder usw.

Beim Kloster Caripe endete ihre Reise in den Süden der Provinz Cumaná. Drei Meilen von hier befindet sich die berühmte Höhle des Guacharó-Vogels, die dem Kloster und den Bewohnern des Dorfes als «Fettgrube» diente. Dieser Vogel von Hühnergröße, aber von der Flugfähigkeit der Tauben, führt ein ungewöhnliches Leben. Humboldt bestimmte ihn als *Steatornis caripensis v. Humboldt*, und sein Freund, der berühmte Berliner Physiologe Johannes Müller, berichtete später eingehend über ihn in den Sitzungen der Berliner Akademie.[89] Der Guacharó gehört nach seiner Stellung im natürlichen System der Vögel zu den Tagvögeln, führt aber eine vollkommen nächtliche Lebensweise. Den ganzen Tag über hält er sich als richtiger Höhlenbewohner nur in der Höhle auf; erst nach Sonnenuntergang verläßt er sie, um Nahrung zu suchen – hauptsächlich Sämereien und Früchte –, und kehrt schon vor Sonnenaufgang in die Höhle zurück. Die Vögel sind ziemlich fett, *ihr Bauchfell ist stark mit Fett durchwachsen, und eine Fettschicht läuft vom Unterleib zum After und bildet zwischen den Beinen des Vogels eine Art Knopf*[90]. Die Bezeichnung der Tropfsteinhöhle von Caripe als «Fettgrube» ist nun darauf zurückzuführen, daß die Einwohner des Dorfes und Klosters alljährlich am Johannistag in der Höhle Tausende

Skizze aus Humboldts Tagebüchern der amerikanischen Reise. 1800 in Venezuela gezeichnet

von Vögeln mit langen Stangen erschlugen, deren Fett sie dann auf dem Feuer in eigens dazu vor der Höhle errichteten Hütten ausließen. So lieferte das «Guacharóschmalz» den Caripensern ihre jährliche Fetternte. Heute steht die Höhle unter Naturschutz und wird seit dem 100. Todestag Humboldts im Mai 1959 als «Monumento Nacional de Alejandro de Humboldt» gepflegt. Wir – die damals von der Bundesregierung zu den südamerikanischen Humboldt-Gedächtnisfeiern entsandte Professoren-Mission – hatten im Auftrage der Asociación Humboldt in Caracas die Höhle des Guacharó zu besuchen und an der in ihr von Humboldt erreichten Stelle eine Gedenktafel einzuweihen. Die Höhle wimmelte von Vögeln, deren Geschrei um so stärker anschwoll, je tiefer wir in sie eindrangen.[91] Wir sahen auch nach Sonnenuntergang die großen Vogelschwärme, wie sie lautlos, gleich dunklen Wolken, der Höhle entflogen.

Nachdem Humboldt Ende Oktober 1799 noch in Cumaná die Sonnenfinsternis beobachtet hatte, setzten er und Bonpland am 18. November ihre Reise nach Caracas zu Schiff von Cumaná bis La Guaira fort. La Guaira liegt auf der Meeresseite der Silla de Caracas (ca. 2700 Meter), auf deren Landseite in etwa 1000 Meter Höhe das Tal von Caracas liegt. Caracas ist heute eine der teuersten Weltstädte Südamerikas mit nahezu 2 000 000 Einwohnern. Zu Humboldts Zeiten besaß es 40 000 Einwohner, und noch am Ende der Herrschaft von Gómez (1935) hatte es erst rund 200 000 Einwohner. Es symbolisiert heute den Aufstieg Südamerikas. Humboldt und Bonpland waren vom 21. November 1799 bis zum 6. Februar 1800, also etwa zweieinhalb Monate, in Caracas, wo sie ein großes Haus zur Verfügung hatten. Auch hier waren sie Gäste des Generalkapitäns von Venezuela, Don Manuel Guevara y Vasconcellos. Der Caracas beherrschende Berg ist die Silla, das heißt der «Sattel», wie der Berg wegen seiner zwei ziemlich gleichförmigen Gipfel genannt wird. Selbstverständlich bestiegen unsere Forscher den Berg, wozu sie insgesamt nur fünfzehn Stunden benötigten. Sie fanden wieder von der Höhe abhängige unterschiedliche Vegetationszonen und maßen die Höhe des Sattels mit 1350 Toisen, was etwa 2650 Metern entspricht. Heute führt ein Aufzug von Caracas auf die Silla hinauf, wo im Sattel ein turmartiges «Hotel Humboldt» errichtet ist. Auf der anderen Seite des Berges führt die Drahtseilbahn nach La Guaira hinunter.

Caracas wurde zum Ausgangspunkt der berühmten Orinokoreise von Humboldt und Bonpland, die ohne Frage den strapaziösesten Abschnitt der ganzen Amerikareise bildet. Wir müssen uns an dieser Stelle darauf beschränken, einige allgemeine Eindrücke von der Reise zu schildern und ihr wichtigstes wissenschaftliches Ergebnis mitzuteilen. Wer diesen Abschnitt der Reise genauer kennenlernen möchte, sei auf Humboldts eigene Beschreibung verwiesen, von der heute eine vorzügliche neue Ausgabe vorliegt.[92] Die Lektüre von Humboldts Buch ist für den deutschen Leser, besonders den Kenner Venezuelas, auch deshalb so interessant, weil im Humboldt-Jubiläumsjahr 1959 zwei deutsche Forscher, die Botaniker Vareschi (Caracas) und Mägdefrau (Tübingen) die Orinokoreise Humboldts und Bonplands wiederholt haben.[93] Die Verhältnisse, die sie vorfanden, waren von denen, wie sie Humboldt geschildert hatte, nicht sehr verschieden. Es waren sogar Ortschaften, die Humboldt noch gesehen hatte, wieder vom Erdboden verschwunden, zum Beispiel Esmeralda am oberen Orinoko, kurz vor der Abzweigung des Casiquiare zum Rio Negro. Es war zu Humboldts Zeiten noch eine blühende Mission mit ca. 20 Familien, wo Humboldt die schönsten Ananas genossen hatte. Vareschi und Mägdefrau fanden hier nur noch «einen halbvermoderten Pfahl und ein Benzinfaß auf dem Sand».

Die Orinokoreise begann mit einem kurzen Umweg. Um die landwirtschaftlich besonders blühenden Täler von Aragua kennenzulernen, reisten Humboldt und Bonpland zum Valencia-See und stießen von dort bis zur Küste nach Puerto Cabello vor. Dann ritten sie südwärts in Richtung zum Orinoko (s. Karte S. 68/69) und nahmen ihre Route geographisch durch genaue Ortsbestimmungen auf. Die große Ebene der Llanos durchquerten sie in nächtlichen Ritten und suchten am Tage Schutz vor der glühenden Hitze. In der Mitte des Weges, in Calabozo, verweilten sie zehn Tage. Hier traf Humboldt Carlos del Pozo, der als Amateur und Autodidakt physikalische Studien trieb und sich eine große Elektrisiermaschine gebastelt hatte, mit der er elektrophysiologische Studien am dort häufigen Zitteraal (Gymnotus electricus) betrieb. Humboldt kannte dieses Phänomen und war seinerseits bestrebt, am Zitteraal seine eigenen elektrophysiologischen Forschungen [94] zu erproben. Es gelang ihm, sich mit Hilfe der Indianer fünf lebende Exemplare des Zitteraals zu beschaffen. Das geschah auf so originelle Weise, daß Brehm diese Mitteilungen Humboldts in seinem «Tierleben» verwertet hat. Da die von den Fischen erteilten Schläge zu heftig waren, trieben die Indianer Pferde in den Bach, welche die Fische aufstörten und von diesen bis zur Erschöpfung ihrer entsprechenden Funktionen elektrische Schläge empfingen. Die erschöpften Zitteraale wurden dann von den Indianern gefangen. Nach ihrem Aufbruch von Calabozo trafen unsere Reisenden am 27. März in San Fernando de Apure ein. Der Apure ist ein Nebenfluß des Orinoko, und so konnte nun am 30. März die eigentliche Flußreise beginnen. Sie erfolgte auf einer Piroge, einem von einem Steuermann und vier Indianern betriebenen großen Boot, und verlief auf den Flüssen Apure, Orinoko, Rio Atabapo und Rio Negro bis zum brasilianischen Grenzort San Carlos am Rio Negro. Der Rio Atabapo ist ein Nebenfluß des Orinoko, der Rio Negro dagegen des Amazonas. Zwischen beiden Flüssen besteht keine Flußverbindung, die Piroge mußte daher vom südlichsten Punkt des Rio Atabapo über Land – was glücklicherweise nur eine kurze Strecke war – mit großen Mühen zum Rio Negro befördert werden. Auf der Hinfahrt nach San Carlos hatte Humboldt noch keine sicheren Nachrichten von der Existenz des Casiquiare, der natürlichen Flußverbindung zwischen dem Orinoko selbst und dem Rio Negro und damit auch zum Amazonas. Wäre er nämlich, statt vom Orinoko in den Rio Atabapo einzubiegen, ungefähr ebensoweit den Orinoko weiter hinaufgefahren, dann hätte er schon nahe bei der oben erwähnten Siedlung Esmeralda den Einfluß des Casiquiare in den Orinoko erreicht. Erst auf der Rückfahrt von San Carlos fanden sie die Einmündung des Casiquiare und fuhren nun auf ihm wieder in den Orinoko zurück. Humboldt hätte nun gern seine Flußreise von San Carlos auf dem Rio Negro bis in den Amazonas hinein fortgesetzt, aber San Carlos lag in Brasilien, und hier mußte er umkehren, weil er nur Pässe für die spanischen Kolonien hatte. Überdies waren Madrid und Lissabon damals miteinander so verfeindet, daß der zuständige portugiesische Gouverneur Anweisung gegeben hatte, Humboldt und Bonpland festzunehmen, falls sie nach Brasilien einreisen würden. Daher blieben die Reisenden nur drei Tage in der Gegend von San Carlos und began-

*Humboldt und Bonpland in ihrer Urwaldhütte am Orinoko.
Zeichnung von O. Roth*

nen die Rückreise schon am 10. Mai. Am 21. Mai fuhren sie auf dem Casiquiare nach Esmeralda und hatten damit den Orinoko wieder erreicht. Vom 22. Mai bis zum 13. Juni 1800 schifften sie von Esmeralda den Orinoko hinab bis Angostura, dem heutigen Ciudad Bolívar (vgl. Karte S. 68/69). In Angostura blieben sie ungefähr einen Monat. Auf der langen Flußreise hatten sie wie Indios leben müssen, nun kamen sie wieder mit der Zivilisation und ihrer feineren Ernährung in Berührung. Sie genossen das natürlich sehr, aber sie erkrankten beide am Fieber. Humboldt konnte das rasch überwinden, aber Bonpland brachte es in Lebensgefahr. *Während der ganzen schmerzlichen Krankheit behielt Bonpland die Charakterstärke und die Sanftmuth, die ihn auch in der schlimmsten Lage niemals verlassen haben.*[95] Humboldts dortiger Freund, der Arzt Félix Fareras, besaß eine hochgelegene Pflanzung, wohin sie Bonpland brachten, damit er in guter Luft sich erholen konnte. Erst am 10. Juli ritten sie nun wieder zur Meeresküste durch die Llanos nach Nueva Barcelona, wo sie am 23. Juli eintrafen. Sie blieben dort etwa einen Monat und fuhren am 26. und 27. August mit einem Küstenschiff nach Cumaná zurück, wo sie bis Mitte November weilten. Am 16. und 17. November fuhren sie erneut nach Nueva Barcelona und von dort dann mit einem Seeschiff nach Havanna auf Kuba. Damit hatte der erste große Abschnitt der Amerikareise sein Ende gefunden. Nach Venezuela ist Humboldt nie wieder zurückgekehrt.

Nach dieser Schilderung des Gesamtverlaufs der Orinokoreise mögen nun einige ihrer charakteristischen Episoden folgen. Am 21.

Februar 1801, also bald nach seiner Abreise aus Venezuela, schrieb Humboldt an Willdenow nach Berlin: *Vier Monate hindurch schliefen wir in Wäldern, umgeben von Krokodilen, Boas und Tigern (die hier selbst Canots anfallen), nichts genießend als Reis, Ameisen, Manioc, Pisang, Orenocowasser und bisweilen Affen. Von Mondavaca bis zum Vulkan Duida, von den Grenzen von Quito bis Surinam hin, Strecken von 8000 Quadratmeilen, in denen kein Indianer, sondern nichts als Affen und Schlangen anzutreffen sind, haben wir, an Händen und Gesicht von Mosquitostichen geschwollen, durchstrichen. – In der Guayana, wo man wegen der Mosquiten, die die Luft verfinstern, Kopf und Hände stets verdeckt haben muß, ist es fast unmöglich, am Tageslicht zu schreiben; man kann die Feder nicht ruhig halten, so wüthend schmerzt das Gift der Insekten. Alle unsere Arbeit mußte daher beim Feuer, in einer indianischen Hütte, vorgenommen werden, wo kein Sonnenstrahl eindringt, und in welcher man auf dem Bauche kriechen muß. Hier aber erstickt man wieder vor Rauch, wenn man auch weniger von den Mosquiten leidet. In Maypures retteten wir uns mit den Indianern mitten in den Wasserfall, wo der Strom rasend tobt, wo aber der Schaum die Insekten vertreibt. In Higuerote gräbt man sich nachts in den Sand, sodaß blos der Kopf hervorragt und der ganze Leib mit 3–4 Zoll Erde bedeckt bleibt. Man hält es für eine Fabel, wenn man es nicht sieht. – Aber dagegen auch welcher Genuß in diesen majestätischen Palmenwäldern, wo man so viele und unabhängige indianische Völkerschaften und bei diesen einen Rest peruanischer Cultur antrifft.* – Von seinem eigenen Ergehen während dieser strapaziösen Reise schreibt er: *Meine Gesundheit und Fröhlichkeit hat, trotz des ewigen Wechsels von Nässe, Hitze und Gebirgskälte, seitdem ich Spanien verließ, sichtbar zugenommen. Die Tropenwelt ist mein Element, und ich bin nie so ununterbrochen gesund gewesen als in den letzten zwei Jahren. – ...Ich habe mich in Städten aufgehalten (Laguayra, Puerto Cabello), wo das gräßliche gelbe Fieber wüthete, und nie, nie hatte ich auch nur Kopfweh. Nur in St.-Thomas d'Angostura, der Hauptstadt von Guayana* – (dem heutigen Ciudad Bolívar) –, *und in Nueva Barcelona hatte ich drei Tage lang Fieber, einmal am Tage meiner Rückkunft vom Río Negro, da ich nach langem Hungern zum ersten male und unmäßig Brot genoß; das andere mal, als ich von einem hier stets fiebererregenden Staubregen bei Sonnenschein naß wurde. Am Atabapo, wo die Wilden stets am Faulfieber leiden, widerstand meine Gesundheit unbegreiflich gut.* – *Auch über die Kreolen, das heißt die in den Kolonien gebore-*

nen, aber reinrassigen Spanier, äußert sich Humboldt in diesem Brief tief beeindruckt: *Wir Ost- und Nordeuropäer haben übrigens seltsame, fast möchte ich sagen tolle Vorurteile gegen das spanische Volk. Ich habe nun zwei Jahre lang, vom Kapuziner an (denn ich war lange in ihren Missionen unter den Chaymas-Indianern) bis zum Vicekönig, mit allen Menschenclassen genau verbunden gelebt, ich bin der spanischen Sprache jetzt fast so gut wie meiner Muttersprache mächtig, und bei dieser genauen Kenntniß kann ich versichern, daß diese Nation, trotz des Staats- und Pfaffenzwanges, mit Riesenschritten ihrer Bildung entgegengeht, daß ein großer Charakter sich in ihr entwickelt...*[96]

Von den durchfahrenen Flußlandschaften hat uns Humboldt im Reisewerk glänzende *Naturgemälde* gezeichnet. Besonders gelungen ist die Schilderung des ersten Anblicks des Orinoko, auf den sie an der Mündung des Apure am 5. April 1800 gelangten. Von einem *Gefühl der Rührung* übermannt, sahen sich die Reisenden *in ein ganz anderes Land versetzt. – Soweit das Auge reichte, dehnte sich eine ungeheure Wasserfläche, einem See gleich, vor uns aus. Das durchdringende Geschrei der Reiher, Flamingos und Löffelgänse, wenn sie in langen Schwärmen von einem Ufer zum andern ziehen, erfüllte nicht mehr die Luft. Vergeblich sahen wir uns nach den Schwimmvögeln um... Die ganze Natur schien weniger belebt. Kaum*

Diese primitive, jedoch vorzüglich konstruierte Seilbrücke über den Rio Chambo in Ekuador überquerten Humboldt und Bonpland im Jahre 1802. Farblithographie nach einer Zeichnung Humboldts

Humboldt und Bonpland am Orinoko. Nach einem Gemälde von Keller

bemerkten wir in den Buchten der Wellen hie und da ein großes Krokodil, das mittelst seines langen Schwanzes die bewegte Wasserfläche schief durchschnitt. Der Horizont war von einem Waldgürtel begränzt, aber nirgends traten die Wälder bis ans Strombett vor. Breite, beständig der Sonnengluth ausgesetzte Ufer, kal und dürr wie der Meeresstrand, glichen in Folge der Luftspiegelung von weitem Lachen stehenden Wassers. Diese kleinsandigten Ufer verwischten vielmehr die Grenzen des Stromes, statt sie für das Auge festzuhalten... Diese zerstreuten Landschaftszüge, dieses Gepräge von Einsamkeit und Großartigkeit kennzeichnen den Lauf des Orinoco, eines der gewaltigsten Ströme der neuen Welt.97

Das wichtigste Ereignis der Rückreise vom Rio Negro zum Orino-

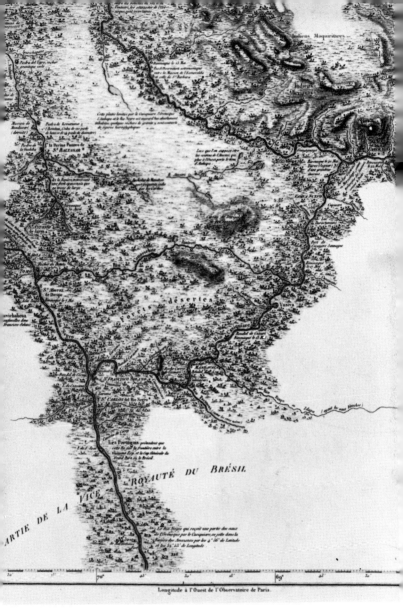

Der Casiquiare, die natürliche Verbindung zwischen Orinoko und Rio Negro und damit zum Amazonas. Humboldt hat diese damals noch bezweifelte Flußgabelung 1800 nachgewiesen. Stich von Blandeau aus dem «Atlas géographique et physique» (Ausschnitt) des Reisewerks

Flußfahrt auf dem Orinoko. Farblithographie nach einer Zeichnung Humboldts

ko war die endgültige geographische Entdeckung und genaue Vermessung des Casiquiare. Entgegen einer damals weitgehend angenommenen Theorie [98], derzufolge die Stromgebiete großer Ströme stets durch strenge natürliche Wasserscheiden voneinander getrennt sein müßten, war hier zum erstenmal einwandfrei bewiesen worden, daß das nicht stimmt. Die Casiquiarefahrt war ganz besonders strapaziös, das ganze Gebiet war ungeheuer sumpfig und hatte unter einer schrecklichen Moskitoplage zu leiden. Ein Missionar mußte hier, um etwas Salat und Küchenkräuter ziehen zu können, *seinen Garten gleichsam in die Luft hängen* [99]. Er hatte ein altes Kanu mit Erde füllen und auf ein hohes Gerüst stellen lassen. Der Boden darunter war einfach Sumpf. Im Hochland von Matto Grosso in Brasilien gibt es noch ausgedehntere Sumpfgebiete, und auch für sie ist charakteristisch, daß sich hier zwei gewaltige Stromgebiete treffen, dasjenige des Amazonas durch seine südlichen Nebenflüsse und dasjenige des Paraguay und Paraná.[100] Wenn es besonders viel geregnet hat, kann man auch dort mit dem Boot von dem einen in das andere Stromgebiet gelangen.

Als die Reisenden vom Casiquiare wieder in den Orinoko einfuhren, lag ihnen gegenüber auf dem rechten Ufer der schöne Berg Duida und an seinem Fuß die damals blühende, heute verschwundene Mission Esmeralda. Hier zeigte ein Indianer ihnen, wie sie das berühmte Pfeilgift Curare herstellten. Man mag das Verfahren im Reisewerk nachlesen. Das Curare wird aus den Zweigen einer Liane gewonnen – Bejuco de Mavacure –, *es schmeckt sehr angenehm bitter, und Bonpland und ich haben oft kleine Mengen verschluckt. Gefahr ist keine dabei, wenn man nur sicher ist, daß man an den Lippen oder dem Zahnfleisch nicht blutet.*[101] Man benutzte dort das Curare, um Schlachtvieh zu töten. Ein Huhn starb nach zwei bis drei Minuten, wenn man sein Blut durch einen Stich in den Schenkel vergiftet hatte. Bei einem Schwein nahm dieser Prozeß zehn bis zwölf Minuten in Anspruch.

In Maypures hatten sie auch diesmal wieder – wie auf dem Hinweg – zwei Tage zu tun, um ihre Piroge durch den Katarakt des Orinoko zu befördern. In dieser Gegend befindet sich auch die berühmte «Höhle von Ataruipe», die von damals längst ausgestorbenen Indianern als Grabstätte benutzt worden war. Die Reisenden fanden hier noch 600 Skelette, die in Körben aus Palmzweigen beigesetzt waren. Daneben standen drei bis vier Fuß hohe und lange Tongefäße, *sie sind grau-grün, oval, von ganz gefälligem Ansehn, mit Henkeln in Gestalt von Krokodilen und Schlangen, am Rand mit Mäandern, Labyrinthen und mannigfach combinierten geraden Linien geschmückt*[102].

III

Von Nueva Barcelona hatten sich Humboldt und Bonpland mit einem Küstenfahrer wieder nach Cumaná begeben, um hier das nächste spanische Postschiff zur Weiterreise nach Havanna zu nehmen. Als aber nach gut zweieinhalb Monaten noch immer keines gekommen war, fuhren sie nach Nueva Barcelona zurück, um mit einem amerikanischen Frachtschiff von dort nach Havanna (Kuba) zu gelangen. Die Monate in Cumaná, wo ihr alter Freund Don Vicente Emperán ihnen wieder ein eigenes Haus besorgt hatte und sie mit seiner gewohnten Gastfreundschaft umgab, hatten sie benutzt, ihre Sammlungen zu ordnen und neue astronomische Beobachtungen zu machen. Als sie nun wieder in Nueva Barcelona eintrafen, war die amerikanische Barke schon abfahrbereit, und so reisten sie am 24.

November 1800 in Richtung Kuba ab. Nach einer abwechselnd durch Stürme und Windstillen verzögerten Seereise trafen die Reisenden am 19. Dezember in Havanna ein. In Havanna vermaß Humboldt mit seinen Instrumenten die genaue geographische Lage des «Morro», der den Zugang zum Hafen beherrschenden Festung. Im übrigen sammelte Humboldt in den Archiven und Büchereien Havannas die Materialien und Statistiken für die von ihm geplante Monographie über Kuba, die dann später als Band 3 im großen Reisewerk herauskam. Sie gehört zu jenen ersten Landeskunden, welche die Geographie als moderne eigene Wissenschaft begründet haben. Im übrigen hatten Humboldt und Bonpland dort alle Hände voll mit ihren Sammlungen zu tun. Das Herbar, in dem sie von jeder Spezies genügend Exemplare gesammelt hatten, wurde in drei identische Sammlungen aufgeteilt. Eine von ihnen, die Bonplands Privateigentum war, ging an dessen Heimatadresse nach La Rochelle, die zweite ging über London an Willdenow nach Berlin und die dritte blieb einstweilen wohlverpackt und konserviert bei Freunden in Havanna, wo Humboldt sie später auf seiner Heimreise von Mexiko über Philadelphia (USA) wieder abholte.

In Havanna entschied sich auch der endgültige Plan der Weiterreise. Da sich der ursprüngliche Plan, sich der Weltumseglung des französischen Kapitäns Baudin anzuschließen, zerschlagen hatte, wollte Humboldt nun von Havanna in die Vereinigten Staaten bis zu den großen Seen im Norden reisen. Dann wollte er wieder südwärts, dem Mississippi folgend, nach Mexiko gehen, dort eine Weile bleiben, um schließlich über die Philippinen nach Europa zurückzukehren. Während er diesen Plan erwog, erhielt er neue Nachrichten über Baudins Reise. Er war endlich doch von Frankreich in Richtung Indien abgesegelt und wollte nun um Kap Horn doch noch die südamerikanische Küste bis Peru heraufkommen. Rasch entschloß sich nun Humboldt, auch nach Peru zu reisen, um bei Baudin in Limas Hafen Callao einzusteigen und dann die weitere Reise mit ihm zusammen bis Europa zu machen. Wir brauchen aber nicht zu bedauern, daß Humboldt auf diese Weise um eine gründliche Nordamerikareise herumgekommen ist. Im Gegenteil! Nun erst wurde Humboldts Reise die große Iberoamerikareise, als die sie in der Geschichte der Forschungsreise fortlebt. Für das spanische Amerika sind ihre Ergebnisse geradezu zum Corpus Scientificum Americanum geworden, das für alle spätere wissenschaftliche Forschung in diesem Riesengebiet die Grundlagen gelegt hat. Für Nordamerika wäre seine Reise zweifellos auch ein großer Gewinn gewesen, aber unbedingt bedurfte Nordamerika seiner nicht, es hatte schon zu Humboldts Zeiten ausgezeichnete Wissenschaftler, die hier in ihrem Vaterland das Erforderliche tun konnten und auch getan haben. Wesentlich und wichtig ist hier nur gewesen, daß Humboldt die Neue Welt nicht verlassen hat, ohne zum Abschluß seiner Reise noch in den Staaten vorzusprechen und dem Präsidenten Jefferson eingehend zu berichten. Es muß als eine «Sternstunde» in der Geschichte Amerikas bezeichnet werden, daß damals in den USA gerade der Präsident regierte, der an den Wissenschaften tief und gründlich interessiert war, ja selbst ein Wissenschaftler gewesen ist. Die Tatsache der Existenz so vieler Humboldt Cities, Counties, -Berge, -Flüsse und -Buchten in den USA beweist, wie fruchtbar sich die Anregungen ausgewirkt haben, die Humboldt bei seinem kurzen Besuch in den Vereinigten Staaten den führenden Amerikanern geben konnte.

Mit einem gecharterten kleinen Schiff verließen die Reisenden am 9. März 1801 Kuba in dem an seiner Südküste gelegenen kleinen Hafen Batabano. Nach einer infolge Windstille langen Reise, bei der sie auch unter Wassermangel zu leiden hatten, trafen sie endlich am 30. März in Cartagena (Kolumbien) ein. In Kolumbien

Don José Celestino Mutis (1732–1808). Widmungsblatt aus Humboldts Reisewerk

verbrachten sie insgesamt acht Monate. Die wichtigsten Abschnitte der Kolumbienzeit waren die Flußreise auf dem Rio Magdalena (21. April bis 15. Juni 1801), der Aufenthalt in Bogotá bei Mutis (6. Juli bis 9. September 1801) und die Weiterreise von Bogotá über Ibagué und Buga nach Popayán (9. September bis 29. November 1801).

In Cartagena blieben die Reisenden nur wenige Tage. Hier lernte Humboldt den Präsidenten der Handelskammer José Ignacio Pombo kennen, nach Schumacher [103] «ein Exempel südamerikanischen Genies» und «der einzige hervorragende Kaufmann der neugranadinischen Colonialzeit». Er besaß in Turbaco einen schönen Landsitz in angenehmem Klima, wo Humboldt und Bonpland sich zehn Tage erholen konnten. Pombo riet Humboldt auch, nicht auf dem Seewege über Panama nach Quito zu reisen, sondern den Landweg über Bogotá zu nehmen. Diesen «Landweg» bildete aber für den größten Teil des Weges nach Bogotá die «berühmte» Flußfahrt auf dem Rio Magdalena. Von Turbaco aus erreichten sie in zwei Tagen Barancas Nuevas am Magdalena und fuhren von hier am 21. April bis zum 15. Juni zu Schiff nach Honda. Auch auf dieser Flußfahrt litten sie entsetzlich unter der Moskitoplage: *Unsere Magdalena-Reise bildete eine schreckliche Tragödie; von den zwanzig dunklen Ruderknechten ließen wir acht auf dem Wege zurück, ebensoviel langten gleich und mit stinkenden Geschwüren bedeckt in Honda an ... Welch glücklicher Zufall, daß meine Natur allen Fiebern so glücklich widersteht. In den zweieinhalb Jahren bei so vielen Reisen durch dichte Wälder, auf Sümpfen und Flüssen, unter den ansteckendsten Krankheiten: immer blieb ich vom Fieber frei.*[104]

Von Honda, wo die Reisenden ein Bergwerk besichtigten und dabei auch deutsche Bergleute begrüßen konnten, die Humboldts spanische Freiberger Studienfreunde, die Brüder de Elhúyar, mit nach Kolumbien gebracht hatten, mußten sie etwa 2600 Meter ansteigen, um auf die Hochebene von Bogotá zu gelangen. *Ist die letzte Höhe des Gebirges erstiegen, dann übersieht man alsbald eine weite Fläche, deren Ende das Auge kaum erreicht. So sehr ich auf diese Naturszene vorbereitet war, erstaunte ich doch nicht wenig, in solcher Höhe eine meeresähnliche Ebene zu treffen. Vier Tage lang war ich in Hohlwegen eingeschlossen gewesen, in denen kaum der Körper des Maulthieres Platz fand; mein Auge war an des Waldes Dikkicht, an Abgründe und Felsklippen gewöhnt: plötzlich sehe ich nun fast grenzenlose Felder in leerer Fläche vor mir. Gerade hier, also in der Höhe der Pyrenäen-Gipfel (Schneekoppe plus Brocken), in dieser luftdünnen Atmosphäre, haben die Conquistadoren eine Stadt angelegt! So freundlich auch den Europäer Weizenäcker anlächeln, dieser flache Boden eines alten abgelaufenen Sees hat doch wegen der gänzlichen Baumlosigkeit und der Reinheit der Luft einen einförmigen, einen ernsten, ja traurigen Charakter.*[105]

Sinn und Ziel von Humboldts Aufenthalt in Bogotá war die Begegnung mit José Celestino Mutis, dem ohne Zweifel bedeutendsten Botaniker, den Iberoamerika bisher gehabt und den man nicht zu hoch einschätzt, wenn man ihn den Linné Südamerikas nennt. Mutis war 1732 in Cádiz (Spanien) geboren, hatte in Sevilla Medizin studiert und war 1757 in Madrid Professor der Anatomie geworden. Die Familie Mutis ist ursprünglich deutscher Abstammung, der Name die spanische Verkürzung des deutschen Eigennamens von Mutius. Wahrscheinlich ist ein Träger dieses Namens im Gefolge des Kaisers Karl V. nach Spanien gekommen und dort geblieben.[106] Die besondere Neigung von Mutis galt der Botanik, und der in Spanien tätige Linné-Schüler Alströmer hatte ihn auch mit Linné in Verbindung gebracht. Schon aus Havanna hatte Humboldt sich, sowie feststand, daß er nach Bogotá kommen würde, bei Mutis mit einem sehr schmeichelhaften Brief angemeldet. Darauf empfing Humboldt schon in Honda eine nicht minder schmeichelhafte Einladung, in Bogotá Mutis' Gast sein zu wollen. Mutis, damals schon ein alter Herr, dessen Studien den rein wirtschaftlich interessierten Kolonialspaniern als brotlose Kunst vorkommen mußten, kam der Brief des berühmten Humboldt sehr gelegen, weil er dazu angetan war, sein Ansehen bei seinen Landsleuten beträchtlich zu stärken. Der Vizekönig Don Pedro Mejía de la Zerda hatte Mutis 1760 mit nach Nueva Granada – wie Kolumbien als spanische Kolonie hieß – genommen, wo er zunächst als Professor der Mathematik und Naturwissenschaften am Colegio de Nuestra Señora del Rosario in Bogotá tätig war. Der Mutis besonders wohlgeneigte Vizekönig und Erzbischof Don Antonio Caballero y Góngora ernannte Mutis schon 1783 zum Leiter der ständigen Expedición Botánica für Nueva Granada mit Sitz in Bogotá. Nun konnte sich Mutis vollständig der Botanik widmen und beschäftigte fortan eine Reihe von Pflanzenmalern, welche die meisten der von ihm bestimmten Pflanzen in naturgetreuen Porträts festhalten mußten. Der König Carlos III. hatte Mutis in diesem Amt bestätigt und es mit einem entsprechenden Etat versehen.[107]

Mutis hatte daher in Bogotá alles in Bewegung gesetzt, um Humboldt einen würdigen Empfang zu bereiten. Dieser begann aber nicht erst in Bogotá, sondern schon auf dem Wege dahin. Humboldt schreibt darüber in seinem Tagebuch[108]: *In Fontibon wies noch nichts auf die ganz nahe Residenz hin; wir fanden aber glänzende Aufnahme. Die Vornehmsten Bogotás hatten sich hier versammelt, um uns nach spanischer Sitte zu bewillkommnen. Da war vom Vicekönige ein Assessor entsendet und vom Erzbischof ein Secretär; sodann trafen wir den Rector der Bogotáer Hochschule, Fernando de Vergara y Caicedo, und den nächsten Freund von Mutis, Escallón... Nun hielt man von allen Seiten schöne Reden über das Interesse der Menschheit und über die Aufopferung für die Wissenschaft; Complimente erfolgten im Namen von Vicekönig und Erzbischof. Alles klang unendlich groß, nur fand man mich selbst sehr klein und sehr jung... Alles lief gut ab, aber unendlich förmlich... – Der dann folgende, in Bogotá lang erwartete Einzug war sonderbar, fast possierlich. Ich mit... dem geistlichen Rector im ersten sechsspännigen Wagen... Bonpland in dem zweiten, ebenfalls sechsspännigen Gefährte; um uns her ein Schwarm von Reitern, der noch durch die von Bogotá Entgegenkommenden sich vermehrte. In der Stadt die Fenster voll Köpfe; Gassenbuben und Schulknaben liefen schreiend und mit Fingern auf mich weisend eine Viertelmeile weit neben den Kutschen her; Alles versicherte, daß in der todten Stadt seit langen Jahren nicht solch eine Bewegung und solch ein Aufstand stattgefunden habe. Wir sind ja Ausländer und sogar wunderbare Leute, welche die Welt durchlaufen, um Pflanzen zu suchen, und ihr Heu nur mit dem des alten Mutis vergleichen wollen; mußte das nicht die Neugierde reizen? Dazu der Umstand, daß der Vicekönig unsere Ankunft als einen Act von Wichtigkeit betrachtet und befohlen hatte, uns aufs Feinste zu behandeln. Wir trafen ein eigenes Haus mit Hof, Garten und Küche an. – Vor dieser Wohnung erwartete uns mit seinen Freunden der alte Kron-Botanicus, eine ehrwürdige, geistreiche Gestalt in priesterlichem Kleide. Wie ich mit dem Barometer in der Hand ausstieg und das Instrument niemandem anvertrauen wollte, lächelte er; mit vieler Herzlichkeit umarmte er uns und war bei dieser ersten Zusammenkunft fast verlegen bescheiden. Wir sprachen sofort von wissenschaftlichen Dingen... er aber lenkte das Gespräch geschickt auf allgemeine Gegenstände, damit es den Umstehenden verständlicher werde. In den für uns bereiteten Zimmern war ein prächtiges Essen aufgetischt.*

Auf wissenschaftlichem Gebiet konnten die Reisenden ihre reichen botanischen Erfahrungen mit Mutis erörtern, sie zeigten ihm ihr Herbar von der Orinokogegend, besonders die «gewaltigen Gräser»

(Bambusse) vom Casiquiare, die Mutis natürlich nicht kannte, und erfuhren entsprechend von Mutis alles, was die Flora von Kolumbien betraf.[109] *Er hat 2–3000 Zeichnungen in Großfolio, welche wie Miniaturgemälde scheinen.*[110] Aus seiner Sammlung schenkte Mutis Humboldt ungefähr hundert sehr schöne Farbtafeln, die Humboldt später dem Institut National in Paris mitbrachte.

Humboldts wissenschaftliche Arbeit in Bogotá war nicht auf den botanischen Gedankenaustausch mit Mutis beschränkt. Wie überall auf seiner Reise betätigte er sich auch als der Spezialist für das Minenwesen, der er in Preußen war. So besuchte und begutachtete er auf Wunsch des Vizekönigs die berühmten, der Krone gehörigen Salinen von Zipaquirá in der Nähe von Bogotá. Heute stellen sie für den Besucher eine große Sehenswürdigkeit dar; man wird in einen riesigen Stollen geführt, der so groß ist, daß sich in ihm sogar eine Kirche befindet, die ganz und gar aus dem Salzgestein herausgehauen ist. Zu Humboldts Zeiten war die Mine nur ein «Tagesschurf», der an der *Hauptstelle* mehr *einem verfuschten Steinbruch ähnlich* war. Humboldt machte Vorschläge zur Verbesserung des Betriebes und fragte nach der geologischen Entstehung dieses Salzlagers im Hochgebirge, ob es vielleicht der *Niederschlag eines ehemaligen Meeres sein könnte*[111]. Auch erstattete er Gutachten über die Silbergruben und die Goldproduktion Kolumbiens. Letztere ist bedeutend gewesen, man kann davon noch heute einen lebhaften Eindruck bekommen, wenn man das Museum der Goldarbeiten Kolumbiens besucht, das sich im Kellergeschoß der Staatsbank in Bogotá befindet. Die wichtigsten Dienste aber, die Humboldt dem Vizekönig leistete, bestanden in der Überreichung von drei Karten über bis dahin noch nicht geographisch vermessene Gebiete Kolumbiens, *eine auf vier Blättern befindliche Zeichnung des Magdalena-Flusses von der Mündung bis zu den Hondaer Stromschnellen*, eine Karte über *den topographischen Zusammenhang zwischen der Hochebene von Bogotá und den Grassteppen des Orinoco* und eine Karte über die Hochebene von Bogotá selbst, sowie außerdem noch *ein Profil von Cartagena bis zur Hauptstadt*. Ferner wies er bei Übergabe der Magdalenakarte auf die Verkehrsschwierigkeiten des Flusses hin und schlug vor, *dem größten Schiffshindernis, der Enge von Carare*, durch *einen Stollen abzuhelfen: einen unterirdischen Canal*[112]. Auch in der Umgebung von Bogotá sammelten Humboldt und Bonpland zahlreiche Naturalien und Mineralien. «Bald hatte Humboldt in der eigenen Wohnung ein kleines Museum eingerichtet, das von halb Bogotá neugierig besichtigt wurde, namentlich von den schönen Töchtern der Stadt.»[113]

Es wurde nun Zeit für Humboldt, seine Reise fortzusetzen, wenn er sein geplantes Zusammentreffen mit Baudin in Peru nicht verfehlen wollte. Am 18. September 1801 beobachtete er noch die Sonnenfinsternis in Bogotá und *am nächsten Tage geschah unser Ausritt mit elf Lastthieren; der Abschied im Mutisschen Hause war rührend. Der alte Mann überhäufte uns mit Güte und mit Wohltaten;*

er gab uns Speisevorrath mit, den drei stämmige Maulthiere kaum fortschleppen konnten. Unser Abzug war fast so glänzend wie unser Einzug.[114] Ihr Reiseweg passierte erneut den Magdalena und ging dann über den Paß von Quindíu der östlichen Kordillere. Der vielfach morastige Weg war oft nur dreißig bis vierzig Zentimeter breit und ähnelte *größtenteils einer offenen durch Felsen gehauenen Galerie*[115], war also sehr beschwerlich. Über Cartago und Buga gelangten sie *durch das herrliche Thal des Caucaflusses* nach Popayán, wo sie den November über blieben. Popayán wird heute das kolumbianische Heidelberg genannt, damals aber war es ein langweiliges und vernachlässigtes Städtchen, nur *Boden und Klima sind freundlicher als in Bogotá*[116]. Am 29. November 1801 reisten sie von Popayán weiter nach Quito, wo sie am 6. Januar 1802 eintrafen. Dieser Abschnitt der Reise gehört zu den beschwerlichsten, die Humboldt und Bonpland zu bewältigen hatten; denn er verlief auf äußerst schlechten Wegen über das Hochgebirge, über die Paramos von Pasto. *Paramo heißt in den Anden jeder Ort, wo auf einer Höhe von 1700–2000 Toisen (3500 bis 4000 Meter) die Vegetation stillsteht, und eine Kälte ist, die bis in die Knochen dringt... Dicke Wälder liegen zwischen Morästen; die Maulthiere sinken bis auf den halben Leib ein; und man muß durch so tiefe und enge Schlüchte, daß man in Stollen eines Bergwerks zu kommen glaubt. Auch sind die Wege mit den Knochen der Maulthiere bepflastert, die hier vor Kälte oder aus Mattigkeit umfielen. Die ganze Provinz Pasto, mit Inbegriff der Gegenden von Guachucal und um Tuqueres, ist eine gefrorene Gebirgsfläche fast über den Punkt herauf, wo die Vegetation aushalten kann, und mit Vulkanen und Solfataren umringt, woraus beständige Rauchwirbel dampfen.*[117] Um Weihnachten 1801 waren Humboldt und Bonpland in Pasto, von wo aus sie auch den Vulkan von Pasto besuchten. Die Weiterreise nach Ibarra war weiterhin schwierig; einmal wären sie fast ertrunken, weil infolge eines Erdbebens das Wasser sehr plötzlich und rasch anstieg. Am 2. Januar 1802 kamen sie in Ibarra (Ekuador) an, wohin ihnen Caldas entgegengeritten war.

Caldas, *dessen schöner geistvoller Kopf als Ideal des noch Zukunft verheißenden Kreolentyps gelten* konnte[118], war ein junger Forscher, der in Bogotá Jura studiert hatte, sich aber aus Neigung ganz den Naturwissenschaften gewidmet und besonders in der Astronomie sich einen guten Namen erworben hatte. Dabei war er ein reiner Autodidakt, den der uns schon in Cartagena begegnete Mazen Pombo mit Apparaten ausgestattet hatte. Caldas erhoffte von Humboldt nicht nur Förderung, sondern hegte auch insgeheim den Wunsch, sich ihm als Reisegenosse anschließen zu können. Dabei spielte wohl, ohne daß er sich dessen bewußt war, der heimliche Wunsch eine Rolle, Humboldt für seine eigenen Interessen einspannen zu können. Da das natürlich nicht möglich war, war Caldas' Verhältnis zu Humboldt gelegentlich das einer enttäuschten Freundschaft, die zur Kritik neigt, allerdings Humboldt nie Respekt und Anerkennung versagte.

Humboldt und Bonpland im Hochbecken von Ekuador. Gemälde von F. G. Weitsch, 1806 (Ausschnitt). Ein Indianer reicht Humboldt den Sextanten. Bonpland nimmt aus einer Botanisiertrommel Pflanzen für sein Herbarium heraus.

Am 6. Januar 1802 trafen Humboldt und Bonpland in Quito ein, heute die Hauptstadt der Republik Ekuador, damals die größte – 35 000 Einwohner – und schönste Stadt von Nueva Granada, das also nicht nur das heutige Kolumbien, sondern auch das heutige Ekuador umfaßte. Quito war auch *äußerlich prächtiger als Bogotá,* das die Hauptstadt von Neu-Granada war.[119] Infolgedessen hatten hier auch viele Familien des spanisch-kreolischen Hochadels ihre Residenzen, in denen der preußische Freiherr naturgemäß sehr freundlich aufgenommen wurde. Insbesondere der Duque de Selvalegre Don Juan Pio Aguirre y Montúfar stellte Humboldt und Bonpland ein eigenes Haus für ihre Sammlungen und Studien zur Verfügung, nachdem er sie zunächst *in seinem großen, am Hauptplatz gelegenen Hause, in welchem Bequemlichkeiten sich fanden, wie man sie nur in Paris und London hätte erwarten können*[120], aufgenommen hatte. Auch sein Landsitz in Chillo in der weiteren Umgebung von Quito stand den Reisenden zur Verfügung, wenn sie botanische und geognostische Expeditionen machten. Des Herzogs Tochter Rosa hat uns den damaligen jungen Humboldt sehr anmutig geschildert. Sie galt als eine der schönsten Damen Quitos und fand Humboldt «immer galant und liebenswürdig... Bei Tisch verweilte er... nie länger, als notwendig war, den Damen Artigkeiten zu sagen und seinen Appetit zu stillen. Dann war er immer wieder draußen, schaute jeden Stein an und sammelte Kräuter. Bei Nacht, wenn wir längst schliefen, guckte er sich die Sterne an. Wir Mädchen konnten das noch viel weniger begreifen als der Marquis, mein Vater.»[121] Um so begeisterter war ihr Bruder Carlos Aguirre y Montúfar von Humboldts Arbeiten, für die er sich lebhaft interessierte. Auf Wunsch seines Vaters nahm Humboldt ihn auf die weitere Reise mit, damit er in Spanien seine Offiziersausbildung vollenden könnte. Er fand später nach seiner Heimkehr ein trauriges Ende, da er sich der Bewegung Bolívars angeschlossen hatte und nach einer mißglückten Revolte hingerichtet wurde. Seine letzten Gedanken sollen der Freiheit seines Landes und Humboldt gegolten haben, der sich in Europa immer wieder Montúfars angenommen hatte, besonders wenn er sich in Geldnöten befand.

Humboldt war von Anfang Januar bis Ende August, also rund acht Monate in Ekuador. Die Glanzleistungen seiner Arbeit dort waren die Besteigungen zweier der größten Vulkane Südamerikas, des Pichincha und des Chimborazo. Auch die übrigen Vulkane Ekuadors, den Antisana, den Cotopaxi, den Tunguragua und den Lliniza hat Humboldt bestiegen, aber sie bedeuteten Wiederholungen der Pichincha- und Chimborazo-Besteigungen. Den Pichincha mußte Humboldt zweimal angehen, da er beim ersten Versuch schwindlig und ohnmächtig geworden war. Aber er hielt es für *schimpflich, die Hochebene von Quito zu verlassen, ohne mit eigenen Augen den Zustand des Kraters vom Pichincha erforscht zu haben*[122]. Beim zweitenmal am 26. Mai 1802 gelang die Besteigung, wenn auch die abergläubigen indianischen Führer hierbei versagten. Schneeflächen und Nebel erschwerten den Aufstieg. Erst *stechender Geruch von Schwefliger Säure* kündigte die Kraternähe an. Über ein Schneefeld gelangten sie auf einen Felsen, der balkonartig in den Krater hineinragte. An dieser Stelle vermaß Humboldt die Höhe des Pichincha mit 14 940 Fuß. Als er am folgenden Tage gegen Mittag wieder auf derselben Felsplatte über dem Krater stand, wurde sie durch ein heftiges Erdbeben, bei dem Humboldt fünfzehn Stöße in 36 Minuten zählte, erschüttert. – Sein *Versuch, den Gipfel des Chimborazo zu ersteigen*, den Humboldt am 23. Juni 1802 unternahm, nachdem er Quito – am 9. Juni – bereits verlassen hatte, um nach Peru weiterzureisen, bildet den Höhepunkt seiner Tätigkeit im vulkanischen Hochgebirge der Anden. Er hat darüber einen seiner besten Essays[123] geschrieben. Der Chimborazo galt damals als der höchste Berg der Erde. Er ist 6300 Meter hoch, La Condamine und Bouguer hatten ihn schon vor Humboldt zu besteigen versucht und dabei eine Höhe von 14 400 Fuß erreicht. Humboldt gelangte 3696 Fuß höher als sie und erreichte damit eine Höhe von 18 096 Fuß – 5881 Meter, blieb also nur gut 400 Meter unter dem höchsten Gipfel. Sie mußten aufgeben, weil sie an eine unüberbrückbare Spalte gelangt waren. Zwei Tage später erblickten die Reisenden von Riobamba

Nueva aus den Gipfel in wolkenloser Reinheit, *in der stillen Größe und Hoheit, die der Naturcharakter der tropischen Landschaft ist*[124].

Vor seiner Abreise aus Quito hatte Humboldt noch eine Kiste mit Mineralien der ekuadorianischen Vulkane an das Museum für Naturgeschichte nach Madrid geschickt und dazu geschrieben: *Die Vulcan-Produktionen der hiesigen Gebirge haben bis jetzt kein europäisches Cabinet geziert; heute schicke ich sie.*[125] So nutzte Humboldt während seiner Reise und auch später jede Gelegenheit, sich den Spaniern für alle ihre Hilfe dankbar zu zeigen. In Quito hatte Humboldt von der Akademie in Paris noch die Mitteilung erhalten, daß Baudin auf seiner Weltumseglung nicht mehr an die Westküste Südamerikas kommen, sondern um Afrika herum nach Ostindien fahren würde.[126] Damit war Humboldts weitere Reise in dem Sinne entschieden, daß er nun über Peru nach Mexiko gehen würde. Man muß es geradezu als ein Glück für Humboldt bezeichnen, daß er mit Baudins Expedition nichts mehr zu tun bekam. Sie nahm einen höchst unglückseligen Verlauf, und Baudin selbst starb während der Reise.

Auf der Reise nach Lima blieben Humboldt und seine Begleiter einige Wochen in Riobamba bei einem Bruder von Carlos Montúfar, der dort als «Corregidor» eine hohe Stellung in der Provinzverwaltung innehatte. Hier in der Provinz Quito beschäftigte Humboldt sich besonders mit der Inkasprache, die damals auf dem Lande noch überall zwischen Quito und Lima die vorherrschende Sprache war. Humboldt war tief beeindruckt von der Sprache der Inkas: *Sie ist so reich an feinen und mannigfachen Wendungen, daß die jungen Herren, um den Damen Süßigkeiten vorzusagen, gemeiniglich Inka zu sprechen anfangen, wenn sie den ganzen Schatz des Kastilischen erschöpft haben. — Diese zwei Sprachen*[127], *und einige andere gleich reiche, könnten allein genügen, sich zu überzeugen, daß Amerika einst eine weit höhere Kultur besaß, als die Spanier 1492 dort fanden*[128]. In der Nähe von Caxamarca passierten die Reisenden den «magnetischen Äquator» und begegneten hier vor allem interessanten Erinnerungen an das große Reich der Inkas. Auf dem Paramo von Assuay (14 568 Fuß) in der Nähe von Cuenca stießen sie nämlich auf das *Riesenwerk* der großen Reichsstraße der Inkas. Sie besaß *einen tiefen Unterbau und war mit wohlbehauenem schwarzbraunen Trapp-Porphyr gepflastert*[129]. Diese Straßen, die verhältnismäßig schmal waren, weil die Indianer ja keine Pferde besaßen, durchzogen das ganze Inkareich bis in seine fernsten Bezirke. Für die Reisenden waren an bestimmten Stellen Rasthäuser eingerichtet, wobei es gewisse Bevorzugungen für die schnellen Boten des Inka gab. Steigungen der Straße wurden oft durch Treppen bewältigt. Humboldt sah hier auch die Ruinen des Palastes des Inka Tapayupangi mit dem «Billard des Inka». — *Es ist ein Kanapé, in den Fels gehauen, mit Arabeskenähnlichen Zierathen, worin, wie man glaubt, die Kugel lief. Unsere englischen Gärten haben nichts*

Eleganteres aufzuweisen. Der richtige Geschmak des Inca leuchtet überall hervor; der Sitz ist so gestellt, daß man eine entzückende Aussicht genießt. Nicht weit davon in einem Gehölz findet man einen runden Fleck gelben Eisens im Sandstein. Die Peruaner haben die Platte mit Figuren geziert: denn sie glaubten, daß sie die Sonne abbilde.[130] Den besterhaltenen Teilstücken der Inkastraße begegneten sie bei den «Bädern des Inka», die unweit der heutigen peruanischen Grenze zwischen Loja und dem Marañon, dem Oberlauf des Amazonas, liegen. Hier standen auch noch die besten «Tambos» (Rasthäuser), die wie alle steinernen Inkabauten aus wohlbehauenen und fugenlos ohne Mörtel ineinandergefügten Steinblöcken gebaut waren. Sie stiegen dann hinunter zum Marañon, wobei sie den kleinen Rio Guancabamba siebenundzwanzigmal durchwaten mußten, und fuhren auf einem Balsabaumfloß von Chamaya nach Tomependa. Hier vermaß Humboldt die Breite des Marañon mit 1300 Fuß. Dann fuhren sie den Marañon weiter hinunter bis zu den Katarakten von Rentema. Dort begann der durch Humboldts eigene Schilderung berühmt gewordene Aufstieg auf die Anden, auf *das Hochland von Caxamarca, der alten Residenzstadt des Inca Atahuallpa*, wo er den *ersten Anblick der Südsee von dem Rücken der Andeskette genoß*[131]. Auf diesem Wege passierten sie den berühmten *Silberberg von Gualgayoc, der ihnen bei einbrechender Nacht einen wunderbaren Anblick gewährte*[132]. Humboldt fühlte sich an den Montserrat bei Barcelona erinnert. Auf einem beschwerlichen Wege, auf dem sie sechs Stunden lang den Stürmen und der Hagelkälte eines etwa 10 000 Fuß hohen Paramo ausgesetzt waren, gelangten sie dann in das klimatisch schön gelegene Städtchen Caxamarca von damals ca. 8000 Einwohnern hinab, das in einer etwa sieben Quadratmeilen großen Hochebene liegt. Der Boden war hier *von der herrlichsten Fruchtbarkeit, voll Ackerfeld und Gartenbau, mit Alleen von Weiden, von großblüthigen rothen, weißen und gelben Datura-Abarten, von Mimosen und den schönen Quinuar-Bäumen... durchzogen*[133]. Die Reisenden besuchten hier die nahe bei Caxamarca gelegenen Ruinen der Residenz von Atahualpa und sahen das Zimmer, in dem die Spanier ihn gefangengesetzt hatten. Humboldt kam auch mit der Inkafamilie des Kaziken Astorpilco, direkten Nachkommen Atahualpas, zusammen. Humboldt berichtet von dieser Begegnung: *Der Sohn des Caziquen Astorpilco, ein freundlicher junger Mensch von 17 Jahren, der mich durch die Ruinen seiner Heimath, des alten Palastes, begleitete, hatte in großer Dürftigkeit seine Einbildungskraft mit Bildern angefüllt von der unterirdischen Herrlichkeit und den Goldschätzen, welche die Schutthaufen bedecken, auf denen wir wandelten... Die krankhafte Zuversicht* (des jungen Astorpilco) *machte einen tiefen, aber trüben Eindruck auf mich. Luftbilder und Täuschung sind hier wiederum Trost für große Entbehrung und irdische Leiden. «Fühlest Du und Deine Eltern»*, fragte ich den Knaben, *«da Ihr so fest an das Dasein dieser Gärten glaubt, nicht bisweilen ein Gelüste in Eurer Dürftigkeit nach den nahen Schätzen* zu graben?»... «Solch ein Gelüste (tal antojo) kommt uns nicht; der Vater sagt, daß es sündlich wäre. Hätten wir die goldenen Zweige samt allen ihren goldenen Früchten, so würden die weißen Nachbarn uns hassen und schaden. Wir besitzen ein kleines Feld und guten Weizen.»[134] – Nach fünftägigem Aufenthalt in Caxamarca begann der Abstieg in Richtung Lima und zunächst nach Trujillo. Hierbei erlebte Humboldt einen der schönsten Augenblicke seiner ganzen Reise. Nach langer Wanderung in Nebel auf der Höhe des Alto de Guangamarca zerriß ein harter Südwestwind die Nebelwand, und die Südsee breitete sich weithin vor seinen glücklichen Augen aus. Von Trujillo aus ritten sie dann die Küste entlang, die durch eine Sandwüste von riesigen Dünen charakterisiert ist, nach Lima, wo sie am 23. Oktober 1802 eintrafen.

In Lima, wo er gut zwei Monate blieb, hat es Humboldt am allerwenigsten gefallen. Er hat seinen Unmut über Lima und die Peruaner in einem Brief zum Ausdruck gebracht, den er nach seiner Abreise aus Lima geschrieben hat [135]: *Wenn auch Lima der letzte Ort von Amerika sein könnte, in welchem irgendeiner leben wollte, so konnte ich es doch nicht lassen, eine angenehme Zeit dort zu verbringen. Mit dem Empfang von Besuchen und Gegenbesuchen in*

Landschaftsprofil durch die Anden. Nach einer Skizze Humboldts in Guayaquil (1809) von L. A. Schönberger und P. J. F. Turpin 1805 in Paris gezeichnet

der ganzen Stadt geht die Zeit dahin. Der Herr Vicekönig ... und man kann sagen ganz Lima haben uns mit höchster Ehrfurcht und Herzlichkeit behandelt. Das Klima Limas ist eines der unerfreulichsten in ganz Südamerika. Ein halbes Jahr gibt es dort keinen Sonnenstrahl, ohne daß jedoch ein Regentropfen fällt. Ursache dieses schlechten Klimas ist der Humboldt-Strom, aber Humboldt hatte Glück mit seinem Strom; denn am 9. November 1802 gab es einen klaren Tag, so daß Humboldt in Callao den Durchgang des Merkur beobachten konnte. Mit diesen Messungen konnte er auch den Längengrad von Lima bestimmen, was für die Gradmessungen im ganzen südwestlichen Amerika wichtig geworden ist. In Lima hatte Humboldt den südlichsten Punkt seiner großen Reise erreicht.

IV

Humboldt und seine Begleiter Bonpland und Carlos Montúfar verließen am 5. Dezember 1802 mit der spanischen Fregatte «La Castor» Limas Hafen Callao und trafen am 9. Januar 1803 in Guayaquil (Ekuador) ein, wo sie etwa sechs Wochen blieben. Hier entdeckte er den seitdem nach ihm benannten Humboldt-Strom für die Wissenschaft, indem er zum erstenmal die Temperatur dieser wichtigen Meeresströmung vermaß, die an der ganzen Westküste Südamerikas bis zur Höhe des Äquators, wo sie sich mit dem warmen Äquatorstrom kabbelt, entlangläuft. Die Existenz des Stromes war den Schiffern auch vor Humboldt schon bekannt, und insofern haben die Peruaner ein Recht, ihn Peru-Strom zu nennen. Da Humboldt aber der erste war, der ihn für die Wissenschaft entdeckt und gemessen hat, so ist es vollauf berechtigt, den Peru-Strom auch fernerhin Humboldt-Strom zu nennen. Im übrigen benutzten Humboldt und Bonpland den Aufenthalt in Guayaquil, um mit den peruanischen Botanikern Tafalla und Manzanilla Exkursionen zu machen, besonders in das tropische Waldgebiet von Babajos bei Babakoya. Außerdem entwarf er sein berühmtes Profil des Chimborazo, dessen Vegetationszonen darin genau lokalisiert sind. Auch schrieb er die erste Skizze seiner Ideen zur Pflanzengeographie, die das Chimborazoprofil erläuterten. Beides sandte er als einen Abschiedsgruß an den *erhabenen Patriarchen der Botanik José Celestino Mutis in Bogotá*[136]. Das Chimborazoprofil erschien später auch in Humboldts großem Reisewerk.[137]

Am 15. Februar 1803 verließen die Reisenden Guayaquil mit dem Handelsschiff «Atlante», erlebten auf der Höhe von Guatemala einen schweren Sturm und trafen am 23. März in Acapulco (Mexiko) ein. Nach wenigen Tagen brachen sie nach Mexico City auf, wo sie am 11. April eintrafen. Auf dem Wege dahin verdient ihr Aufenthalt in Taxco Erwähnung. Hier gibt es berühmte Silbergruben, die damals zwei Drittel der Weltproduktion an Silber lieferten und so unerschöpflich erschienen, daß sie mit ziemlich primitiven Methoden betrieben wurden. Humboldt wohnte in einem schönen, im spanischen Kolonialstil erbauten Haus, das der Gründer des Silberbergbaus Laborde errichtet hatte und das zu Humboldts Zeiten als Hospital diente. Heute gehört es dem Instituto Cultural Méxicano-Alemán Alexander von Humboldt (dem Deutsch-Mexikanischen Kultur-Institut), das das Haus in seinem ursprünglichen Zustand hergestellt hat und es als Museum weiterführt. Humboldt hatte den Reiseweg von Acapulco nach Mexico City barometrisch vermessen und tat dasselbe nachher auch auf der Rückreise für die Strecke Mexico City–Veracruz. So war zum erstenmal ein großes amerikanisches Land vom Pazifik zum Atlantik höhenmäßig vermessen und ein Höhenquerschnittsprofil durch ganz Mexiko an seiner wichtigsten Stelle gewonnen. – Der spanische Vizekönig von Mexiko, Don Vicente de Iturrigaray, bei dem er sich schon in Acapulco angemeldet hatte, empfing ihn äußerst wohlwollend, versorgte ihn mit allen Statistiken, die ihn interessierten, und stellte ihm auch solche Archive zur Verfügung, die bisher keinem Ausländer zugänglich gewesen waren. Auch am gesellschaftlichen Leben in Mexico City nahm Humboldt ebenso lebhaften Anteil, wie er das auch in Caracas, Bogotá, Quito und Lima getan hatte. In Mexico City fesselte ihn ganz besonders auch eine junge Dame, *la bella Rodriguez* (die schöne Rodriguez), wie sie allgemein genannt wurde. Wir haben einen reizenden Bericht darüber, den Doña Amanda Calderón de la Barca, die Gattin eines späteren spanischen Gesandten in Mexiko (1839/40), in ihren Erinnerungen erzählt. Sie hatte die damals etwa vierzig Jahre ältere Señora Rodriguez besucht und erzählt: «Wir sprachen von Humboldt, und indem sie sich selbst ganz als dritte Person betrachtete, erzählte sie mir alle Einzelheiten seines ersten Besuchs und seine Bewunderung ihrer Schönheit; daß sie damals sehr jung, obgleich verheiratet und Mutter von zwei Kindern war, daß, als der Baron einst ihre Mutter besuchte, er sie, die am Fenster nähte, anfangs nicht bemerkte, bis er in einem sehr ernsthaften Gespräch über die Cochenille den Wunsch äußerte, eine gewisse Plantage zu besuchen. ‹Gewiß›, erwiderte sie aus ihrem Fenstersitze, ‹können wir Hrn. von Humboldt hinführen›, – worauf er sie ansah, erstaunt vor ihr stand und endlich ausrief: ‹Válgame Dios! Qué muchacha es ésta?› [Gott steh mir bei! Wer ist dies Mädchen?] Von der Zeit war er immer bei ihr, und man sagt, noch tiefer durch ihren Geist als durch ihre Schönheit bestrickt. Er betrachtete sie wie eine amerikanische Frau von Stael. Dies alles führt auch auf den Verdacht, daß der ernste Gelehrte bedeutend verzaubert war und daß weder Minen noch Berge, Geographie und Geologie, versteinerte Muscheln und Alpenkalkstein ihn geschützt haben.» – Diesen Erinnerungen der mexikanischen Dame fügt die Frau Gesandtin, offenbar mit großer Befriedigung, hinzu: «Es tut einem wohl, daß so etwas sogar dem großen Humboldt begegnen konnte!»[138] Humboldt war allein in Mexico City ein volles Jahr, und vermutlich irrt man sich nicht sehr darin, daß seine Freundschaft mit der Señora Rodriguez bestimmt nicht verkürzend auf seinen Aufenthalt in Mexico City gewirkt hat. Jedenfalls beweist

Die «Casa del Baron de Humboldt» in Taxco (Mexiko)

auch diese Anekdote treffend, wie unsinnig de Terras Hypothese von Humboldts abwegiger sexueller Veranlagung ist.[139]

Die Stadt Mexico City war schon zu Humboldts Zeit eine der schönsten in der Neuen Welt. Man kann es gut verstehen, daß er später zu einer Zeit, als er von Europa enttäuscht war [140], einen Augenblick ernsthaft daran gedacht hat, definitiv nach Mexiko auszuwandern. *Keine von allen Städten des neuen Kontinents, selbst die der Vereinigten Staaten nicht ausgenommen, ist im Besitze so großer und fest gegründeter wissenschaftlicher Anstalten ... Ich nenne hier nur die Bergschule ... den botanischen Garten, die Maler- und Bildhauer-Akademie.* Für die Bergschule hat er sich als Fachmann besonders interessiert, von der Kunstakademie war er begeistert: *Man*

Alexander von Humboldt. Gemälde von Rafael Jimeno. Mexiko 1803

gibt allen Unterricht in der Akademie unentgeltlich, und er schränkt sich nicht bloß auf Zeichnungen von Landschaften und Figuren ein, sondern ... die Akademie arbeitet mit Erfolg daran, den Geschmack an Eleganz und schönen Formen unter den Handwerkern zu verbreiten ... Es ist wahrhaft tröstlich zu sehen, wie die Kultur der Wissenschaften und Künste unter allen Zonen eine gewisse Gleichheit der Menschen einführt.[141] Humboldts besonderes Interesse aber galt naturgemäß der Bergakademie, dem Colegio de Minería, der Schule seines eigenen erlernten Berufs. So wie die Akademie zu Humboldts Zeiten betrieben wurde, war sie praktisch eine Neugründung seiner alten Freiberger Bergakademie auf amerikanischem Boden, in mancher Hinsicht – Unterricht in der Chemie und Mathematik – sogar moderner als diese. Auf allen Stufen ihres Lehrbetriebes und besonders in der Leitung der Akademie waren deutsche oder in Deutschland erzogene spanische Bergleute tätig. In der Leitung saß Humboldts Freiberger Studienfreund del Río und der Generaldirektor des Real Tribunal General del Cuerpo de la Minería, der obersten Bergbaubehörde Mexikos, war Fausto de Elhúyar. Er hatte in Wien studiert und war mit einer Deutschen verheiratet, sprach daher ebenso wie del Río deutsch. Er hatte aus Freiberg drei deutsche Berg- und Hütteningenieure und acht Steiger und Werkmeister nach Mexiko geholt. Dieser somit deutscher Tradition entstammenden Behörde und Bergakademie war der Besuch eines so hochqualifizierten und erfahrenen Fachmanns wie Humboldt, der noch dazu ein universaler Naturforscher von höchsten Gnaden war, mehr als willkommen, und Humboldt hat denn auch der Bergakademie sein ganz besonderes Interesse bewiesen und ihr manche Verbesserungsvorschläge gemacht. Humboldt

Indianertrachten aus Mexiko. Stich von Bouquet aus Humboldts Reisewerk

nahm aktiven Anteil an den wissenschaftlichen Kolloquien der Akademie, war bei verschiedenen Prüfungen der Bergleute und hielt viele Vorträge. Einem dort viel benutzten Lehrbuch der Geognosie seines Freundes del Río («Elementos de Orictognosía») steuerte er ein Schlußkapitel bei, dem er den Titel gab: *Introducción a la pasigrafía geológica*» (Einleitung in die geologische Pasigraphie) [142]. Im übrigen hat Humboldts langer Aufenthalt in Mexico City vor allem dazu gedient, in Bibliotheken und Archiven sowie in den staatlichen Buros der vizeköniglichen Verwaltung die Materialien zu sammeln, die er für sein großes Werk über Mexiko (La Nueva España) benötigte. Es war die erste groß konzipierte und durchgeführte wissenschaftliche Monographie eines zukunftsträchtigen Landes, die die moderne Geographie aufzuweisen und die entschieden dazu beigetragen hat, diese als eigenständige Wissenschaft allererst zu begründen.

Am Ende seines Aufenthaltes in Mexiko mußte Humboldt sich entscheiden, ob er die Rückreise, wie früher oft gedacht, über die Phi-

Pic von Orizaba. Zeichnung von Gmelin nach einer Skizze Humboldts

lippinen und Asien antreten wollte, oder ob er von hier direkt nach Europa heimkehren sollte. Er entschloß sich zu letzterem, wobei auch finanzielle Erwägungen – wenn auch nicht entscheidend – mitgewirkt haben. Es war ihm durch die Amerikareise klargeworden, daß er ihre Ergebnisse noch wesentlich vertiefen und ergänzen würde, wenn er sie mit denjenigen einer ebenso großangelegten Forschungsreise nach Zentralasien zum Himalaja und nach Tibet vergleichen und an ihnen überprüfen könnte. Wenn eine solche neue Reise aber Sinn und Erfolg haben sollte, dann mußten zunächst einmal die Ergebnisse der Amerikareise voll ausgearbeitet vorliegen. Das aber würde mindestens ein Jahrzehnt intensivster Forschungsarbeit erfordern. In Wirklichkeit hat Humboldt zwanzig Jahre dazu gebraucht. Und zum anderen mußte diese Reise mit völlig frischen Kräften unternommen und konnte nicht einer fünfjährigen Reise noch angehängt werden, von der man inzwischen rechtschaffen ermüdet war. So entschloß Humboldt sich also zur unmittelbaren Heimkehr nach Europa. Es ist die einzig herbe Enttäuschung dieses sonst so erfolgreichen und glückhaft vollendeten Forscherlebens gewesen, daß diese große Asienreise als echtes Pendant zur großen Amerikareise niemals zustande gekommen ist. Humboldts spätere Rußlandreise kann nicht von ferne mit der Amerikareise verglichen, geschweige denn als ihr ebenbürtig angesehen werden. Weder entsprach sie dem Forschungsprogramm noch der Zielsetzung der Amerikareise und damit auch erst recht nicht der ersehnten großen Himalaja-Tibet-Reise. Dazu war sie nicht nur viel zu kurz – weniger als ein Jahr von Dauer –, sie fand für Humboldt auch in einem Alter statt – seinem 60. Lebensjahr –, in dem er nicht mehr die Spannkraft der jungen dreißiger Jahre der Amerikareise besaß.

Humboldt, Bonpland und Carlos Montúfar brachen am 20. Januar 1804 von Mexico City auf, um nach Mexikos Atlantikhafen Veracruz (am Mexikanischen Golf) zu reisen. Unterwegs profilierten sie ihren Reiseweg, um auf diese Weise – wie schon erwähnt – ihr in Acapulco begonnenes Profil zu einem Querschnitt durch ganz Mexiko vom Pazifik zum Atlantik zu vollenden. Sie vermaßen auf dieser Rei-

Thomas Jefferson, Präsident der Vereinigten Staaten (1801–09). Humboldt war im Sommer 1804 sein Gast.

se trigometrisch die hohen Vulkane Mexikos und stellten dabei fest, daß der Popocatepetl und nicht der Pic von Orizaba Mexikos höchster Berg ist. Ferner besuchten und vermaßen sie die von den Tolteken erbaute gewaltige Pyramide von Cholula. In Veracruz trafen sie am 19. Februar ein und mußten dort bis zum 7. März auf eine Reisegelegenheit nach Havanna warten. Diese fanden sie dann in der spanischen Fregatte «La O», die sie in einigen Tagen nach Kuba brachte. In Havanna blieben die Reisenden noch eineinhalb Monate, um die dort früher zurückgelassenen Sammlungen für die Europareise herzurichten. Außerdem sammelte Humboldt weitere, vornehmlich statistische Daten für die Kuba-Monographie des großen Reisewerkes. Am 29. April 1804 verließen sie Havanna in Richtung USA, kamen aber wegen stürmischen Wetters in der Bahamastraße erst am 19. Mai in Philadelphia an.

V

Humboldt und Bonpland hatten das Empfinden, schon halbwegs wieder in Europa zu sein. Seiner Gepflogenheit folgend, meldete Humboldt unter dem 24. Mai seine Ankunft an Präsident Jefferson in Washington und übersandte ihm dabei ein kurzes Exposé über seine Reise. Jefferson antwortete ihm umgehend am 28. Mai 1804: «Sir: I received last night your favor of the 24th. and offer you my

Monticello, der Landsitz des Präsidenten Thomas Jefferson in Virginia

congratulations on your arrival here in good health after a tour in the course of which you have been exposed to so many hardships and hazards. The countries you have visited are of those least known and most interesting, and a lively desire will be felt generally to receive the information you will be able to give. No one will feel it more strongly than myself, because no one perhaps views this new world with more partial hopes of its exhibiting an ameliorated state of the human condition. In the new position in which the seat of our government is fixed, we have nothing curious to attract the observation of a traveller, and can only substitute in its place the welcome with which we should receive your visit, should you find it convenient to add so much to your journey. Accept, I pray you, my respectful salutations and assurances of great respect and consideration etc... Jefferson.»[143]

Humboldt blieb daraufhin dann bis zum 9. Juli, also gut eineinhalb Monate, in den Staaten und war davon drei Wochen als Jeffersons Gast in Washington und auf seinem Landsitz Monticello. Sie haben sich über Gott und die Welt, vor allem aber über panamerikanische Probleme unterhalten. Humboldt hat sicher seine Lieblingsidee des Panamakanals ins Gespräch gebracht, und von Jefferson wird berichtet, daß er die künftige politische Gestaltung Gesamtamerikas in der Bildung dreier großer Republiken sah, womit wahr-

Alexander von Humboldt. Dieses Gemälde des Amerikaners Rembrandt Peale, das sich in einer Privatsammlung befindet, wurde 1959 zum erstenmal publiziert.

scheinlich eine angelsächsische – USA und Kanada –, eine spanisch sprechende von Mexiko bis Argentinien–Chile und eine portugiesisch sprechende, also Brasilien, gemeint waren. Jefferson lauschte Humboldts Erzählungen und Gesprächen «mit ganzer Hingabe», wie sein Sekretär William A. Burwell berichtet hat [144], und hat sich auch seinerseits sehr aktiv daran beteiligt, wobei er besonders an der technischen Nutzung der Ergebnisse der Wissenschaft interessiert war.

Neben der Begegnung mit Jefferson und seinem Kreis war es die älteste wissenschaftliche Gesellschaft der Vereinigten Staaten, die Philosophical Society in Philadelphia [145], die Humboldt vor allem interessierte. Er nahm an ihren Sitzungen teil, wurde zu ihrem Mitglied gewählt und hielt selbst einen großen Vortrag in Philadelphias Philosophical Hall über seine Reise. Ein Mitglied der Gesellschaft, Thornton, meinte dazu, daß Humboldt «ganz Südamerika in die Tasche stecke» und daß es höchst bedauerlich sei, daß seine Reiseergebnisse nicht in den Publikationen der Philosophical Society herauskommen könnten, denn «die Schätze seines Wissens» wären «mehr wert als die reichste Goldmine»[146]. Der damals in Philadelphia lebende Maler Peale schuf ein Porträt Humboldts, das sich heute im College of Physicians (Medizinische Akademie) zu Philadelphia befindet.[147]

Wir können diese kurze Schilderung von Humboldts großer Amerikareise nicht besser abschließen als mit einem kurzen Vergleich von Washington mit Mexico City oder genauer des englischen mit dem spanischen Amerika, der sich in Humboldts Mexikobuch findet[148]: *Nach dem Plane, welcher für die Stadt Washington entworfen worden ist und nach der Pracht seines Kapitols zu urteilen, von dem ich nur einen Teil geendigt gesehen habe, wird Federal City dereinst ohne Zweifel schöner werden als Mexico. Philadelphia ist ebenso regelmäßig gebaut, und die Alleen von Platanus, Acacia und Populus heterophyla, welche seine Straßen zieren, geben dieser Stadt eine beinahe ländliche Schönheit. Die Vegetation der Ufer des Potomac und Delaware ist viel reicher als die, welche man in einer Höhe von mehr als 2300 m auf dem Rücken der mexicanischen Kordilleren findet. Washington und Philadelphia werden indes immer nur europäischen Städten ähnlich sehen und den Reisenden nicht durch jenen eigentümlichen, ich möchte sagen, exotischen Charakter überraschen, welchen Mexico, Santa Fé de Bogotá, Quito und alle Hauptstädte darstellen, welche in den Tropenländern auf den Höhen der Großen Bernhardstraße und noch höher gebaut sind.* Der Wesensunterschied, den Humboldt hier klar und nüchtern zwischen dem angelsächsischen und dem iberischen Amerika definiert hat, besteht auch heute noch in derselben Weise fort wie in Humboldts amerikanischen Tagen.

Humboldt, Bonpland und Montúfar segelten am 9. Juli 1804 von Philadelphia ab und trafen nach normaler Atlantikfahrt am 3. August in Bordeaux ein. Die Nachricht von der Ankunft war sofort der Pariser Akademie gemeldet worden, die sie an Caroline von Humboldt, die Gattin seines Bruders, welche sich gerade zu einer ärztlichen Konsultation in Paris befand, weitergab. So war seine Familie schon von seiner glücklichen Heimkehr unterrichtet, bevor er selbst in Paris erschien. Nach Erledigung der Quarantäne begab sich Bonpland zu seinem Bruder nach La Rochelle, während Humboldt mit Montúfar nach Paris fuhr. Montúfar reiste sogleich nach Spanien weiter, um dort seine Offiziersausbildung zu vollenden.

Damit hatte die bedeutsamste Forschungsreise, welche die Geistesgeschichte des Abendlandes einem einzelnen Forscher zu verdanken hat, ihr Ende gefunden. Diese Reise verdient wirklich, als einzigartig bezeichnet zu werden. Sie war es in ihrer Zielsetzung, in ihrer Durchführung und in ihrem Ergebnis. In ihrer Zielsetzung, weil sie eine kosmische Reise gewesen ist, weil sie nicht nur Kenntnisse auf verschiedenartigen Spezialgebieten sammeln, sondern weil sie universale Erkenntnis über die Erde als eine lebendige Ganzheit, als Kosmos, gewinnen wollte. Die in den zahlreichen, von Humboldt gepflegten Fachwissenschaften gesammelten Kenntnisse hatten dieser holistischen Erkenntnis zu dienen und waren erst in zweiter Linie auch für die eigenen Disziplinen bestimmt. Eine Forschungsreise von einer derart universalen philosophischen Zielsetzung ist vor Humboldt niemals versucht worden und kann nach ihm nicht wiederholt werden. Sie war nur in jener glücklichen Stunde der abendländischen Geistesgeschichte möglich, als die Antithese von europäischer Aufklärung und Romantik in der deutschen Klassik ihre vollendete Synthese gefunden hatte. Die Aufklärung hatte die moderne Naturwissenschaft in ihrer noch heute gültigen Spezialisierung geschaffen, und die Romantik hatte sie wieder in eine großartige philosophische Vision zusammengeschaut. Gültige exakte Wissenschaft wurde historisch-einmalig in Humboldts *Kosmos*, das Ende zugleich und die Vollendung einer großen Epoche, bevor unsere eigene «neueste Zeit» mit Darwin, Mendel, Einstein und Planck begann. Ihr helleuchtendes Symbol war Humboldts große Amerikareise, in der auch Aufklärung und Romantik ihre einmalig vollendete Durchführung gefunden haben. Und das Ergebnis dieser Reise endlich war ein zweifaches, ein sachliches und ein persönliches. Sachlich war das tropische Amerika für die wissenschaftliche Forschung entdeckt, und persönlich hatte der vornehmste Souverän, den die europäische Wissenschaft damals besaß, mit den politischen Souveränen, denen er in Amerika begegnete, auf gleichem Fuße verkehrt. Diese rein persönliche Wirkung Humboldts, der Geist, Charme und Unabhängigkeit in sich vereinigte, kann gar nicht hoch genug eingeschätzt werden.

Louis Joseph Gay-Lussac, der gemeinsam mit Humboldt die Atmosphäre untersuchte und das Volumengesetz fand.

DRITTER ABSCHNITT

ERNTEZEIT UND VOLLENDUNG

I

Goethe und Humboldt, zwei im Geistigen und Physischen wesensverwandte Naturen, haben ein hohes Alter in Gesundheit und nie nachlassender Produktivität erreicht. Goethe spricht einmal von der «wiederholten Pubertät», um dieses Geheimnis der Schöpferkraft bei genialen Menschen zu erklären [149], und Kretschmer hat in der Tat nachweisen können [150], daß Goethes dichterische Produktion an etwa zwölfjährige Perioden seines Lebens gebunden ist. Immer dann habe sie für einige Zeit ein mächtiges Aufblühen erlebt, während die dazwischenliegenden Jahre mehr der Routinearbeit gewidmet gewesen seien. Ich glaube, ähnliches gilt auch für Humboldt, wenn man einmal seine großen schöpferischen Zeiten mit dem Ablauf seines Lebens in Parallele setzen würde. Gleichwohl gilt auch für diese genialen Naturen die Feststellung, daß es nur wenige universale Themen und Ideen gewesen sind, die sie ihr ganzes Leben hindurch beschäftigt haben und die dann in den schöpferischen Augenblicken ihrer Existenz neue mächtige Impulse erfahren haben. Diese gewaltigen Themen konzentrieren sich bei Goethe auf die Faustdichtung und die Morphologie, deren Gipfel die Farbenlehre bildet. Beide Werke haben ihn sein ganzes Leben hindurch beschäftigt, während alle übrigen Dichtungen nur bestimmte Perioden seines Lebens charakterisieren. Das gilt auch für Humboldt. Die leitenden Gedanken seines ganzen Lebens waren die große Forschungsreise und die Kosmosidee. Die große Forschungsreise war von Anfang an als kosmische Reise geplant, und der *Kosmos* konnte nur als Ernte der Reise geschrieben werden. Von diesen universalen Leitgedanken ihres Lebens gilt für Humboldt wie für Goethe, daß sie in ihrem frühen Mannesalter – im wesentlichen vom fünfundzwanzigsten bis zum fünfunddreißigsten Lebensjahr – sich voll entfaltet und ihre erste große Verwirklichung erfahren haben. Alle späteren Jahrzehnte sind, verglichen mit diesem ersten Mannesjahrzehnt, trotz ihrer wiederholten schöpferischen Perioden doch immer nur Erntezeit gewesen.

Humboldt war nahezu fünfunddreißig Jahre alt, als er von seiner Reise zurückgekehrt war. Seine noch folgenden fünfundfünfzig Lebensjahre lassen sich in zwei Hauptperioden gliedern, die durch die kurze neunmonatige russische Reise (1829) voneinander getrennt sind. In der ersten Periode, die in der Hauptsache der Ausarbeitung des großen Reisewerkes gewidmet war, ist Paris sein Hauptwohnsitz gewesen, nur gelegentlich von kurzen Aufenthalten in Berlin und kleinen Reisen in Europa unterbrochen. In der zweiten Periode, die praktisch schon zwei Jahre vor der russischen Reise und nicht zuletzt ihrer Vorbereitung dienend begann, war Berlin sein regulärer Wohnsitz, wobei er aber jährlich mit ausdrücklicher Bewilligung seines Königs, dem er nun aktiv als Kammerherr diente, vier Monate in Paris weilte. Der äußere Verlauf von Humboldts Leben nach der großen Reise sei nun zunächst kurz berichtet.¹⁵¹

Bis Anfang März 1805 blieb Humboldt zunächst in Paris. Er begrüßte seine alten Freunde und schloß neue Freundschaften, besonders mit dem Physiker Gay-Lussac und dem Astronomen Arago, die zu den größten Naturforschern Frankreichs gehörten. Besonders Arago war Humboldt nicht nur ein wissenschaftlicher, sondern auch sein vielleicht bester persönlicher Freund. In diesem ersten Pariser Jahr war Humboldt vor allem damit beschäftigt, die Arbeit am großen Reisewerk in Gang zu bringen. Zu erwähnen

Simón Bolívar

sind hier auch seine ersten Begegnungen mit dem Kaiser Napoleon und dem künftigen Befreier Südamerikas, Simón Bolívar, von denen die erste ebenso negativ wie die zweite positiv verlief. Der Kaiser war Bonpland gegenüber *von eisiger Kälte* und *voll Haß* gegen Humboldt.¹⁵² Indessen hat Napoleon durchaus gewußt, was Humboldt für das wissenschaftliche Paris und damit auch für Frankreich wert war und es auch fernerhin oft honoriert. Das mehr als kühle erste Benehmen ist wahrscheinlich dem Umstand zuzuschreiben, daß der begeisterte Empfang, der Humboldt und Bonpland im geistigen Paris zuteil wurde, die Aufmerksamkeit der Pariser von der gleichzeitigen Kaiserkrönungsfeier mehr ablenkte, als Napoleon lieb war. Tiefergehende Wirkung hat Humboldts Zusammentreffen mit Bolívar in einem Pariser Salon gehabt. Der damals einundzwanzig Jahre alte Bolívar, der in der Hauptstadt der Welt seine Bildung aufpolierte und noch «so unbesonnen, so oberflächlich, so unbeständig» sich benahm¹⁵³, hörte begeistert Humboldts Schilderungen von seiner Heimat. Ganz ohne Zweifel hat Humboldts Einfluß auf ihn anregend und begeisternd gewirkt und ihm dazu verholfen, die ihm bestimmte eigene Lebensaufgabe bewußt in Angriff zu nehmen. Beide sind sich kurz darauf in Italien noch einmal begegnet, wo Bolívar an einer Vesuvbesteigung Humboldts teilgenommen hat. Für Bolívar war Humboldt der wirkliche «Entdecker der Neuen Welt, dessen Studium Amerika Besseres gegeben habe als alle Conquistadoren»¹⁵⁴. Bolívars Biograph Masur berichtet, daß Bolívar Bonpland die Hälfte seines Vermögens angeboten habe, wenn er nach Venezuela aus-

Paris: Institut de France (Institut National). Stich von Lemaître

wandern würde.¹⁵⁵ Bonpland wurde zum Aufseher der Gärten von Malmaison ernannt, die der Kaiserin Joséphine gehörten. Nach dem Sturz Napoleons wanderte dieser getreue Bonapartist nach Argentinien aus.¹⁵⁶

So hatte Humboldt sich in Paris wieder eingelebt und mit der Arbeit am Reisewerk für lange Zeit eingerichtet. Die Pariser Akademie, das sogenannte Institut National, war seine geistige Heimstätte. Am 14. Oktober 1804 schrieb er seinem Bruder Wilhelm, der damals preußischer Gesandter in Rom war, folgendes¹⁵⁷: *Der Ruhm ist größer als je. Es ist eine Art von Enthusiasmus... Alle Mitglieder des Instituts haben meine Manuskriptzeichnungen und Sammlungen durchgesehen, und es ist eine Stimme darüber gewesen, daß jeder Teil so gründlich behandelt worden ist, als wenn ich mich mit diesem allein abgegeben hätte. Gerade Berthollet und Laplace, die sonst meine Gegner waren, sind jetzt die Enthusiastischsten. Berthollet rief neulich aus: «Cet homme reunit toute une Académie en lui»... Kurz es ist alles schon im Gange. Das National-Institut ist vollgepfropft, so oft ich lese.* Man begreift, daß Humboldt in dieser Gemeinschaft und Umgebung leben und fruchtbar arbeiten konnte. Und wenn es allein nach ihm gegangen wäre, so hätte er Paris für den Rest seines Lebens zu seiner Residenz gemacht: *Macht nur, daß ich niemals nötig habe, die Türme Berlins wiederzusehen.*¹⁵⁸ Allein er besaß nicht mehr die finanzielle Unabhängigkeit, die er vor Antritt der großen Reise gehabt hatte. Diese hatte gut 35 500 Thaler verbraucht¹⁵⁹, und wenn er in dem ihm gemäßen Stil weiterleben wollte, so mußte er sich neben dem Rest seines Vermögens, der in den nächsten zwanzig Jahren für die Kosten des großen Reisewerks gebraucht werden würde, eine reguläre Einnahme sichern, die ihm aber gestattete, auch weiterhin frei über seine Zeit verfügen zu können und nicht an einen bestimmten Ort gebunden zu sein. Eine ihm angebotene Professur an der neuen Berliner Universität lehnte er deshalb ab. Die Stellung, die er brauchte, konnte er nur durch eine lockere Bindung an den Hof seines Königs in Berlin erhalten. Er hatte sich deshalb, ohne sich damit zu beeilen, auch beim König in Berlin zurückgemeldet und seinen Besuch angekündigt, nachdem er zuvor seinen Bruder in Rom habe begrüßen können.

So fuhr Humboldt denn am 12. März 1805 in Begleitung seines Freundes Gay-Lussac nach Rom, wohin seine Schwägerin Caroline schon Ende Dezember zurückgereist war. Die Reise war, wie alle Humboldt-Reisen, eine wissenschaftliche Exkursion mit vielen Besichtigungen und Besuchen, so daß die beiden Wissenschaftler erst am 5. Juni 1805 in Rom eintrafen. Sie blieben bis zum 17. September in Italien. Humboldt gab seinem Bruder, den er nun zum erstenmal nach seiner Rückkehr wiedersah, einen ausführlichen Bericht über seine ganze Reise. Und nicht nur ihm; denn die Preußische Botschaft in Rom war unter Wilhelm von Humboldt der ständige Mittelpunkt aller jeweils in Rom weilenden deutschen Gelehrten und Künstler, die nun auch an Alexanders Erzählungen lebhaften Anteil nahmen. Auch Humboldts alter Freund Leopold von Buch war nach Rom gekommen, und miteinander machten die drei Naturforscher auch eine längere Exkursion nach Neapel zum Vesuv, der gerade wieder aktiv geworden war. Dreimal bestiegen sie den bren-

Berlin: Unter den Linden. Zeichnung von Calau, um 1800. Rechts die alte Preußische Akademie der Wissenschaften, 1700 von Leibniz gegründet

nenden Berg, und an der Exkursion vom 12. August nahm auch, wie schon gesagt, Simón Bolívar teil, der zufällig zur selben Zeit in Italien war. Wegen der Kriege Napoleons hatte Humboldt den Vesuv vor der Amerikareise nicht gesehen. Nun konnte er ihn mit seinen an den ungleich größeren Andenvulkanen geschulten Augen studieren.

Am 17. September verließen Humboldt, Gay-Lussac und Leopold von Buch Rom, um nach Berlin zu reisen. Sie besuchten unterwegs den alten Volta auf seinem Landsitz in Como, und in Göttingen, der letzten Station vor Berlin, sah Humboldt seinen alten Lehrer Blumenbach wieder. Am 16. November 1805 trafen sie in Berlin ein, wo Humboldt seit neun Jahren nicht gewesen war.

In Berlin, wo er mit Spannung erwartet wurde, bereitete man Humboldt einen begeisterten Empfang. Nachdem er schon während der Reise am 4. August 1800 zum außerordentlichen Mitglied der Preußischen Akademie der Wissenschaften gewählt worden war, wurde er nun am 19. November – also drei Tage nach seiner Ankunft – zu ihrem ordentlichen Mitglied ernannt, und der König bewilligte ihm in dieser Stellung eine Pension von 2500 Thalern (10000 französische Francs), ohne daß damit irgendwelche Lehrpflichten an der Universität verbunden waren. Die Berliner Akademie, deren ordentliche Mitglieder ihre Gehälter in der Regel als Professoren der Universität verdienen, hat immer einige besonders hervorragende Mitglieder gehabt, die ihr Gehalt nur als Akademiker bezogen und sonst keinerlei Verpflichtungen hatten. Ein erstes dieser Mitglieder war Humboldt, und das bisher letzte ist Albert Einstein gewesen. Außerdem wurde Humboldt zum königlichen Kammerherrn ernannt, und sein alter Gönner, der Minister Hardenberg, sorgte dafür, daß dieser Titel eine reine Sinekure blieb, die ihm keinerlei Hofdienste abverlangte, so daß er ungestört für die nächsten nahezu zwei Jahrzehnte in Paris seinen Forschungen nachgehen konnte. Erst als der Arbeit am Reisewerk beendet war und Humboldt endgültig nach Berlin übersiedelte, hatte er einigen, ihn aber auch keineswegs wesentlich belastenden Hofdienst zu verrichten, erhielt dafür dann aber auch ein höheres Gehalt und trotzdem noch die Erlaubnis, jährlich vier Monate in Paris sein zu dürfen. Durch diese Ernennungen war Humboldts wirtschaftliche Existenz für sein ganzes ferneres Leben gesichert, und daher konnte er über den Rest seines Vermögens ganz im Interesse seiner Forschungen verfügen. Der größte Teil davon wurde für die Drucklegung und Herausgabe des Reisewerks gebraucht.

Die Zeit der napoleonischen Besetzung Preußens war für Humboldt eine schwierige Zeit. Humboldt war wie Goethe Europäer und konnte sich im Gegensatz zu seinem Bruder Wilhelm für nationale Belange nur wenig begeistern. Für ihn war auch Napoleon selbst in erster Linie ein Europäer. Hatte er sich doch auch in seiner Jugend an Goethes «Werther» begeistert und noch am Ende seiner Herrschaft, am Vorabend der Schlacht von Waterloo, mit größtem

Schloß Tegel. Zeichnung von Rehbock, um 1850

Interesse in Humboldts Reisewerk gelesen und sich sogar für neue wissenschaftliche Expeditionen dieser Art interessiert.[160] Wir, die wir unter dem geteilten Deutschland gelitten haben und vierzig Jahre mit ansehen mußten, wie unbehaglich auch unseren politischen «Freunden» in Europa im Grunde genommen unsere Wiedervereinigung war, wir haben heute wieder ein echtes Verständnis für Preußens damaligen Nationalismus und seinen Befreiungskrieg. Wenn wir uns aber einmal in das damalige europäische Weltbürgertum versetzen und uns vorstellen, Napoleons Europa – ohne Rußland und England! – hätte auf die Dauer bestehen können, so wären Europa die Weltkriege unseres Jahrhunderts mit allen ihren Folgen erspart geblieben. In der damaligen Situation waren Menschen, die so dachten wie Humboldt, dringend nötig, sie waren die einzigen, die in beiden Lagern genug Vertrauen besaßen, um in Fällen besonderer Ungerechtigkeiten Mittlerdienste leisten zu können, den Preußen während der französischen und den Franzosen in der Besatzungszeit durch die Verbündeten zu helfen. Humboldt hat gütig

Friedrich Wilhelm III. von Preußen (1770–1840). Gemälde von François Gérard. Paris 1814

und uneigennützig diese ihrer Natur nach wenig dankbaren Pflichten erfüllt. Während seiner zwanzig Pariser Jahre hat zwar die Arbeit am großen Reisewerk seine Hauptzeit in Anspruch genommen, aber er hat für seine beiden Könige – Friedrich Wilhelm III. und Friedrich Wilhelm IV. – während seiner Pariser Aufenthalte insgesamt nicht weniger als acht offizielle diplomatische Missionen durchgeführt. Insbesondere war er der diplomatische Begleiter des Prinzen Wilhelm – des Onkels des Kaisers –, als dieser mit Napoleon Friedensverhandlungen zu führen hatte (1808/09). Den ihm danach und auch später angebotenen offiziellen Botschaftsposten hat er aber immer abgelehnt. Mit Recht, politischen Ehrgeiz hat er nie gehabt, und auch das Amt des preußischen Kultusministers hat er wiederholt abgelehnt. Denn wenn er in Paris jemals offizieller preußischer Botschafter geworden wäre, hätte sich von Stund an sein Verhältnis zu seinen französischen Freunden, insbesondere den Akademikern, verschlechtern müssen, er hätte nicht mehr ihr uneingeschränktes volles Vertrauen gehabt. In der Pariser Akademie – wie auch später in der Berliner – fühlte er sich absolut hingehörig, hier hat er als ein wirklicher Monarch der Wissenschaft gewirkt. Sein Einfluß in der Pariser Akademie war so groß, daß einer seiner französischen Kollegen, als einmal bei einer Neuberufung zwischen zwei französischen Anwärtern, die beide ihre Befürworter in Paris hatten, zu entscheiden war, halb bedauernd, halb anerkennend meinte, die Entscheidung würde ja nicht in Paris, sondern in Berlin getroffen, womit natürlich Humboldt gemeint war. In diesem Zusammenhang sei noch einmal des Astronomen François Arago gedacht. Er war wohl neben Humboldts Bruder Wilhelm der beste Freund, den Humboldt je in seinem Leben gehabt hat und mit dem er nicht nur wissenschaftlich, sondern auch persönlich eng verbunden war. Beide Freunde waren zu ihrer Zeit die beherrschenden Gestalten der Akademie, sie waren keineswegs sachlich immer derselben Meinung, am wenigsten auch in der Politik, in der Humboldt liberal-konservativ, Arago aber leidenschaftlich radikal dachte, aber ihre Freundschaft hat unter ihren Meinungsverschiedenheiten, die sich oft auch auf die persönlichen Affären der Akademie – Mitgliederneuwahlen usw. – erstreckten, niemals auch nur im geringsten gelitten. Dabei kannte Arago sehr wohl auch die schwache Seite von Humboldts Charakter. Er war es, der von seinem Freund Humboldt gesagt hat, daß er ein goldenes kindliches Herz habe, aber auch das größte Lästermaul, das er kenne.[161] Man kann die Pariser Jahre von 1805 bis 1825 nicht besser charakterisieren als durch die schlichte Feststellung, daß sie den «Höhepunkt von Humboldts Existenz» bilden.[162]

Humboldts endgültige Übersiedlung nach Berlin ging sozusagen zögernd und in Etappen vor sich, und es bedurfte schließlich eines deutlichen Briefes seines Königs, um sie endgültig zu vollziehen. Nach Rückkehr von seiner großen Reise und einem Besuch bei seinem Bruder in Rom war er kurz in Berlin gewesen, um dem König den längst fälligen Besuch zu machen, und war dann hochgeehrt und mit einer ansehnlichen Pension ausgestattet nach Paris zurückgekehrt, um das große Reisewerk in Angriff zu nehmen. Dieses ging nun seinem Abschluß entgegen, und er mußte sich an den Gedanken gewöhnen, seinen Hauptwohnsitz nach Berlin zu verlegen. Zunächst verbrachte er zu Beginn des Jahres 1823 den Januar und Februar zu Besuch bei seinem Bruder in Tegel und setzte «ganz Berlin in Bewegung». Jeden Vormittag hatten die Brüder ihre Gespräche miteinander, und die alten Freunde fanden sich natürlich dazu ein. «Die Masse von Wissen aller Art, die da zur Sprache unter den beiden Brüdern kommt, ist wirklich einzig», schrieb seine Schwägerin Caroline darüber.[163] Humboldt hielt bei dieser Gelegenheit auch in der Berliner Akademie einen Vortrag *Über den Bau und die Wirkungsart der Vulkane in verschiedenen Erdstrichen*, der zu seinen besten Arbeiten gehört.[164] Als er nun wieder nach Paris zurückgekehrt war, hatte er wohl zum erstenmal in seinem Leben richtig ein wenig Heimweh nach Berlin. *Es gibt keine tiefe Empfindung im Menschen, die nicht schmerzlich wäre*, schrieb er seinem Bruder damals.[165]

Den letzten und entscheidenden Anstoß zu Humboldts endgültiger Rückkehr nach Berlin gab, wie schon erwähnt, ein Brief seines Königs, der ihm im Herbst 1826 schrieb[166]. «Mein lieber Herr von Humboldt! Sie müssen nun mit der Herausgabe der Werke fertig sein, welche Sie nur in Paris bearbeiten zu können glaubten. Ich kann Ihnen daher keine fernere Erlaubnis geben, in einem Lande zu bleiben, das jedem wahren Preußen ein verhaßtes sein sollte. Ich erwarte daher, daß Sie in kürzester Zeit in Ihr Vaterland zurückkehren. Ihr wohlaffektionierter Friedrich Wilhelm.» Humboldt fuhr umgehend nach Berlin, um seine endgültige Übersiedlung vorzubereiten und den Status seines Wirkens dort festzulegen. Er wur-

Alexander von Humboldt. Büste von Christian Rauch, 1823

de nun diensttuender Kammerherr, ohne daß sein Dienst am Hofe ihm die Tagesstunden verkürzte, die er für seine wissenschaftliche Arbeit brauchte. Er war regelmäßiger Gast der königlichen Tafel und hatte abends der Hofgesellschaft vorzulesen und Vorträge zu halten. König Friedrich Wilhelm III. liebte Humboldts Vorlesen, weil es ihm neben angenehmer Unterhaltung auch ein Nickerchen bescherte, für den geistig hochbegabten und interessierten Nachfolger Friedrich Wilhelm IV. aber waren Humboldts Vorträge einfach ein echtes Bedürfnis. Der König erhöhte sein Gehalt auf 5000 Taler jährlich und gewährte ihm überdies den schon erwähnten jährlichen Urlaub von vier Monaten nach Paris. Das war eine großzügige Regelung, die es Humboldt ermöglichte, auch nach Erschöpfung seines Vermögens durch die Kosten des Reisewerks in dem Stile sein Leben weiterzuführen, den er gewohnt war. Natürlich gehörte es auch zu seinen Pflichten, dem König und den Ministern Gutachten in Angelegenheiten der wissenschaftlichen Forschung zu erstatten. Allein das sind – von Humboldt her gesehen – mehr Rechte und Vergünstigungen, die seinem eigenen Wirken den großen Rahmen gaben, den er brauchte. Unendlich vielen, namentlich jungen Wissenschaftlern hat er zu dem ihnen gemäßen Wirkungskreis verholfen. Er war der größte Mäzen der Wissenschaften, den es zu seiner Zeit in der ganzen wissenschaftlichen Welt gab. – Von Berlin reiste er noch einmal nach Paris, um seine dortigen Angelegenheiten abzuschließen und fuhr dann über London und Hamburg nach Berlin zurück, wo er am 12. Mai 1827 eintraf.

Es hat seine guten Gründe gehabt, daß Humboldt auf dem Umweg über London nach Berlin fuhr. Er besuchte London nicht nur, um seinem Neffen, dem preußischen Gesandten von Bülow, dem Mann seiner Nichte Gabriele, guten Tag zu sagen, er wollte vielmehr einen letzten Versuch machen, um zu sehen, ob seine andere geplante große Reise, die aus den Ergebnissen der großen Amerikareise geboren war, noch verwirklicht werden könnte. Auch sie sollte eine holistische Kosmosreise werden und das Hochland Asiens ebenso erforschen wie einst die amerikanischen Anden, im Gesamt das großartigste Naturgemälde der Alten Welt demjenigen der Neuen entgegenstellen und mit ihm zusammen synthetisch das Bild der lebendigen Erde in ihrer Totalität zeichnen. Humboldt stand nun im besten Mannesalter, eben noch fähig, die gewiß nicht geringeren Strapazen auch dieser Reise erfolgreich zu bestehen. Sie konnte nur Indien mit dem Himalaja und das Hochland von Tibet zum Ziel haben. Dort allein war in der Alten Welt die den amerikanischen Anden konvergente und kongeniale Szenerie. Nach Lage der politischen Machtverhältnisse konnte diese Reise nur mit Genehmigung und der finanziellen Unterstützung der Britisch-Ostindischen Kompanie erfolgen. Diese zu erreichen, war nach den entsprechenden Vorbesprechungen und Zusagen auf seiner früheren Londonreise das ausgesprochene Ziel dieses Londonbesuches. Erbrachte sie ein positives Resultat, so konnte er, wie er wußte, auch mit einem Reisebeitrag seines Königs rechnen. Er wurde in London mit allen Ehren empfangen, die Royal Society und der Travellers Club gaben ihm Dinners, und er hatte Besprechungen mit George Canning, dem damals bedeutendsten englischen Staatsmann, und den beiden Rennells, hervorragenden englischen Geographen. Man brachte Humboldts Plänen die größten Sympathien entgegen, ihre Durchführung scheiterte aber schließlich an der Politik der Britisch-Ostindischen Kompanie, die – weniger großzügig als die spanische Regierung – sicherlich befürchtete, Humboldt könnte zuviel Einsicht in ihre ja nicht immer moralisch ganz sauberen indischen Unternehmungen bekommen.

Nun blieb nur noch eine Alternative neben Berlin. Das war Mexiko, und in dieser Zeit der vielleicht größten Enttäuschung, die Humboldt in seinem sonst so glückhaften Leben erleiden mußte, war es, daß er ernstlich daran dachte, für immer nach Mexiko auszuwandern. Dieser Gedanke gewann zuerst im Herbst des Jahres 1822 auf dem Kongreß von Verona, wohin Humboldt seinen König begleiten mußte, deutliche Gestalt. Auf diesem Kongreß dominierte Metternich, der von seinem «Pressechef» Gentz begleitet wurde. Reaktion und Restauration hatten hier das große Wort. Gentz, ein gebürtiger Preuße, war mit Humboldt persönlich befreundet, politisch aber waren sie Feinde. Und Humboldt, der ja gern lästerte und ironisierte, mußte alle seine diplomatische Kunst aufwenden, um es mit Gentz nicht auch persönlich zu verderben; denn dieser große Intrigant hätte Humboldt an seinem Hof Ungelegenheiten bereiten können. Natürlich kannten seine beiden Könige seine Neigung zu politischem Liberalismus, der damals gewöhnlich auch dem Republikanertum gleichgesetzt wurde. Aber die Könige und Minister nahmen Humboldt politisch einfach nicht ernst und erlaubten ihm sogar republikanische Eskapaden. Und sie taten recht daran; denn Humboldt war ja auch wirklich kein Politiker. Sein wahrer Gott, dem er sich allein absolut verpflichtet fühlte, war die wissenschaftliche Forschung. Ihr diente er treu und bedingungslos; die politischen Machthaber aber behandelte er so, wie sie behandelt werden mußten, wenn man für die Wissenschaften etwas Gutes von ihnen erreichen wollte: amerikanische Präsidenten liberal und europäische Monarchen konservativ. Sollen wir ihn deshalb tadeln? Im Gegenteil, wir müssen es ihm danken. Humboldts Leben ergibt keinen rechten Sinn, wenn man aus ihm unbedingt einen Jakobiner machen möchte.[167] In der Politik darf man so wenig Wahrheit erwarten, wie in den Wissenschaften nach der Lüge suchen. Doch zurück zu Humboldts Mexikoplan. Seine Wurzel liegt nicht in Humboldts Unbehagen an der reaktionären Politik des damaligen Europa, sondern einfach an der immer mehr schwindenden Möglichkeit Humboldts, die große Asienreise doch noch zu verwirklichen. Für sie sucht er in seinem neuen großen Mexikoprojekt Ersatz. Seinem Bruder Wilhelm schreibt er darüber aus Verona[168]: *Ich habe ein großes Projekt eines großen Zentralinstituts der Wissenschaften in Mexico-Stadt für das ganze freie Amerika*[169]... *und ich habe die bestimmte Idee, meine Tage auf die angenehmste und nützlichste Art für die Wissenschaften in einem Teil der Welt zu beschließen, wo ich sehr geschätzt werde und wo alles mich ein glückliches Dasein erwarten läßt... Dieses Projekt eines Institutes in Mexico zur Erforschung von 19/20 des Landes, das ich noch nicht sah (die Vulkane Guatemalas, der Isthmus...), schließt eine Reise nach den Philippinen und nach Bengalen nicht aus. Das ist ein sehr kurzer Ausflug, und die Philippinen und Kuba werden wahrscheinlich konföderierte mexikanische Staaten bilden.* Dann spricht Humboldt von französischen Finanzkreisen, welche die mexikanischen Silbergruben reorganisieren wollen, dabei den Rat seines Instituts brauchen und dieses daher mitfinanzieren würden, ferner im Zusammenhang damit von *ausgezeichneten Wissenschaftlern, die, wie ich, Europa zu verlassen*

Wilhelm von Humboldt. Nach einer Zeichnung von Franz Krüger, 1827

wünschen, um ebenfalls in Mexiko wissenschaftlich zu arbeiten, und nennt dann bestimmte Personen – einen Deutschen und einen Franzosen –, auf die er für sein Institut, *welches die Mexikaner brennend wünschen,* rechnen könne. Dann fährt er fort: *Während dieser Reise –* sc. *nach den Philippinen und nach Bengalen – werde ich die Naturalienkabinette des Königs* (von Preußen) *ungeheuer bereichern können, die Zoologie Mexicos ist ganz unbekannt, und wieviel Gewächse gibt es nicht, die man in unsern Wäldern anpflanzen könnte!* [170] *Du wirst vielleicht lachen, daß ich mich so eifrig mit diesem amerikanischen Projekt beschäftige, aber wenn man keine Familie, keine Kinder hat, muß man denken, sein Alter zu verschönern.* [171] Dieses mexikanische Forschungsinstitut war von Humboldt von vornherein als ein *panamerikanisches* gedacht.[172] In der Tat besaß Humboldt schon damals wichtige Verbindungen in diesem Sinne. In Bogotá gab es ja schon Mutis' Expedición Botánica, die auch dem ganzen spanischen Amerika dienen sollte, und Bolívar, dem es – wenn auch leider nicht für die Dauer – gelungen war, im Befreiungskrieg die heutigen Länder Kolumbien (Nueva Granada), Venezuela (Nueva Venezia) und Ekuador zu einem Großkolumbien zusammenzuschweißen, hatte seinen Mitstreiter F. A. Zea, einen Schüler Mutis', nach Europa geschickt, um hier junge, tüchtige Wissenschaftler für das neue Kolumbien anzuwerben, was ihm auch nach Wunsch gelang. Natürlich hat alles das seinen Ursprung in Humboldts Begegnung mit Bolívar in Paris und Neapel, und selbstverständlich hat Zea auch sofort in Paris mit Humboldt Fühlung aufgenommen. Das letzte Ergebnis aller dieser Bestrebungen war nun Humboldts großer Plan des mexikanischen Instituts mit einem Wirkungsgrad bis zu den Philippinen und sogar nach Bengalen hin. Es versteht sich, daß dieser Plan in Mexiko selbst die größte Begeisterung erregte, dessen Außenminister Lucas Aleman ihm am 21. Juli 1824 schrieb [173]: «Durch Ihre lichtvollen Werke kann man sich ein Bild davon machen, was Mexiko unter einer guten Verfassung werden könnte, weil es alle Voraussetzungen des Wohlstandes in sich trägt. Das ganze Volk ist von dem Gefühle der Dankbarkeit für Ihre Arbeiten erfüllt, die der Welt gezeigt haben, was es zu werden imstande ist. Die oberste Regierung schließt sich in herzlicher Weise diesen allgemeinen Gefühlen an. Sie beauftragt mich als Außenminister, Ihnen die Genugtuung auszusprechen, mit der sie Ihre Absicht erfahren hat, noch einmal in unser Land zurückzukehren. Wir hoffen, daß Sie diesen Plan ausführen und daß wir uns beglückwünschen dürfen, einen Mann zu unseren Bürgern zu zählen, der in der Kulturwelt höchsten Ruhm und gerechtes Ansehen genießt.» Es ist gar kein Zweifel, daß Humboldts mexikanische Pläne, wenn sie hätten verwirklicht werden können, die wissenschaftlich-kulturelle Entwicklung Mexikos und ganz Iberoamerikas mächtig vorangetrieben hätten. Allein das hätte für das spanische Amerika eine ähnliche politische Stabilität zur Voraussetzung gehabt, derer sich die Vereinigten Staaten erfreuen durften. Wer nur ein wenig die Geschichte Iberoamerikas kennt, weiß, daß diese unabdingliche politische Voraussetzung für ein Gelingen von Humboldts grandiosem Plan erst in unseren Tagen gegeben ist. Für Humboldt selbst sollte der mexikanische Plan zwei Probleme lösen: Er sollte einmal einen Ersatz für Paris bieten, wo seine Aufgabe definitiv beendet war, und zum anderen sollte er ihm doch noch einen Weg öffnen, via Philippinen und Bengalen die große asiatische Reise zu verwirklichen. Für beides aber war Mexiko damals noch viel zu klein, es konnte dem enragierten Europäer Humboldt in kultureller und wissenschaftlicher Hinsicht die Weltmetropole Paris und selbst Berlin keinesfalls ersetzen. Um dazu auch noch in Asien wissenschaftlich Fuß zu fassen, hätte selbst Washington noch nicht ausgereicht, geschweige denn Mexiko. So mußte Humboldt die Rückkehr nach Berlin wählen.

Knapp zwei Jahre danach trat Humboldt seine russische Reise an.

Wir konnten schon wiederholt feststellen, daß diese, die etwa neun Monate des Jahres 1829 – 12. April bis 28. Dezember – in Anspruch nahm, keineswegs als Ersatz der von Humboldt so sehr ersehnten zentralasiatischen Reise angesehen werden kann. Es geschieht ihr meines Erachtens Unrecht, wenn man sie überhaupt als Ersatz für irgend etwas anderes ansieht. Sie kann sich durchaus um ihrer selbst willen sehen lassen. Die Himalaja-Tibet-Reise sollte eine Ergänzung zur amerikanischen Andenreise sein, das heißt, auch sie wäre eine holistische Reise geworden, um kosmische Naturgemälde der Erde zu zeichnen. Nichts davon eignet der russischen Reise. Sie war als Spezialistenreise angelegt und ist auch als solche durchgeführt worden.

Gustav Rose. Zeichnung von P. Bürde

Jeder der Teilnehmer war nur auf die Förderung seines eigenen Spezialfaches bedacht. Hätte Humboldt wirklich die Gesamtschilderung der Reise dem Mineralogen Rose überlassen, wenn etwas Ganzes und Gesamtes dagewesen wäre, das zu schildern seiner Meisterschaft würdig gewesen wäre? Er war die allen überlegene Respektsperson, denn sein König nicht zufällig gerade für diese Reise den Titel der «Exzellenz» verliehen hatte. Als «Seine Exzellenz» hat er die Reise durchgeführt, die Honneurs der Reisegesellschaft gemacht und diejenigen der Behörden des Zaren entgegengenommen. Auf der ganzen Reise hat er dem Protokoll unendlich viel Zeit widmen müssen. Er konnte hier keine *Naturgemälde* entwerfen, mußte vielmehr froh sein, wenn er noch ein wenig Zeit für seine eigenen geodätischen und magnetischen Messungen übrigbehielt. Es wurde eine der bestorganisierten Spezialistenreisen, die jemals von einer kleinen Gruppe von Forschern in Rußland durchgeführt worden ist, aber es war keine Humboldtsche Kosmosreise. Der zuständige hervorragende russische Finanzminister Graf Georg von Cancrin, dem das Hauptverdienst am Zustandekommen dieser Reise zukommt, war besonders daran interessiert, von Humboldt Gutachten über den Bergbau in Sibirien zu erhalten und hat sie auch reichlich bekommen. Das war fachmännische Spezialarbeit des Minenexperten Humboldt und hat sogar so vorzüglich funktioniert, daß Humboldt vor der Reise in Petersburg der Zarin das Vorhandensein von Diamanten in Sibirien voraussagen konnte, die dann auch tatsächlich während der Reise gefunden wurden. In einem Charakter-

Christian Gottfried Ehrenberg. Zeitgenössisches Gemälde

zug allerdings ist Humboldt auch während dieser Reise sich selbst treu geblieben – in seiner Einstellung zum Geld. Er hatte vom Zaren zur Durchführung der Reise einen Betrag von 20 000 Rubeln empfangen, bei der Rückkehr nach St. Petersburg aber noch 7050 Rubel übrigbehalten. Dem Zaren durfte er diesen Betrag, der ihm zu persönlicher Verfügung gegeben war, nicht zurückgeben. Da er ihn aber auf keinen Fall für sich verwenden wollte, wozu er vollkommen berechtigt gewesen wäre und obwohl er ihn bei seinen damaligen finanziellen Verhältnissen auch gut hätte gebrauchen können, so schenkte er ihn seinen russischen Reisebegleitern, damit sie ihn für weitere wissenschaftliche Unternehmungen verwenden könnten. Dieser Zug war das einzige typisch Humboldtische an der ganzen russischen Reise, die auch insofern ganz unhumboldtisch war, als ihm die einzuschlagende Route fast auf den Tag genau vorgeschrieben war. Humboldt mußte diplomatische Tricks benutzen, um zweimal kleine «eigenmächtige» Wegesänderungen vornehmen zu können.

Es ist hier nicht notwendig, diese russische Spezialistenreise bis in die Einzelheiten ihres Ablaufes so zu schildern, wie wir das mit der amerikanischen Reise tun mußten. Denn in dieser steckte von Anfang bis zu Ende so sehr der ganze Humboldt, daß Humboldt ohne sie eben überhaupt nicht Humboldt geworden wäre; sie ist ja überdies auch in rein literarischem Sinne das Hauptwerk seines Lebens. Die russische Reise aber hätte an seinem Leben auch nicht das mindeste verändert, wenn sie gar nicht stattgefunden hätte. Nur der Verlauf der russischen Reise sei hier kurz skizziert. In Begleitung des Mineralogen Rose und des Zoologen Ehrenberg verließ Humboldt am 12. April 1829 Berlin. Die Reisenden hatten einen schwierigen Übergang über die Memel, die noch winterlichen Eisgang hatte, und trafen nach kurzen Aufenthalten in Königsberg und Dorpat, deren Universitäten ihnen einen festlichen Empfang bereiteten, am 1. Mai in Petersburg ein, wo sie beim preußischen Gesandten residierten. Hier hatte Humboldt ausführliche Gespräche mit dem Finanzminister Graf Cancrin, dem eigentlichen Inaugurator der Reise, welcher in jeder ihm möglichen Weise Humboldt beriet und mit dem er auch während der Reise in ständiger Verbindung blieb. Außerdem war er in diesen Tagen häufiger Gast der Zarenfamilie und ein gefeierter Mittelpunkt der Hofgesellschaft. Besonders die Zarin, eine preußische Prinzessin, nahm an seiner Reise den lebhaftesten Anteil. Auf der sogenannten Kaiserstraße fuhren sie dann am 20. Mai nach Moskau weiter, wo sie am 24. Mai eintrafen. Hier gab es die üblichen großen Empfänge in der Universität und Besichtigungen jener naturhistorischen Sammlungen, die für Humboldts Reise aufschlußreich waren. Er begegnete hier auch dem ihm schon aus seinen Jugendjahren bei Goethe in Jena bekannten Anatomen Loder, der inzwischen nach Moskau berufen war. Nach Humboldts Weiterreise berichtete Loder an Goethe über Humboldts Besuch: «Der Besuch des Herrn von Humboldt hat, so kurz er auch war, doch mir und vielen andern Freude gemacht. Ich hatte glücklicherweise Zeit genug gefunden, ihm ein großes und sehr glänzendes Diner in dem prächtigen Locale der adelichen Versammlung zu Stande zu bringen... Das Sprichwort: praesentia minuit famam [das Anwesendsein mindert den Ruhm] fand bei ihm nicht statt: durch seine Humanität und durch seine ebenso angenehme wie lehrreiche Unterhaltung, auch durch seinen Ton und Anstand hat er sowohl hier als zu St. Petersburg jedermann entzückt, sowie er auch von dem Monarchen selbst auf die ausgezeichnetste Weise aufgenommen ist.»[174] In diesem Stil einer unentwegt vom Protokoll kontrollierten Unternehmung ist eigentlich die ganze russische Reise vor sich gegangen, wenn auch nicht überall mit dem Glanz von St. Petersburg und Moskau. Wir würden uns nur immerfort wiederholen, wenn wir von Tag zu Tag weiter über diese Reise berichten wollten.[175] Nur der einfache Verlauf der Reise sei hier noch kurz berichtet. Von Moskau ging es über Kasan und den Ural nach Jekaterinburg. In einem Brief, den er hier seinem Bruder Wilhelm schrieb, erleichterte Humboldt sein Gemüt durch einen Stoßseufzer über die ihm so lästige protokollarische Natur der ganzen Reise: *Die Vorsorge der Regierung für unsere Reise ist nicht auszusprechen, ein ewiges Begrüßen, Vorreiten und Vorfahren von Polizeileuten, Administratoren, Kosakenwachen aufgestellt! Leider aber auch fast kein Augenblick des Alleinseins, kein Schritt, ohne daß man ganz wie ein Kranker unter der Achsel geführt wird! Ich möchte Leop. (v.) B(uch) in dieser Lage sehen.*[176] Nur zweimal gelang es ihm, für sehr kurze Zeit aus der vorgeschriebenen Reiseroute auszubrechen, und das sind wahrscheinlich für ihn die schönsten Tage der ganzen Reise gewesen. Am Westabhang des Ural wurde in einem Goldbergwerk des Grafen Polier, der Humboldt bis hierher auf der Reise begleitet hatte, der erste sibirische Diamant gefunden, dessen Vorkommen Humboldt der Zarin schon in Petersburg vorausgesagt hatte. Von Jekaterinburg ging es dann weiter nach Tobolsk, wo Humboldt sich eine Abweichung von der vorgeschriebenen Reiseroute gestattete, um ein wenig über die damals dort nahe Grenze zur chinesischen Mongolei hinüberschauen zu können. Von dort ging es zum Altai, dem einzigen

St. Petersburg: die Akademie der Wissenschaften (links). Porzellanmalerei

asiatischen Hochgebirge, das Humboldt auf dieser Reise sehen sollte! Aber man braucht nur auf einer Karte Zentralasiens dieses Gebirge – der Belucha (4506 Meter) ist seine höchste Erhebung – mit dem Himalaja und Tibet zu vergleichen, um sofort zu erkennen, daß es als ein Ersatz für den Himalaja etwa ebensoviel bedeuten würde, als wenn man Alpinismus im Harz betreiben wollte. Überdies waren die Reisenden nur zwei Wochen im Altaigebirge selbst und hatten auch hier – von dem kurzen Ausflug zur chinesischen Grenze abgesehen – in der Hauptsache Minenprobleme zu studieren. Was konnte dabei schon mit der einjährigen amerikanischen Andenreise Vergleichbares herauskommen, selbst wenn man in diesen zwei Wochen nur Hochgebirgsgeologie und Pflanzengeographie hätte betreiben können! Gleichwohl waren für Humboldt der Altai und die Reisestrecke von Ust-Kamenogorsk bis zur chinesischen Grenze der Höhepunkt der ganzen Reise. Von dort ging es zum Südural, wo die Reisenden drei Tage in Omsk, dem Verwaltungszentrum dieses Gebietes, weilten. Sie fuhren weiter nach Miask, wo Humboldt *auf der*

Die Berliner Singakademie, in der Humboldt 1827 bis 1828 seine «Kosmos»-Vorträge hielt.

asiatischen Seite des Ural[177] am 14. September 1829 seinen 60. Geburtstag erlebte. Von dort ging es dann über Orenburg durch die deutschen Siedlungen am linken Wolgaufer nach Saratow und Zarizyn (Stalingrad) und weiter nach Astrachan, wo sie die Störfischerei und Kaviargewinnung kennenlernten. Am 21. Oktober 1829 fuhren Humboldt, Rose und Ehrenberg dann von Astrachan in Richtung Moskau zurück. Ein abwechslungsreiches Erlebnis auf dieser Reise war ein Besuch beim Kalmücken-Fürsten Sered-Dschab Tumenew: hier nahmen sie an einer Falkenjagd wie im Mittelalter teil. Am 3. November 1829 trafen sie wieder in Moskau ein, wo die alten Empfänge sogleich in größtem Stile wieder einsetzten. Die Naturforscher-Gesellschaft der Universität gab Humboldt eine Feier in großer Uniform, bei der die Professoren mit Dreispitz und Degen auftraten, der nichtsahnende Humboldt aber nur im schlichten blauen Frack erschien. Es wurden natürlich eine Unmenge von Reden auf Lateinisch, Deutsch und Französisch gehalten und sogar Gedichte auf Humboldt vorgetragen.[178] Zehn Tage später – am 13. November – war Humboldt wieder in St. Petersburg, wo es im gleichen Stile, nur noch vornehmer, mit Reden, Empfängen und verschiedenen Audienzen am Zarenhofe weiterging. Auch in der Akademie der Wissenschaften hielt Humboldt in französischer Sprache einen großen Vortrag, der wegen der Anwesenheit des Kronprinzen und mehre-

Blick auf das Berliner Schloß, von der Königstraße aus. Gemälde um 1840

rer Großfürsten auch gesellschaftlich ein glänzendes Ereignis wurde. Der Kaiser empfing Humboldt zweimal zu ausgiebigen Gesprächen und schenkte ihm zum Abschied einen Zobelpelz und eine sieben Fuß hohe Vase, die zusammen einen Wert von mehr als 40 000 Rubel hatten. Am 15. Dezember verließ Humboldt mit Rose und Ehrenberg Petersburg und traf über Dorpat und Riga am 28. Dezember 1829 wieder in Berlin ein.

Humboldts Leben nach der Rückkehr von der russischen Reise ist, obwohl es noch drei Jahrzehnte umfaßt, rasch erzählt, zumal es – an Humboldtschen Maßstäben gemessen – einigermaßen gleichförmig dahineilte. Zwar fuhr er bis zum Jahre 1848 noch regelmäßig nach Paris, nicht selten dabei neben seinen eigenen Interessen diplomatische Missionen im Auftrag seiner beiden Könige erledigend. Für jeden von ihnen war er viermal diplomatisch in Paris tätig. Nach dem Revolutionsjahr 1848, also während des letzten Jahrzehnts seines Lebens, ist er nicht mehr in Paris gewesen. Diese ganze Berliner Zeit nach der russischen Reise steht im Zeichen einer großen Aufgabe und Idee, es ist die *Kosmos*-Zeit seines Lebens. In diesem seinem Hauptwerk hat er nicht nur die Bilanz seines eigenen Lebens, sondern auch die eines ganzen Zeitalters gezogen, der Naturwissenschaft von der Mitte des 18. bis zur Mitte des 19. Jahrhunderts. Humboldts *Kosmos* ist ihr großartigster und vollendetster Ausdruck. Als der *Kosmos* fertig war, brach mit Darwin, dessen Hauptwerk über die «Entstehung der Arten» in Humboldts Todesjahr erschien, eine vollkommen neue Epoche der Naturforschung an, in deren Endstadium wir uns heute noch befinden.

Diese *Kosmos*-Zeit begann schon in den zwei Jahren, die zwischen Humboldts endgültiger Rückkehr nach Berlin und der russischen Reise liegen. In die ersten Berliner Jahre fallen die sogenannten «Kosmosvorlesungen», die in zwei Reihen nebeneinander hergingen. Vom 3. November 1827 bis zum 21. April 1828 hat Humboldt einundsechzig Vorlesungen vor der Universität gehalten. Ihr Gegenstand hat später seinen Niederschlag in den ersten beiden Bänden des *Kosmos* gefunden. Nicht nur Studenten aller Fakultäten, auch interessierte Gebildete aller Stände nahmen daran teil. Die Hörsäle waren von der ersten bis zur letzten Vorlesung überfüllt. Schließlich wurde das Gedränge so groß, daß Humboldt sich entschloß, außerhalb der Universität einen zweiten, nicht so ausführlichen Parallelkursus für das allgemeine Publikum zu veranstalten, der in sechzehn Vorlesungen vom 6. Dezember 1827 bis zum 27. April 1828 in der Berliner Singakademie, die den größten Vortragssaal im damaligen Berlin besaß, stattfand. Mehr als 1400 Hörer nahmen hieran teil. Wir werden vom *Kosmos* und den anderen Werken noch gesondert zu sprechen haben und müssen uns hier auf den äußeren Lebenslauf Humboldts beschränken. Goethes Berliner Freund Zelter erzählte Goethe in einem Brief von Humboldts Vorlesungen: «Nun will ich denn auch des großen Vergnügens gedenken, das mir von Humboldts prächtig reiches Naturwunderkollegium gewährt, vor einem respectabelsten Auditorio, das an die Tausende geht. Ein Mann steht vor mir, meiner Art, der hat, was er gibt, ohne zu kargen: Wem? Keine Kapitel macht, keine Vorrederei, kein Dunst, keine Kunst. Selbst wo er irren sollte, mußte man's gern glauben.»[179] Die erste Vorlesung in der Singakademie bildet das Eingangskapitel des ersten Bandes des *Kosmos*.

Humboldts Berliner Lebenszeit nach seiner Rückkehr aus Rußland läßt sich nach der politischen Geschichte Deutschlands in zwei Abschnitte gliedern, nämlich in die Jahre von 1830 bis 1848, bis zur Revolution also, und in das darauffolgende letzte Jahrzehnt seines Lebens bis 1859. Für Humboldt selbst bedeutet diese Teilung nur eine Äußerlichkeit, seine eigene innere Geschichte dieser Jahre ist gänzlich durch die Arbeit am *Kosmos* und die Neuauflagen der *Ansichten der Natur* bestimmt.

Wie schon erwähnt hat Humboldt unter seinen beiden Königen insgesamt acht diplomatische Missionen in Paris bis zum Jahre 1848 durchgeführt. Zusammen haben sie vier Jahre seines Lebens beansprucht, die aber natürlich auch und vor allem seinen wissenschaftlichen Interessen in Paris zugute gekommen sind. Eine von diesen Missionen hat sogar fünfzehn Monate – von Beginn 1831 bis April 1832 – gedauert. Es war dies die Zeit der sogenannten Julimonarchie – nach der Abdankung Napoleons –, die Humboldt bis zu ihrem Ende 1848 aktiv miterlebt hat. Gerade er, der liberal eingestellte Monarchist, der in Paris fast noch mehr zu Hause war als in Berlin, hat in dieser seinem diplomatischen wie persönlichen Naturell sehr kongenialen Epoche seinem König wertvolle Dienste geleistet und war für den Pariser Hof der sympathisierendste Gesandte, den er sich aus Berlin wünschen konnte. Hanno Beck konnte Humboldts diplomatische Berichte – zumeist direkte Briefe an König Friedrich Wilhelm IV. – lesen und urteilt über sie: «Die Rapporte beweisen Alexanders Fähigkeit, die Stimmung des französischen Volkes richtig zu beurteilen, und eine besondere Begabung, Verbindungen zu Menschen aller Kreise herzustellen. Humboldt ... beschränkte sich aber keineswegs nur auf Politik. Er bat z. B. um Hilfe für Gelehrte und Künstler ... und sprach sich für Ordensverleihungen u. a. aus.»[180]

Den schwersten persönlichen Verlust erlitt Alexander von Humboldt am 8. April 1835, dem Sterbetag seines Bruders Wilhelm. An diesem Tag verlor Humboldt nicht nur den Bruder, sondern auch seinen besten Freund, der ebenso sein stärkster Kritiker wie sein größter Bewunderer gewesen ist. Man erinnere sich in diesem Zusammenhang des oben zitierten Briefes, den Wilhelm geradezu hellsehend an seinen Freund von Brinkmann geschrieben hat (S. 19 f). Man darf sich die Brüder keineswegs als die Einheit vorstellen, als die sie dem Beschauer ihrer Denkmäler vor der Berliner Universität erscheinen mögen. Sie waren in Charakter und Interessen grundverschieden. Wollte man beider Verhältnis nach den Prinzipien der Philosophie ihrer Zeit definieren, so müßte man sagen, daß sie miteinander eine dialektische Synthese gebildet haben. Als solche erhellen sie die Geistesgeschichte der deutschen Klassik und Romantik. Goethe hat sie «die Dioskuren» genannt.[181]

Das Revolutionsjahr 1848 bildete äußerlich die Hauptzäsur in Humboldts Berliner Zeit. Man kann nicht sagen, daß diese Berliner Revolution, die er im Zentrum ihres Geschehens miterlebt hat, ihn sonderlich beeindruckt hat. Wer wollte sich darüber wundern? Humboldt hatte auf seiner Jugendreise mit Forster in Paris noch selbst die unmittelbaren Nachwirkungen der großen Französischen Revolution erlebt, wie konnte ihm da das Berliner März-Revolutiönchen mit seiner Theaterkulisse von ein wenig Barrikadenkämpferei und dem einzigen Ergebnis, daß der König mit einer schwarz-rot-goldenen Schärpe durch die Straßen reiten mußte, um die gefallenen Barrikadenkämpfer zu grüßen und dann zum Abschluß sich dem Volk auf der Terrasse des Schlosses zu zeigen, noch groß imponieren! Das Volk wollte einen Minister hören, und als Graf Schwerin, der der Situation nicht gewachsen war, mit seiner Ansprache bei den Berlinern nicht ankam, rief man nach Humboldt. Dieser trat zwar vor, sagte aber kein Wort, sondern verneigte sich nur kurz vor den Anwesenden. Damit war diese Revolution in die Legalität zurückgeführt. Wenn Humboldt wirklich jener heimliche Jakobiner gewesen wäre, zu dem einer seiner im übrigen besten Biographen ihn gern machen möchte, er hätte hier auf der Berliner Schloßterrasse eine wundervolle Gelegenheit gehabt, den Demonstranten nach dem Herzen zu reden und mit bewährtem diplomatischem Geschick zugleich seinen König zu feiern. Wie Humboldt wirklich über die achtundvierziger Revolution dachte, erhellt klar und deutlich aus einer Antwort, die er dem Paulskirchenabgeordneten Bassermann am 14. November im Potsdamer Schloß gab, als dieser ihn fragte, wie er in diesen stürmischen Zeiten überhaupt an seinem *Kosmos* arbeiten könnte. Humboldt antwortete ihm, daß er nicht nur am 2. Bande des *Kosmos*, sondern auch an einer Neuauflage der *Ansichten der Natur* arbeite, und was die derzeitigen Revolutionen angehe, so «hätten die Reihe der Revolutionen, die er schon erlebt, diesen das Ungewöhnliche und Aufregende genommen»[182]. In der Politik war Humboldt ohne Zweifel ein Anhänger der konstitutionellen Monarchie konservativer Prägung mit einer Neigung zum beginnenden Liberalismus seiner Epoche, etwa in der Gestalt, die ihm sein Bru-

Die letzte Seite eines Briefes Humboldts an König Friedrich Wilhelm III. über seine Reise nach Südamerika. Potsdam, 18. April 1841

der Wilhelm mit seiner berühmten programmatischen Jugendschrift [183] gegeben hat. Wenn dem Europäer Humboldt das Streben der Deutschen nach nationaler Einigung, nach einem neuen Deutschen Reich, überhaupt jemals am Herzen gelegen hat, dann konnte er sich das neue Reich jedenfalls nur als eine föderalistische Union souveräner deutscher Monarchien vorstellen.

Von seinen beiden Königen war der hochbegabte Friedrich Wilhelm IV. entschieden der ihm kongeniale. Der nicht sehr intelligente Friedrich Wilhelm III. aber war zuverlässiger und Humboldt, den er sehr hochschätzte, gegenüber stetiger, während der geistig labile Friedrich Wilhelm IV. sich mehr und mehr einem bigotten Pietismus und einer romantischen Schwärmerei für das Mittelalter ergab, in der Humboldt ihm natürlich nicht folgen konnte. Die hieraus besonders in der Hofgesellschaft resultierende politische und geistige Reaktion war Humboldt zuwider. Gleichwohl richtete sich seine Kritik niemals gegen den König selbst.[184] In den letzten Jahren seiner Regierung war Humboldts Stellung und Einfluß bei Hofe, obwohl der schon kranke König seinen Ratschlägen auch fernerhin durchaus Gehör schenkte, zunehmend schwächer geworden. Der Einfluß der muffig-pietistischen Hofkamarilla, deren giftigster Vertreter der Kabinettsrat Markus Niebuhr, «die schielende Wanze», wie Humboldt ihn nannte[185], war und die in Humboldt ganz richtig ihren entschiedensten Gegenspieler sah, war übermächtig geworden. Diese ultrareaktionären Dunkelmänner sind wohl die einzigen von echtem Haß erfüllten Feinde gewesen, die Humboldt in seinem ganzen Leben gehabt hat. Gegner hat natürlich auch Humboldt genug gehabt, aber persönlich waren sie ihm nicht feindlich, in der Regel sogar freundlich gesinnt. Überdies aber gab es unter den jüngeren Wissenschaftlern seiner Zeit eine große, ständig wachsende Schar, die ihn begeistert und dankbar verehrte. Humboldt war nie Professor und hat daher in professoralem Sinne keine Schule machen können, aber in der ganzen Welt, wo immer Naturforschung betrieben wurde, waren die besten jungen Talente allesamt in höherem Sinne seine Schüler, weil er ihnen die Wege zu ihrer Lebensarbeit erschlossen hatte. Wir kommen noch darauf zurück. Am preußischen Königshof wurde das Leben für ihn erst dann wieder erträglicher, als Prinz Wilhelm, der Bruder des Königs und spätere Deutsche Kaiser, im Herbst des Jahres 1857 die Regentschaft übernahm. Er und vor allem seine intelligente Frau, die spätere Kaiserin Augusta, eine weimaranische Prinzessin und Enkelin von Goethes Freund, dem Herzog Karl August, verehrten Humboldt und verabscheuten wie er den pietistischen Hofklüngel.

Humboldt ist ohne Frage der bedeutendste und einflußreichste Naturforscher seines Jahrhunderts gewesen. Das gilt nicht nur im Hinblick auf seine eigenen Werke, sondern vor allem auch durch den überragenden persönlichen Einfluß, den er auf alle Angelegenheiten – persönliche wie institutionelle – ausübte, die irgendwo in der Welt mit wissenschaftlicher Forschung zu tun hatten, nicht nur in Deutsch-

*König Friedrich Wilhelm IV. von Preußen (1795–1861)
und Königin Elisabeth. Gemälde von Th. Hosemann*

land, sondern in ganz Europa und Amerika. Nie vor ihm und nie nach ihm hat eine einzelne Forscherpersönlichkeit in der ganzen Welt gleiche Bedeutung gehabt.

Humboldt gehört wie Goethe zu den «Lieblingen» der Natur, «an die sie viel verschwendet und denen sie viel aufopfert. Ans Große hat sie ihren Schutz geknüpft.»[186] Die Vorliebe, welche die Natur für Humboldt wie für Goethe bewiesen hat, äußert sich nicht nur in dem Genie, das sie beiden verlieh, sondern vor allem auch in der Tatsache, daß sie beiden eine wirtschaftlich unabhängige Existenz gewährt hat, so daß keiner von ihnen um des lieben Brotes willen jemals etwas hat tun müssen, das seiner Natur zuwider gewesen wäre. Das bedeutet natürlich nicht, daß ihnen Mühen und Sorgen erspart geblieben wären. So hat denn auch Humboldt gelegentlich finanzielle Sorgen gehabt, besonders in den letzten Jahren seines Lebens. Er hätte von seinen laufenden Einnahmen, wenn er sie nur für sich verwendet hätte, gut und bequem leben können, zumal er für sich persönlich überaus anspruchslos war. Allein er war ein Grandseigneur und gewohnt, wo immer er dazu Gelegenheit hatte, großzügig und vollkommen uneigennützig zu helfen. So hatte er

Prinzessin Augusta von Preußen, später die erste deutsche Kaiserin. Gemälde von Franz Xaver Winterhalter

1857 bei seinem Bankhaus Mendelssohn ein Schuldkonto von ca. 6000 Talern. Er hätte es mit *Kosmos*-Honoraren in absehbarer Zeit ausgleichen können, bat aber, nachdem er einen leichten Schlaganfall erlitten hatte, den König am 18. März 1857, diese Schulden zu begleichen. Der König erfüllte diesen Wunsch schon drei Tage später und schrieb dazu an Humboldt persönlich: «Ich hätte nicht ruhig schlafen können in der Besorgnis, es möchte mir jemand zuvorkommen.»[187] Humboldts Sorgen galten vor allem der Sicherstellung der Familie seines Mayordomo Seifert, die seit Jahrzehnten sein Haus führte und ihn persönlich betreute. Seifert hat ihn als sein Diener auch auf der Rußlandreise begleitet. Auf Humboldts Wunsch hatte der König Seifert zum Schloßkastellan ernannt, um ihm eine Rente zu sichern. Fast seinen gesamten Nachlaß und besonders seine ganze Bibliothek vermachte Humboldt seinem Hausmeister. Dieser hat die Bibliothek später an einen Londoner Antiquar verkauft, nachdem entsprechende Verhandlungen mit dem preußischen Ministerium sich durch dessen Schuld zerschlagen hatten. Bei dem Londoner Antiquar, der als Zwischenhändler für amerikanische Interessen fungierte, ist Humboldts Bibliothek leider fast vollständig einem Brand zum Opfer gefallen. Humboldt hat sich der Familie seines Hausmeisters Seifert sehr verbunden gefühlt und zum Beispiel für die Töchter Seifert bei ihrer Verheiratung gesorgt; besonders die sehr hübsche und sehr begabte Caroline hatte er ins Herz geschlossen.

Humboldt blieb es nicht erspart, seine besten Freunde vor sich dahinsterben zu sehen. Seine ihm sehr zugetane Schwägerin Caroline war schon 1829 gestorben, und seinen Bruder hatte er 1835 verloren. Seine besten persönlichen Freunde Leopold von Buch und Arago waren 1853 gestorben. Seitdem vereinsamte er mehr und mehr. Anfang 1857 erlitt er einen leichten Schlaganfall, den er aber noch erstaunlich gut überwand. Im Oktober 1858 befiel ihn aber eine schwere Grippe, von der der nun im 90. Lebensjahr stehende Greis sich nicht mehr erholen konnte. So begann für ihn sein letztes Lebensjahr 1859. Er mußte nun häufig das Bett hüten. Neben der Seifert-Familie und seinem damaligen Kammerdiener August Falz

Humboldt in seinem Todesjahr, 1859. Gemälde von Julius Schrader. Der Hintergrund mit dem Chimborazo wurde von Humboldt selbst bestimmt. New York, Metropolitan Museum of Art. Schenkung von H. O. Havemeyer

hatte seine Nichte Gabriele von Bülow seine Pflege übernommen. Auch General von Hedemann, der Gatte von Wilhelms anderer Tochter Adelheid, war ständig um Humboldt besorgt. Langsam ging es dem Ende zu. Der Prinzregent und spätere Kaiser Wilhelm I. kam, um von dem Sterbenden Abschied zu nehmen. Seit dem 21. April konnte er das Bett nicht mehr verlassen. Seine Nichte Gabriele von Bülow verbrachte «viele stille Stunden» bei ihm. «Er litt nicht, sprach selten, aber immer klar, besonnen und liebevoll. Am 6. Mai um halb drei Uhr nachmittags trat das Ende ganz sanft ein.» In seiner Todesstunde waren nur Hedemann und Frau von Bülow zugegen. «Ihre liebende Hand schloß die Augen, die so tief forschend in die Geheimnisse der Natur geblickt.»[188] «Der größte Geist unse-

Humboldts Bibliothekszimmer in Berlin, Oranienburger Straße 67. Aquarell von Eduard Hildebrandt, 1856

res Jahrhunderts», wie Humboldts junger Freund, der später berühmte Ägyptologe Brugsch-Pascha, ihn genannt hat [189], hatte für immer die Augen geschlossen. Der Prinzregent ordnete ein Staatsbegräbnis an. Brugsch, der an ihm teilgenommen hat, schildert das Leichenbegängnis mit folgenden Sätzen [190]: «Für die Beisetzung A. von Humboldts im Dome zu Berlin war die achte Morgenstunde bestimmt. Eine unglaubliche Menschenmenge hatte sich lange vor der angesetzten Zeit in der Nähe des Sterbehauses eingefunden, um durch ihre Anwesenheit ihre Teilnahme zu bekunden. Zu den ersten, die sich dem Trauergeleit anschlossen, gehörten die Vertreter der Stadt Berlin, die ihrem Ehrenbürger diese letzte Huldigung auf Erden bezeugten. Selbstverständlich bildete die gelehrte Welt den Hauptteil der Leidtragenden. Der Leichenzug, der nicht enden zu wollen schien, schlug den Weg nach der Friedrichstraße ein und bog bei seiner Ankunft unter den Linden in der Richtung nach dem Dom ein. Meine Wenigkeit als Privatdozent an der Berliner Universität befand sich unter den letzten im Zuge, aber tiefer konnte niemand den Schmerz empfinden, der meine Brust bei dem Gedanken an den Verlust des Unvergleichlichen erfüllte, der mit so mächtiger Hand in mein Leben eingegriffen hatte, nachdem er das Soldatenkind aus dem Staube zu sich emporgehoben hatte.» Ein echter Souverän von Gottes Gnaden, der mit herrscherlicher Würde die übernationale Republik der Gelehrten durch ein Jahrhundert geleitet hatte, war dahingegangen. Deutsche Wissenschaft und deutscher Geist haben niemals in der ganzen Welt höhere Geltung gehabt und sind in ihr würdiger vertreten worden als durch Humboldt, zu einer Zeit, in welcher wie heute die politische Macht der Deutschen in der Welt nichts bedeutete.

Versuchen wir zum Schluß, uns das Charakterbild Humboldts noch einmal zusammenfassend einzuprägen. Der seine ganze Persönlichkeit bestimmende und immer kompromißlos hervortretende Hauptcharakterzug seines Wesens waren Freiheit und Unabhängigkeit und komplementär dazu Eigenverantwortlichkeit. Sie entfalteten und bewährten sich in der Durchführung der großen Aufgabe seines Lebens, der amerikanischen Forschungsreise. Wir haben erfahren, daß er, als er gerade die höchste in seinem Bergmannsberuf mögliche Stellung im preußischen Staatsdienst erreicht hatte, diese bedenkenlos aufgab, als die Verfügung über sein ererbtes Vermögen ihm fortan ausschließlich der Forschungsreise zu leben erlaubte. Als dann einmal während der Reise eine englische Zeitung vermeldete, er sei in die Dienste des Consejo de Indias der spanischen Regierung getreten, bat er umgehend seinen Freund Willdenow, dieses Gerücht zu dementieren, denn *ein Menschenleben* wie das seinige sei *zum Handeln bestimmt* und werde sich *nicht gemeinen Zwecken aufopfern*. Das alles haben wir oben schon erfahren, aber auch, als er nicht mehr über ein Vermögen verfügte, war er nicht bereit, einen hoch bezahlten Posten in der preußischen Verwaltung anzunehmen, einfach weil er dann gewisse Einschränkungen in seiner persönlichen Freiheit und ministerielle Verfügungen hätte akzeptieren müssen. Auf der russischen Reise erfuhr er in Jekaterinburg, daß der König seinen Bruder zum Direktor der «Kommission zur Einrichtung des Museums» berufen hatte. Wilhelm teilte ihm mit, daß er diese Stellung nur «bis zur Rückkunft seines Bruders» angenommen habe, der, wie er glaube, bereit sein würde, sie für die Dauer zu bekleiden.[191] Wilhelm wollte mit diesem Vorschlag ein wenig zur Aufbesserung der Finanzen seines Bruders beitragen, die das gerade damals sehr gut hätten vertragen können. Aber hier hatte er die Wesensart seines Bruders doch gründlich verkannt. Alexander antwortete ihm einigermaßen indigniert: *Ist es möglich, daß Du ernsthaft an mich für den Direktorposten denkst? Deine Worte: «Ich fürchte, Du kannst Dich der Stellung nicht entziehen», haben mich erschreckt. Ich konnte deswegen kaum einschlafen. Ich sollte meine Stellung in Paris aufgegeben haben, ich sollte in meine Heimat zurückgekehrt sein, um Direktor einer Gemäldegalerie zu werden... um mich mit Dingen zu beschäftigen, die allem, was mir in der Welt meinen Ruf verschafft hat, diametral entgegengesetzt sind! Das wäre zu erniedrigend, ich würde glatt ablehnen, selbst wenn man mich schon ernannt hätte, ohne mich zu fragen. Du selbst hältst genug auf die Achtung, die wir in Europa genießen, die unser gemeinsamer Besitz ist, um mich wegen dieses Entschlusses zu tadeln. Ich würde eher das Land verlassen, denn als ich kam, war ich nicht*

Der Tod nimmt Humboldt den «Kosmos» ab und lädt ihn zur ewigen Ruhe ein. Aus Wilhelm von Kaulbachs «Totentanz»

auf diese Gefahr gefaßt. Ich werde nicht nur den Direktorposten ablehnen, sondern auch jede Leitung oder dauernden Vorsitz einer leitenden Kommission.[192] Der bloße Gedanke also an eine Bindung durch irgendeinen Beruf, der ihm reguläre Verwaltungsaufgaben aufbürden würde, raubt ihm den Schlaf und bringt ihn sogar auf den Gedanken der Auswanderung. Noch dringlicher konnte Humboldt sein bedingungsloses Streben nach absoluter persönlicher Unabhängigkeit und Freiheit nicht dokumentieren. Die von ihm eingenommenen Stellungen als hauptamtliches Mitglied der Akademie und als königlicher Kammerherr, die ihn nicht zum «Beamten» machten und seine Freiheit nicht einschränkten, waren das Äußerste, was er sich zumuten konnte, wenn er sich selbst treu bleiben wollte.

Humboldt war kein politischer Mensch, wie es sein Freund Georg Forster gewesen war. Dieser ging elend und einsam im Exil in Paris zugrunde, weil er nicht gemerkt hatte, wie die Ideale der Französischen Revolution im Imperialismus Frankreichs politisch verbraucht worden waren. Humboldt, der ebenso wie Goethe [193] durchaus begriffen hatte, daß mit der Französischen Revolution eine vollkommen neue Weltepoche begonnen hatte, hat in demselben Paris seine besten wissenschaftlich schöpferischen Jahre verbracht, weil er trotz seiner Sympathie für die Ideale der Französischen Revolution nie aufgehört hat, ein konservativer preußischer Monarchist zu bleiben. Er war kein Vollblutpolitiker; welchen Grund hätte also gerade er, der durch seine Zugehörigkeit zum Adel alle Vorteile dieser damals überall in Europa privilegierten Schicht besaß, haben sollen, sich an revolutionären politischen Machenschaften zu beteiligen? Wenn Humboldt also kein politischer Mensch war, so war er doch wesentlich mehr als ein solcher, nämlich ein universaler Mensch! Wie all sein Forschen von philosophischem Geist durchdrungen war, so waren auch in seiner eigenen Persönlichkeit alle seine Interessen aufeinander abgestimmt, um im Mit- und Gegeneinander der Motive eine der großartigsten Symphonien zu erzeugen, die in einer einzelnen menschlichen Persönlichkeit synchronisiert wurden. Die große Mutter Natur hat in der Geistesgeschichte des Abendlandes nur wenige von diesen ihren «Lieblingen», an deren Größe sie «ihren Schutz gehängt hat», ans Licht gebracht. Platon, Goethe und auch Humboldt gehören zu ihnen. Humboldt war ein universaler Mensch, aber kein Philosoph von Fach. Die Werke der großen deutschen Philosophen seiner Zeit spiegeln sich nicht oder nur spärlich in seinen Werken. Er bedurfte ihrer so wenig wie Goethe. Was sie ihm hätten geben können, hatte er – ebenso wie Goethe – sowieso schon aus Eigenem in sein Werk eingefangen; denn es schildert den Kosmos, die Welt in ihrer lebendigen Totalität. Mehr hat Metaphysik in Ansehung der Natur auch niemals geben können. Wenn Schelling und Hegel, herkommend von ihren metaphysischen Systemen von Physik handelten, träumten sie immer von einer «höheren Physik», die es damals aber noch nicht gab und die erst in unseren Tagen sich zu bilden beginnt. Humboldt hingegen hatte es – wie Goethe – mit der Natur zu tun, die es immer gab und immer geben wird, und entwickelte seine Philosophie der Natur aus dem Studium eben dieser Natur in einem mannigfaltigen *Naturgemälde*. Im Endergebnis traf er dann auf Schelling. Er war Schellingianer, unabhängig von Schelling, der ja auch sechs Jahre jünger war. Auch Kant verdankt Humboldt viel, äußerlich sogar mehr als Schelling. Allerdings weniger der «Kritik der reinen Vernunft» als den Vorlesungen über «Physische Geographie». Hier hat Humboldt von Kant auch für den logischen Aufbau der Geographie als eigenständiger Wissenschaft gelernt.

Eine wichtige Eigentümlichkeit von Humboldts besonderer Geistigkeit verdient hier noch Erwähnung. Das ist die Rolle, die das Gespräch in seinem Leben spielt. Unter den Gelehrten hat es immer zwei grundverschiedene Typen gegeben, solche, die mit Schiller «im stillen Gemach bedeutende Zirkel ersinnen», und die anderen, die nur in ständigem Gespräch mit Fachgenossen und Freunden ihre eigenen Ideen zu entwickeln vermögen. Ostwald hat sie, psychologisch gesehen, als «Klassiker» und «Romantiker» unterschieden. Humboldt ist in diesem Sinne ein echter «Romantiker», während sein Freund, der Mathematiker Gauß, ein ebenso ausgeprägter «Klassiker» gewesen ist. Humboldt lebte in der Epoche der «Salons» und war ihr eifriger Besucher, sowohl in Paris wie in Berlin. Unter der Ägide geistvoller und charmanter Damen gestalteten sich hier Treffpunkte der geistigen und gesellschaftlichen Welt. In Berlin war Humboldt seit seiner Studentenzeit ein regelmäßiger Gast dieser Salons, und in Paris wird von ihm berichtet, daß er fast jeden Abend nicht nur einen, sondern zumeist mehrere der berühmten Salons nacheinander besuchte. Wo immer er erschien, war er sogleich der Mittelpunkt, weil er ebenso charmant wie interessant mit einem «Esprit», den auch die dafür einst berühmten Franzosen nicht übertrafen, zu erzählen wußte. Aber es war durchaus nicht so, daß er dabei der ausschließlich Gebende gewesen wäre, Humboldt verstand sich ausgezeichnet auf die Kunst, aus seinem jeweiligen Gesprächspartner durch gezielte Fragen genau das herauszuholen, was er zu erfahren wünschte. Die Gespräche mit seinen Besuchern in Paris und Berlin waren so intensiv, daß Humboldt die Gewohnheit angenommen hatte, sie hinterher noch stundenlang nach Hause zu begleiten, was seine Partner umgekehrt erwiderten. Humboldt hat aus Gesprächen und Briefen von seinen wissenschaftlichen Freunden über deren Forschungsergebnisse wahrscheinlich mehr erfahren als aus der Lektüre ihrer Schriften. Sein phänomenales Gedächtnis hatte nicht nur alle diese Kenntnisse ständig bereit, wenn er sie brauchte, sondern auch die Quellen, aus denen sie kamen. Man muß nur einen Blick auf seine Anmerkungen zum *Kosmos* und den *Ansichten der Natur* werfen, um zu erfahren, wie unendlich er dieser seiner peripatetischen Art des Forschens verdankt. Ohne das Gespräch und ohne die Salons ist Humboldts Existenz unvorstellbar. Die Studierstube war in der Hauptsache zum Schreiben seiner Bücher da. Da-

*Grabstätte der Familie von Humboldt
im Park von Schloß Tegel*

mals lebten die Menschen noch enger zusammen und konnten einander zum Spazierengehen noch leichter erreichen. Wir haben dafür heute das Telefon, aber das ist für das gute Gespräch nur ein ebenso kümmerlicher Ersatz wie unsere Telegramme für die Briefe, die damals noch echte menschliche Dokumente waren, verglichen mit jenen Geschäftspapieren, die heute noch euphemistisch Briefe genannt werden.

Man kann nicht der Salons der Humboldt-Zeit gedenken, ohne sich bewußt zu sein, daß sie unter der Ägide von Damen standen, die ebenso klug wie charmant waren, beides auf jene sympathische Art, welche die Logik der Männer manchmal zur Verzweiflung bringt und die doch die interne Logik des Lebens selber ist, natürlich soweit das Leben sich überhaupt damit abgibt, logisch zu sein. In diesen Salons gab es Dichterlesungen und Forschungsberichte und natürlich auch persönlichen und politischen Klatsch zwischen denen, die unmittelbar beteiligt waren und aus erster Hand Bescheid wußten. Es versteht sich, daß solche Salons nur blühen konnten, wenn sie der charmanten Hand einer Dame anvertraut waren. Die «Parties», die heute ihren Platz eingenommen haben, sind sicher nicht zuletzt deshalb so unausstehlich langweilig, weil sie dieser Hände Schutz und Schirm entbehren. Bei dieser Gelegenheit müssen wir nun auch noch einmal der Rolle gedenken, welche Frauen in Humboldts Leben gespielt haben. Wir haben ja schon davon gesprochen, wie sehr Henriette Herz, die nur wenige Jahre älter war als er, den jungen Humboldt vor allem beeindruckt hat. Auch haben wir der «bella Rodriguez» gedacht, die ihn in Mexiko nicht wenig bezaubert hat. Vor allem ist in diesem Zusammenhang auch seines Bruders Wilhelm Gattin Caroline zu nennen, die ihr Leben lang seine gute Schwester gewesen ist. Daß er nicht heiraten konnte, wenn er seiner freigewählten Aufgabe treu bleiben wollte, haben wir schon wiederholt betont. Ganz allgemein kann man das Fluidum, das die Frauen in sein Leben trugen, nicht besser beschreiben, als er es selbst getan hat. Als ihn nämlich anläßlich seiner berühmten *Kosmos*-Vorlesungen, zu denen sich vor allem auch Berlins elegante Damenwelt drängte, Prinz August von Preußen fragte, ob er denn die Damen für befähigt halte, daß sie seinen wissenschaftlichen Schilderungen wirklich mit Verständnis zu folgen vermöchten, gab er die geradezu klassische Antwort: *Das ist aber ja garnicht nötig: wenn sie nur kommen, damit thun sie ja schon alles Mögliche.*[194] Klassisch möchte ich diese Antwort deshalb nennen, weil sie haargenau das Motiv beschreibt, das jeder Vortragende mitempfinden kann, wenn er das Glück hat, Damen in seinem Auditorium zu sehen. Ein Vortragender muß schon ein hartgesottener «Klassiker»[195] sein, wenn die Anwesenheit von Damen ihn stört: «Romantiker» fühlen sich durch sie immer nur beflügelt. Und Humboldt war im Ostwaldschen Sinne ein echter Romantiker. Dazu paßt auch ausgezeichnet das Geschichtchen von dem Pariser Mädchen. Hanno Beck erzählt es mit folgenden Worten[196]: «So kam einst zu einem Pariser Friseur ein auffallend schönes Mädchen und wollte sein Haar für 60 Franken verkaufen, um seiner kranken Mutter zu helfen. Der Friseur gab vor, oft solch schwarzes Haar kaufen zu können und handelte den Preis auf 20 Franken herunter. Das alles hatte ein alter silberhaariger Mann beobachtet, den der Friseur gerade bedient hatte. Der Fremde erhob sich, kaufte dem Mädchen das Haar ab, gab ihm zwei Banknoten, die das verblüffte Kind gar nicht ansah, nahm dem Meister die Schere aus der Hand, wählte sorgfältig ein einziges Haar aus, schnitt es ab, verwahrte es und verließ den Laden. Jetzt erst stellte das Mädchen fest, daß es zwei Banknoten von je 100 Franken in der Hand hielt, und eilte dem Fremden nach, der in ein Hotel eintrat. Es fragte beim Portier und erfuhr den Namen seines Wohltäters: Alexander von Humboldt. Das war im Januar 1848, kurz

*Humboldt in seinem Arbeitszimmer. Farblithographie
von Eduard Hildebrandt*

bevor Humboldt Paris für immer verließ, die Stadt, die ihm die zweite und oft die wahre Heimat gewesen war.»

Hier ist der richtige Ort, noch einer letzten, aber sehr wesentlichen Seite in Humboldts Charakter zu gedenken, nämlich seines Mäzenatentums, ohne Zweifel dem bedeutendsten, von dem die Geistesgeschichte des Abendlandes zu berichten weiß. Es ist leider unmöglich, an dieser Stelle statistisch darüber zu berichten.[197] Genannt seien als besonders leuchtende Beispiele nur zwei berühmte deutsche Gelehrte, die als die eigentlichen Begründer ihrer Wissenschaften in Deutschland angesehen werden müssen. Einer von ihnen ist Justus von Liebig, mit dem die Chemie als moderne Naturwissenschaft recht eigentlich in Deutschland beginnt, und der andere ist der bedeutendste deutsche Ägyptologe Heinrich Brugsch, als Brugsch-Pascha bekannt. Die Geschichte der Entdeckung und Förderung dieses großen Talentes durch Alexander von Humboldt, der dabei gegen die Autorität der offiziellen Berliner Ägyptologie kämpfen mußte, ist selbst wie ein Märchen aus Tausendundeiner Nacht, kann hier aber nicht mehr erzählt werden.[198] Hier soll nur noch jener Unterstützung von Forschern gedacht werden, die in der direkten Nachfolge Alexander von Humboldts die deutsche Naturforschung in Iberoamerika gefördert haben. Vor allem ist hier die Panamaexpedition von Moritz Wagner[199] aus dem Jahre 1857 zu nennen. Wir haben mehrfach gehört, daß Humboldt der wichtigste Initiator der Idee des Panamakanals gewesen ist. Er hatte als dafür geeignet drei Durchstichsmöglichkeiten des Isthmus von Panama angegeben. Auf seine Anregung und mit Unterstützung des bayerischen Königs Maximilian II., eines Freundes von Humboldt, bereiste Moritz Wagner Mittelamerika. Sein Vorschlag für den Kanal war die Gegend der sogenannten «Summit-Passage», in welcher der Kanal dann auch später tatsächlich gebaut worden ist. Außerdem hat er bei dieser Gelegenheit natürlich Mittelamerika, besonders Guatemala, wohin Humboldt selbst ja nicht gekommen war, erforscht. Ebenso dürfen wir feststellen, daß nahezu in allen südamerikanischen Ländern die dort heute noch bestehenden Zentren der Naturforschung, vor allem die naturhistorischen Museen, von deutschen Wissenschaftlern gegründet worden sind, die auf Anregung von Alexander von Humboldt und mit seinen besonderen Empfehlungen versehen die Stätte ihrer Lebensarbeit gefunden haben. Für Argentinien ist hier der Zoologe Hermann C. K. Burmeister (1807–92) zu nennen. Er kam 1850 nach Brasilien, bereiste von 1857 bis 1861 auch Argentinien, Uruguay, Chile, Peru, Panama und Kuba und ließ sich 1861 definitiv in Argentinien nieder. Hier gründete er das große Museo de Historia Natural in Buenos Aires und machte sich im übrigen um die wissenschaftliche Forschung Argentiniens so verdient, daß ihm bei seinem Tode ein Staatsbegräbnis zuteil wurde und der Präsident der Republik selbst ihm das Geleit gab. In Brasilien waren eine ganze Reihe von deutschen Naturforschern in der unmittelbaren Nachfolge Humboldts vorübergehend oder lebenslang tätig. Als reisende Naturforscher sind hier zunächst zwei preußische Prinzen zu nennen: Maximilian Prinz von Wied (1782 bis 1867) war 1815 in Brasilien. Seine Schilderungen des brasilianischen Tierlebens sind so klassisch geworden, daß sie jedem Leser von Brehms «Tierleben» wohlbekannt sind. Prinz Adalbert von Preußen (1811 bis 1873) hat 1842/43 besonders die Gegend des Amazonas bereist. Für Brasilien selbst wesentliche Ergebnisse hat die Expedition zweier Münchener Professoren, des Zoologen Joh. B. Spix (1781–1820) und des Botanikers Karl Fr. Ph. von Martius (1794–1868) erbracht. Sie fuhren in Begleitung der österreichischen Erzherzogin Leopoldina nach Brasilien, die sich mit dem damaligen Kronprinzen und späteren Kaiser Dom Pedro I. verheiratete, waren von 1817 bis

Karikatur auf Alexander von Humboldt von H. König

1820 in Brasilien und haben grundlegende Beiträge zur Kenntnis der Flora und Fauna Brasiliens geliefert. Die ganze Dauer ihres aktiven Forscherlebens jedoch haben zwei andere Forscher in Brasilien zugebracht. Das ist zunächst Fritz Müller (1821–97), ohne Zweifel der größte Naturforscher, den Brasilien bisher gehabt hat. Er ist in der Revolutionszeit aus Preußen nach Brasilien emigriert und hat sich in der Nähe von Blumenau (Sta. Catarina) als Farmer angesiedelt. Der Urwald, den er rodete, wurde ihm zum Forschungsbereich. Er hat nicht nur alle Gebiete der Botanik und Zoologie Brasiliens durch seine Forschungen bereichert, er war auch einer der ersten Zoologen, die «Für Darwin»[200] eingetreten sind. Der andere war der deutsche Zoologe Hermann von Ihering (1850–1930), der von 1880 bis 1916 in Brasilien gewirkt und das berühmte Museo Paulista in São Paulo geschaffen hat. Er war zwar erst neun

ESSAI
SUR LA
GÉOGRAPHIE DES PLANTES;
ACCOMPAGNÉ
D'UN TABLEAU PHYSIQUE
DES RÉGIONS ÉQUINOXIALES,

Fondé sur des mesures exécutées, depuis le dixième degré de latitude boréale jusqu'au dixième degré de latitude australe, pendant les années 1799, 1800, 1801, 1802 et 1803.

PAR

AL. DE HUMBOLDT ET A. BONPLAND.

RÉDIGÉ PAR AL. DE HUMBOLDT.

A PARIS,
CHEZ LEVRAULT, SCHOELL ET COMPAGNIE, LIBRAIRES.
XIII — 1805.

Titelblatt des ersten Bandes von Humboldts Reisewerk

Jahre alt, als Humboldt starb, hat aber noch bewußt in der Tradition Humboldts gestanden. Auch in Chile, wohin Humboldt selbst ebenfalls nicht gekommen ist, hat sein Name schöpferisch gewirkt. In erster Linie ist hier Eduard Poeppig (1798–1869) zu nennen, der neben Chile auch Peru erforscht hat. Nach mehrjährigem Aufenthalt in Kuba und Nordamerika kam er 1827 nach Chile, war vor allem hier und in Peru tätig und besuchte auf seiner Rückreise das Amazonasgebiet, von wo er 1832 nach Deutschland zurückkehrte, um sein Leben als Professor der Zoologie in Leipzig zu beschließen. In der Schilderung der von ihm bereisten Landschaften hat er vielleicht am meisten von allen iberoamerikanischen Humboldtianern humboldtsches Niveau erreicht. Sein bekanntes Reisewerk [201] ist auch in unserem Jahrhundert mehrfach neu herausgegeben worden. Obwohl er selbst nur kurz in Chile gewesen ist, muß hier auch Franz J. F. Meyen (1804–40) insofern erwähnt werden, als durch ihn zwei hochbedeutende Forscher nach Südamerika gekommen sind. Auf Humboldts Empfehlung war Meyen Schiffsarzt auf der «Prinzeß Louise», einer Fregatte der Königlichen Seehandlung in Berlin, die eine Weltumseglung unternehmen sollte, geworden. Dieses Schiff lag 1831 einige Zeit in den chilenischen Häfen Talcahuano und Valparaiso, von wo Meyen Exkursionen in die Kordilleren zum Vulkan Maypu und bis nach Bolivien hinauf zum Titicaca-See machte. Dabei wurde er häufig mit Humboldt verwechselt und hat so Anlaß zu dem noch heute in Chile verbreiteten Gerücht gegeben, daß Humboldt selbst in Chile gewesen sei. Auf diesem Schiff war auch ein junger Kadett, der Meyen auf allen seinen Landreisen begleitete. Er hieß Bernhard Philippi und ist von allen Deutschen, die jemals nach Chile gekommen sind, der allerwichtigste gewesen. Die von Meyen gesammelten Insekten bearbeitete der oben schon erwähnte Hermann Burmeister, der dadurch seine erste wissenschaftliche Fühlung mit Südamerika gewann, um hernach zum Humboldt Argentiniens zu werden. Bernhard Philippi trat später als junger preußischer Offizier in chilenische Dienste und erforschte das damals noch ganz unbekannte südliche Chile um den Llanquihue-See herum. Er organisierte die deutsche Auswanderung nach Chile Ende der vierziger Jahre und wurde so der Schöpfer der deutschen Kolonisation in Chile von Valdivia bis Osorno und Puerto Montt. Die für Chile bedeutsamste Persönlichkeit, die so nach Chile kam, war aber sein Bruder Rudolf Amandus Philippi (1808–1904). Während Bernhard schon in jungen Jahren auf einer Expedition in Feuerland ermordet wurde [202], ist sein Bruder 94 Jahre alt geworden. Er wurde der bedeutendste Naturforscher, den Chile bisher gehabt hat, und gründete in Santiago de Chile das Naturhistorische Museum, wie es Burmeister in Buenos Aires getan hatte. Auch in Venezuela, Kolumbien und Ekuador sind deutsche Naturforscher in der direkten Nachfolge Alexander von Humboldts tätig gewesen. So der hervorragende Botaniker Hermann Karsten (1817 bis 1908), der in diesen Ländern von 1843 bis 1856 geforscht und ganz Wesentliches zur Kenntnis ihrer Pflanzenwelt beigetragen hat. Der «große Mann» aber, als der Burmeister in Argentinien galt, ist Adolf Ernst (1832–99) für Venezuela geworden. Er kam 1861 als Hauslehrer nach Caracas und ist dann sein ganzes Leben in Venezuela geblieben. Er hat über 400 Arbeiten zoologischen, botanischen und geographischen Inhaltes veröffentlicht und wurde der Gründer und Leiter des Nationalmuseums und der Universitätsbibliothek sowie der Sociedad de Ciencias Fisicas y Naturales de Venezuela. In seinem Nachruf wurde er mit Recht einer der «civilizadores mas prominentes de Venezuela» genannt. Auf dem Spezialgebiet der präkolumbianischen Archäologie, allerdings mit universaler Blickrichtung, die auch die Naturwissenschaften weitgehend berücksichtigte, ist Max Uhle (1856–1944) in den Andenhochländern Südamerikas tätig gewesen. Von 1892 bis 1933 führte er Ausgrabungen in Bolivien, Peru, Ekuador und Chile durch und bekleidete Professuren in Lima, Santiago de Chile und Quito. – Last not least ist hier noch Karl Ferdinand Appun (1820–71) zu nennen. Auf unmittelbare Anregung von Humboldt bereiste er dreimal insgesamt zehn Jahre lang die Guayanas und drang auf seinen Fahrten bis zum oberen Amazonas in Peru vor. Seine Ergebnisse ergänzten vorzüglich diejenigen Humboldts, dem er in der Klassizität seiner Schilderungen der Tropennatur gleichkam, wie es ein durch eigene hervorragende Zeichnungen und Gemälde illustriertes Reisewerk [203] beweist. Durch einen Unglücksfall kam er auf seiner letzten Reise in Britisch-Guayana um.

So ist durch Humboldts große iberoamerikanische Reise der deutschen Wissenschaft und besonders den Naturwissenschaften in ganz Süd- und Mittelamerika eine Tradition erwachsen, die bis heute nicht erloschen ist. Wenn die anderen großen Nationen die tropischen Paradiese ihrer Nachforschung – die Tropen sind nun einmal das Dorado der Natur – in ihren eigenen überseeischen Gebieten hatten, dann hat Humboldt der deutschen Naturforschung dieses Paradies in den amerikanischen Tropen erschlossen. Und hier waren Länder, in denen die deutschen Wissenschaftler nicht als Gehilfen der Kolonieverwaltungen in Funktion traten, sondern als Freunde und Kollegen der südamerikanischen Naturforscher.[204]

II

Zum Schluß wollen wir nun Humboldts Lebenswerk daraufhin prüfen, wieso es klassisch ist, was es nicht nur für seine eigene Zeit gewesen ist, was es auch für uns und alle kommenden Zeiten bedeutet. Schon der besondere Mensch Alexander von Humboldt, wie er sein einmaliges Leben gestaltet und erlitten hat, stellt etwas Klassisches dar, an dem auch in Zukunft junge Menschen sich begeistern und Leitbilder für den eigenen Lebensweg gewinnen können.

Doch wenden wir uns nun dem nachgelassenen Werk zu, vor allem dem großen amerikanischen Reisewerk, den *Ansichten der Natur* und dem *Kosmos*. Sowohl die *Ansichten der Natur*, das unmittelbare, für die Allgemeinheit verfaßte Ergebnis der Reise, wie auch der *Kosmos*, die Synthesis der *physischen Weltbeschreibung* einer ganzen Epoche, sind ohne die große Amerikareise gar nicht zu denken; denn sie sind nichts anderes als die vollendete Verwirklichung der Entelechie, aus welcher die Reise geboren wurde.

Das große amerikanische Reisewerk, das Humboldt selbst für das beste und wichtigste Werk seines Lebens gehalten hat, umfaßt 36 zumeist sehr voluminöse Bände.[205] Es ist fast gänzlich in Paris entstanden und in französischer Sprache geschrieben, was seine

*Widmungsblatt für Goethe
aus Humboldts Pflanzengeographie, 1807*

Verbreitung in Amerika bestimmt erleichtert hat. Alle Bände haben Quart oder Folioformat, und zwar 16 Quart und 20 Folio. Diejenigen Bände, die Humboldt in Deutschland besonders bekannt machen wollte, hat er auch deutsch herausgegeben. Das gilt besonders von dem wichtigsten der 36 Bände, den *Ideen zu einer Geographie der Pflanzen*, dessen deutsche Übersetzung aus dem französischen *Essai sur la géographie des plantes* er selbst besorgt und mit einem besonderen Widmungsblatt Goethe dediziert hat. Das hat eine tiefere Bedeutung, wie wir gleich noch erfahren werden. Die Bände des Reisewerks verteilen sich folgendermaßen auf die verschiedenen, von Humboldt als Grundlagenwissenschaften einer Philosophie der Erde betrachteten Disziplinen: Astronomische und geophysikalische Messungen: 4 Bände, bei denen Jabbo Oltmanns sein Mitarbeiter war; Botanik: 19 Bände, Mitarbeiter waren Bonpland und Kunth; Pflanzengeographie: ein Band, von Humboldt allein verfaßt; Zoologie und vergleichende Anatomie: 2 Bände; Allgemeine

Zeichnung Goethes zur Verdeutlichung von Humboldts Geographie der Pflanzen

Reiseberichte und Landeskunden: 10 Bände. Wesentlich für das Werk sind die ausgezeichneten Karten und Illustrationen, fünfzig Maler und Zeichner sind hier für Humboldt tätig gewesen. Außerdem hat er in Paris viele französische Gelehrte als Mitarbeiter in Detailfragen gehabt, zum Beispiel in den zoologischen Bänden. Daß die Botanik so viele Bände des Gesamtwerks in Anspruch nimmt, hat einen äußeren und einen inneren Grund. Es sind etwa 8000 Pflanzenarten beschrieben, von denen die Hälfte neue, bis dahin unbekannte Arten waren. Aber der innere Grund ist wichtiger; denn dieses ungeheure Pflanzenmaterial lieferte ihm die empirische Basis für das von ihm entdeckte Grundgesetz aller Pflanzengeographie. Das Kernstück des ganzen Reisewerks ist ohne Frage der Essay über die Pflanzengeographie, weil er das universal-erdphilosophische Programm der ganzen Reise in seinem Bereich am vollkommensten dokumentiert und erfüllt. Das zeigt schon der Untertitel dieses Werkes: *nebst einem Naturgemälde der Tropenländer.* Darauf kam es ja Humboldt an, *Naturgemälde* der von ihm bereisten Gegenden zu malen. Die Modell-Bedeutung gerade dieses Buches für das ganze

Werk erhellt auch aus der Tatsache, daß es als erstes Buch der Reihe herauskam, obwohl es in der Abfolge des Gesamtwerks erst einen sehr späten Platz einnimmt.[206] In diesem Buch kommen am besonderen Gegenstand der Pflanzengeographie alle Wesenszüge seines Denkens klar zum Ausdruck. Das ist einmal ein Bemühen, die Natur immer in Gestalt von *Naturgemälden* zu schauen und zu schildern. Was er exakt darunter versteht, wollen wir im folgenden, den *Ansichten der Natur* gewidmeten Abschnitt schildern. Hier sei nur hervorgehoben, daß es die gleiche Naturanschauung ist, die auch Goethe beseelt. Nirgends kann man klarer erkennen, daß Humboldt der wirkliche Vollender der Naturforschung der ganzen Goethe-Zeit ist, als in dieser seiner originellsten Wissenschaftsschöpfung, der Pflanzengeographie. Wir wundern uns daher auch nicht, daß es die «Urphänomene» von Goethes Morphologie, die Prinzipe der «Gestalt», der «Totalität» der «Kompensation», der «Steigerung» und der «Polarität» sind, welche die «Physiognomie» der Pflanzengesellschaften in den «Steppen und Wüsten», den «tropischen Wäldern», den «Savannen» usw. gestalten. Dasselbe gilt auch von den geologischen und geographischen Gestalten wie den Vulkanen, deren erste vergleichende Morphologie Humboldt gegeben hat, und den Landschaften überhaupt. Alles ist hier Morphologie und Physiognomik im Goetheschen Sinne. Und das bedeutet zugleich, daß alle diese kollektiven Gestaltungen der Vegetation jeweils als «Totalitäten» oder Holismen angeschaut werden müssen, als «lebendige Ganzheiten» also, mit denen Kompensationen möglich und notwendig sind. Das Überwiegen einzelner Pflanzenformen bedingt die Einschränkung anderer in der Weise, daß immer ein ganzheitliches Funktionieren des betreffenden Pflanzenkollektivs als «Savanne», als «tropischer Regenwald», als Hochwald oder in unseren Zonen als Buchenwald und Kiefernheide möglich wird. Das sind dieselben morphologischen Denkweisen, die auch in Goethes «Metamorphose der Pflanzen» zur Darstellung gekommen sind. Es ist daher nur natürlich, daß Humboldt seine Pflanzengeographie Goethe gewidmet hat. Und der begeisterte Goethe entwarf aus eigenem kongenialem Empfinden das dazu passende «Profil», das der ersten Auflage in Humboldts Originalzeichnung noch nicht beigegeben war. Nichts zeigt deutlicher die Harmonie im Denken Humboldts und Goethes als die Übereinstimmung dieser beiden Pflanzenprofile. Das wesentliche Ergebnis von Humboldts Pflanzengeographie ist sein berühmtes *Gesetz der dritten Dimension*. Es ist inzwischen Gemeingut der Botanik geworden und läßt sich nicht treffender formulieren, als Humboldt es im *Kosmos* getan hat, wo es heißt[207]: *Die dem Aequator nahe Gebirgsgegend ... ist der Theil der Oberfläche unseres Planeten, wo im engsten Raume die Mannigfaltigkeit der Natureindrücke ihr M a x i m u m erreicht. In der tiefgefurchten Andeskette von Neu-Granada* (Kolumbien) *und Quito ist es dem Menschen gegeben, alle Gestalten der Pflanzen ... gleichzeitig zu schauen. Ein Blick umfaßt Heliconien, hochgefiederte Palmen, Bambusen, und über die-*

sen Formen der Tropenwelt: *Eichenwälder, Mespilus-Arten und Dolden-Gewächse, wie in unserer deutschen Heimat... dort sind die Klimate, wie die durch sie bestimmten Pflanzen-Zonen schichtweise übereinander gelagert.* Wir haben also hier am gleichen Ort, wenn wir von der Ebene der Meereshöhe in die *dritte Dimension* hinaufsteigen, dieselben klimatisch voneinander verschiedenen Pflanzengesellschaften übereinander gelagert, die wir in der zweidimensionalen Ebene der Meereshöhe nur dann erleben, wenn wir uns in ihr vom Äquator in der Richtung auf die Pole hin bewegen. Das ist Humboldts *Gesetz der dritten Dimension* der Pflanzenverbreitung. Auch dieses Prinzip ist ein holistisches; denn es setzt voraus, daß man Pflanzengesellschaften als aktive Ganzheiten, als Holismen, betrachten kann, die gegeneinander kompensiert werden können und sich miteinander zur totalen Biosphäre hinaufgliedern lassen. Das ist die «kosmische» Naturanschauung, die Humboldts gesamtes Werk vom Essay zur Pflanzengeographie bis zum *Kosmos* beseelt.

Damit kommen wir zu den *Ansichten der Natur*, Humboldts Lieblingsbuch, in welchem die hier am Urbild der Pflanzengeographie kurz skizzierte kosmische Weltbetrachtung in größerer Breite entwickelt und in der Allegorie vom *Rhodischen Genius* auf ihre abschließende philosophische Formel gebracht wird. Die *Ansichten der Natur* erschienen ebenfalls gleich nach der großen Reise und enthalten insgesamt sieben Essays, von denen sechs zum Teil schon während der Reise entstanden, während der siebte aus der Zeit vor der Reise stammt und zuerst 1795 in Schillers «Horen» publiziert worden war. Das Werk erschien in zwei Bänden im Jahre 1807 und in dritter Auflage in Humboldts Todesjahr 1859. Von Interesse ist, festzustellen, daß von den insgesamt 769 Seiten der beiden Bände nur 237 Seiten die sieben Essays selbst beinhalten, während mehr als zwei Drittel des Werkes von Anmerkungen beansprucht werden, welche die für die Essays wichtigen «Tatsachen» beurkunden und zumeist auf den Erfahrungen und Messungen der großen Reise beruhen. Dieses Verhältnis der Tatsachen zu den Ideen, die sie tragen, ist insofern von Interesse, als es ein beliebtes Vorurteil zu zerstreuen vermag, daß es nämlich den Wissenschaften allein auf die Tatsachenfindung ankomme, während man die Ideen und Theorien, mit deren Hilfe wir sie gefunden hätten, ruhig ad acta legen könnte. Die Wirkungsgeschichte von Humboldts *Ansichten der Natur* beweist das Gegenteil. Die in ihren Naturgemälden verkündeten Ideen sind heute noch so frisch und lebendig wie in den Tagen ihrer ersten Niederschrift, während die «Tatsachen» zu ihrer Begründung längst vergessen und veraltet sind. Ideen sind mindestens so wichtig wie die sogenannten nackten Tatsachen, vielleicht sogar viel wichtiger; denn ohne Ideen zu haben, könnten wir auch nicht die geringsten Tatsachen von Wert finden. Nackte Tatsachen und grobe Empirie mögen gelegentlich in der Technik nützlich sein, zu wirklicher wissenschaftlicher Erkenntnis haben sie noch nie irgend etwas beigetragen.

Alexander von Humboldt. Gemälde von Karl Begas, 1844

Der Leser wird inzwischen den lebhaften Wunsch haben, Humboldts wundervolle *Naturgemälde* aus den *Ansichten* und dem *Kosmos* unmittelbar mitzuerleben. Dieser Wunsch ist leicht zu befriedigen, gibt es doch vorzügliche, leicht zugängliche und preiswerte Anthologien seines Gesamtwerks.[208] An dieser Stelle müssen wir es uns versagen, davon mehr zu vermelden als ihre Themen, weil jede Inhaltsangabe das Beste der Essays, nämlich Humboldts Sprache, die von goethescher Schönheit ist, doch nicht geben kann. Wenn es wahr ist, daß – wie Eliot meint[209] – ein Dichter dann ein Klassiker ist, wenn es ihm gelungen ist, der Sprache bisher unzugängliche Bereiche seelisch-geistigen Lebens durch neue angemessene und schöne Wortschöpfungen zu erschließen, dann ist Humboldt in der Schilderung seiner Naturgemälde auch ein klassischer Dichter gewesen.

Aber was versteht er denn nun unter einem Naturgemälde? Mit einer kurzen Deutung dieses humboldtschen Erkenntnisideals wollen wir unsere Betrachtungen über die *Ansichten der Natur* zum *Kosmos* überleiten und beschließen. Wir haben oben schon gehört, wie Wilhelm von Humboldt seines Bruders Naturbetrachtungen interpretiert hat: «Das Studium der physischen Natur nun mit dem der moralischen zu verknüpfen, und in das Universum, wie wir es erkennen, eigentlich erst die wahre Harmonie zu bringen... dazu... hat mir unter allen Köpfen... nur mein Bruder fähig erschienen.»[210] Was ist nun mit einer solchen Synthese der «physischen mit der moralischen Natur» gemeint? Ganz gewiß nicht eine Synthese von Logik und Ethik. Denn das wäre Metaphysik, und die hat niemandem ferner gelegen als Humboldt. Moderne Naturwissenschaftler werden allerdings in der Forderung, auch eine «moralische Natur» im Sinne zu haben, wenn sie nach der richtigen Formel für ihre «physische Natur» suchen, eine völlig unangebrachte Zumutung erblicken. Sie suchen ja nicht nach der «besten», sondern nach der «richtigen Formel», und dabei haben sie nur «Mechanismen» im Sinn. Mechanismen haben aber gewiß nichts Moralisches an sich. Aber gerade in der jüngsten Physik – und erst recht bei den allerdings noch wenigen Biologen, die sich von der Zwangsjacke der klassischen Physik freimachen konnten – zeigt sich ein sehr interessanter Wandel des Denkens. Die Quanten- und Atomphysik kann mit den klassischen Mechanismen nicht mehr ihr Auskommen finden, ihre Formeln sprechen eine andere Sprache, die wieder sehr an das Denken der Humboldt-Zeit im Felde der Naturerkenntnis erinnert. Wir können das hier nur an einem charakteristischen Beispiel, das unmittelbar zu Goethe und Humboldt zurückführt, erläutern. Eberhard Buchwald, der bedeutende Optiker unter den deutschen Physikern[211], hat soeben ein Buch erscheinen lassen, das einen hier für uns höchst beziehungsreichen Titel hat: «Physik, Gleichung und Gleichnis». Das Wort «Gleichung» besagt, daß Buchwald selbstverständlich die Physik als mathematische Naturwissenschaft betrieben sehen will, daß er also durchaus und bewußt in der Tradition Newtons steht. Das komplementäre Wort «Gleichnis» aber kündigt an, daß Buchwald die physische Welt dennoch gleichberechtigt auch mit Goethes Augen sieht, der bekanntlich nichts stärker verabscheut hat als die Synthese von Mathematik und Physik. Buchwald will beide Betrachtungsweisen gleichermaßen zur Geltung bringen, die Physik als Gleichung, also als «physische Natur», mit der Physik als Gleichnis, also in ihrer «moralischen Natur». Genau das hat damals auch Humboldt getan; denn er stand ebenso wie Buchwald stark und fest in der Tradition Newtons und hat stets alle ihm begegneten Naturerscheinungen «gemessen», war aber gleichermaßen als Morphologe der Schüler und Vollender von Goethes Naturforschung. So haben wir also die Synthese der physischen mit der moralischen Natur als eine solche von mathematischer mit morphologischer Naturwissenschaft zu verstehen. Buchwald macht das am Beispiel von Goethes Farbenlehre sehr deutlich. Sie ist nämlich keine Optik, sondern eine Morphologie der Farben, und so verschwindet gänzlich Goethes völlig überflüssige Polemik gegen Newton. Nach Buchwald gibt es drei Dimensionen, in denen uns Menschen irgendwelche Naturerscheinungen, zum Beispiel die Farben, begegnen: Einmal breiten sie sich rein physisch vor unseren Augen im Raume aus, zum anderen erleben wir sie seelisch in unserem Innern – rot anders als gelb oder grün – und schließlich versuchen wir auch noch sie im Geiste nachdenkend zu beherrschen. Wenn wir nun die rein physische Erscheinung der Farbe – abgesehen von ihrer subjektiven Wirkung auf unsere Seele – lediglich geistig zu bewältigen trachten, dann treiben wir Optik im Sinne Newtons und enden bei mathematischen «Gleichungen» über die Farben. Wenn wir nun aber unter Ausschaltung aller geistigen Beschäftigung mit der Farbe in der Optik ihre physische Dimension nur mit ihrer seelischen in Kontakt bringen, dann erleben wir die Farbe als «Gleichnis» dessen, was in unserer Seele geschieht; dann treiben wir «Farbenlehre» als «Morphologie der Farben» im Sinne Goethes. Dann werden die Farben zu «Urphänomenen», die wie alle echten Gestalten sich «steigern», sich «kompensieren» und in «Polaritäten» entgegen- und auseinandersetzen. Wenn man Naturphänomene morphologisch als Gestalten in ihren Metamorphosen «schaut», benötigt man dazu keine Apparate, man muß nur wie Goethe fähig sein, «Ideen sehen»[212] zu können. Apparate sind hier sogar schädlich; denn sie verfälschen die reine Anschauung der Natur. «Die Natur verstummt auf der Folter», sagt Goethe, und Buchwald interpretiert Goethes Abneigung gegen alle «Hebel und Schrauben» mit folgenden Worten: «Es ist bei ihm offenbar die Scheu vor dem Beginn eines Weges, auf dem man zu viele Schritte gegen die Natur tut, ohne die ethische Haltung gleichermaßen zu fördern; eines Weges, an dessen Ende heute die verfeinertsten und riesenhaftesten Apparaturen stehen, bisweilen beide in Personalunion... Ameisen- plus Saurierphysik; eines Weges, an dessen Ende auf einer dünnen Spitze labil die Atombombe balanciert.» Es ist bestimmt kein Zufall, daß Buchwald hier ausdrücklich auch die «ethische Haltung» zitiert, um Goethes morphologische Farbenlehre von Newtons physikalischer zu unterscheiden. Das ist genau dasselbe wie «die Synthese von physischer und moralischer Natur», die Wilhelm von Humboldt beruft, um Alexanders Erkenntnisideal des *Naturgemäldes* gebührend zu definieren. Wie wir nun wissen, handelt es sich in beiden Fällen um die synthetische Komplementarität von Physik und Morphologie bei der Schilderung dessen, was Natur eigentlich bedeutet. Das Denken der Natur als einen Inbegriff von Mechanismen hat zum Ziel, die Natur zu beherrschen; das reine Erkennenwollen tritt hinter den pragmatischen Wünschen der Technik zurück. Die elektrischen Wellen zum Beispiel interessieren nicht so sehr, weil sie Wellen sind, sondern weil man mit ihnen telegrafieren kann. Das bleibt ja auch dann, wenn sich irgendwann herausstellen sollte, daß sie eigentlich gar keine richtigen Wellen sind. Ganz anders die «ethisch» geprägte Naturerkenntnis. Für sie ist das Technische an der Physik belanglos, wenn nicht geradezu eine unwürdige Prostituierung der reinen Erkenntnis, die um ihrer selbst willen als ein echtes Kunstwerk dasein sollte. Das ist der Sinn der Idee des *Kosmos*. So sehen Goethe und Humboldt die Natur. *So umfaßt ein Weltgemälde in wenigen Zügen die ungemessenen Himmelsräume, wie die mikroscopischen kleinen Organismen des Thier- und Pflanzenreiches, welche unsere stehenden Gewässer und die verwitternde Rinde der Felsen bewohnen. Alles Wahrnehmbare, das ein strenges Studium der Natur nach jeglicher Richtung bis zur jetzigen Zeit erforscht hat, bildet das Material, nach welchem die Darstellung zu entwerfen ist; es enthält in sich das Zeugnis ihrer Wahrheit und Treue. Ein beschreibendes Naturgemälde wie wir es in diesen Prolegomenen aufrollen, soll aber nicht bloß dem Einzelnen nachspüren; es bedarf nicht zu seiner Vollständigkeit der Aufzählung aller Lebensgestalten, aller Naturdinge und Naturprozesse. Der Tendenz endloser Zersplitterung des Erkannten und Gesammelten widerstrebend, soll der ordnende Denker trachten, der Gefahr der empirischen Fülle zu entgehen. Ein ansehnlicher Theil der quantitativen Kräfte der Materie oder, um naturphilosophischer zu reden, ihrer qualitativen Kraftänderungen ist gewiß noch unentdeckt. Das Auffinden der Einheit in der Totalität bleibt daher schon deshalb unvollständig. Neben der Freude an der errungenen Erkenntnis liegt, wie mit Wehmuth gemischt, in dem aufstrebenden, von der Gegenwart unbefriedigten Geiste die Sehnsucht nach noch nicht aufgeschlossenen, unbekannten Regionen des Wissens. Eine solche Sehnsucht knüpft fester das Band, welches nach alten, das Innerste der Gedankenwelt beherrschenden Gesetzen, alles Sinnliche an das Unsinnliche kettet; sie belebt den Verkehr zwischen dem, «was das Gemüth von der Welt erfaßt, und dem, was es aus seinen Tiefen zurückgiebt».*[213] Hier in diesen «Prolegomenen» zum *Kosmos* sagt Humboldt klar und deutlich, wie er sein *kosmische Weltordnung* verstanden wissen will. Die wissenschaftliche Erforschung der Welt kommt nie zu Ende, aber der *ordnende Denker*, der für sich und seine Zeit zum einen Weltbild kommen möchte, mit dem sich leben läßt, *soll trachten, der Gefahr der empirischen Fülle zu entgehen*. Er muß sich bemühen, dem *von der Gegenwart unbefriedigten Genie die Sehnsucht nach noch nicht aufgeschlossenen, unbekannten Regionen des Wissens* zu erfüllen. Dazu ist die reine Ratio der Wissenschaft, die keinerlei Endziel anerkennen darf, völlig außerstande. Hier treten die Kräfte des *Gemüthes* in ihre unveräußerlichen Rechte ein, denn allein das Gemüt weiß von der Sehnsucht, welche *alles Sinnliche an das Unsinnliche* (= Übersinnliche) *kettet* und so *den Verkehr zwischen dem, «was das Gemüth von der Welt erfaßt, und dem, was es aus seinen Tiefen zurückgiebt», belebt*. Also die Welt als ein «Kosmos» ist gleichermaßen gewebt vom wissenschaftlichen Verstand wie von den Kräften des Gemüts. Nur wenn beide miteinander und nicht gegeneinander wir-

Alexander von Humboldt. Fotografie von Biow, Berlin 1847

ken, kommt jene Synthese der «physischen mit der moralischen Natur» zustande, die Humboldts *Naturgemälde* auszeichnen und alle seine Werke vom amerikanischen Reisewerk bis zum *Kosmos* gestaltet haben. Nur wenn man so den *Kosmos* begreift, darf man mit Humboldt erwarten: *Die Naturansicht soll allgemein, sie soll groß und frei, nicht durch Motive ... der relativen Nützlichkeit beengt sein.*[214] Humboldts *Kosmos* befindet sich überall in vollständiger Übereinstimmung mit den dabei herangezogenen Wissenschaften, das von ihm gezeichnete Weltgemälde ist aber weit mehr als nur Wissenschaft, es ist die Selbstverwirklichung der Philosophie von der Natur, welche die erhabenste Epoche des europäischen Geisteslebens, die Goethe-Zeit, vertrat, und ist damit zugleich ein Kunstwerk höchsten Ranges geworden. Deshalb fordert Humboldt vom *Kosmos*: *Möge dann die unermeßliche Verschiedenartigkeit der Elemente, die in ein Naturbild sich zusammendrängen, dem harmonischen Eindruck von Ruhe und Einheit nicht schaden, welcher der letzte Zweck einer jeden litterarischen oder rein künstlerischen Composition ist.*[215] Schelling, der die Philosophie der Goethe-Zeit wohl am lebendigsten repräsentiert, hat von ihr gefordert, daß Natur und Geist miteinander identisch werden müßten: «Die Natur soll der sichtbare Geist, der Geist die unsichtbare Natur seyn. H i e r also, in der absoluten Identität des Geistes i n uns und der Natur a u ß e r uns, muß sich das Problem, wie eine Natur außer uns möglich sey, auflösen. Das letzte Ziel unserer weiteren Nachforschung ist daher diese Idee der Natur...»[216] Sie ist auch die Leitidee von Alexander von Humboldts *Kosmos*, und sie ist in keinem Werk dieser größten Zeit des deutschen Geistes großartiger und vollendeter verwirklicht worden als in ihm. Natur und Geist sind im *Kosmos* wirklich miteinander identisch geworden. Ganz gewiß hat Humboldt damit recht, daß *das Auffinden der Einheit in der Totalität*, wie er es in seinem *Kosmos* vollzogen hat, immer *unvollständig* bleiben muß, eben weil des Forschens und Erkennens nie ein Ende sein kann. Man kann solche Totalgemälde der Welt, wie der *Kosmos* der erhabensten eines ist, daher immer nur für bestimmte, in sich gerundete Epochen der Geistesgeschichte, die sich in ihnen darstellen, zeichnen. Wenn aber eine solche geistige Selbstverwirklichung einer Epoche auf ihrer Höhe erfolgt und wenn ihr Maler gleichermaßen groß als Forscher wie als Künstler ist, dann löst sich sein Gemälde aus der unablässigen Folge der Epochen heraus, verabsolutiert sich gewissermaßen, wird klassisch und kann so fortan allen kommenden Generationen helfen, sich im Dunkel der ihnen vorgegebenen Zukunft zu orientieren. Freilich kann man Vergangenes nicht wieder zum Leben bringen, aber man kann sich von ihm beraten lassen, wenn man selbst noch nicht genau weiß, wie man das eigene Leben führen und gestalten soll.

Humboldt

ANMERKUNGEN

1 Brief an Humboldts Freund Willdenow vom 21. 2. 1801 aus Havanna, zitiert bei Bruhns Bd. 1, S. 335–344, bes. S. 342
2 Brief von W. v. H. an seinen Freund, den schwedischen Diplomaten und Dichter Karl Gustav von Brinkmann, vom 18. 3. 1793. Vgl. H. Beck: Gespräche ... Berlin 1959. S. 6–8
3 Vgl. hierzu: Henriette Herz, ihr Leben und ihre Erinnerungen, hg. von Josef Fürst. 2. Aufl. Berlin 1858, S. 105. – Ferner die Humboldt-Biographie von Bruhns Bd. 1, S. 29 und 49 f
4 Man vgl. *Jugendbriefe Alexander von Humboldts an Wilhelm Gabriel Wegener*, hg. von A. Leitzmann. Leipzig 1896, S. 4, 30, 35
5 Ebd.
6 Vgl. A. Leitzmann: Georg und Therese Forster und die Brüder Humboldt, Urkunden und Umrisse. Bonn 1936, S. 169. Brief Forsters an Heyne
7 *Jugendbriefe* ... S. 45
8 Brief von A. v. H. an J. Fr. Pfaff vom 12. 11. 1774 = Carl Pfaff: Sammlung von Briefen gewechselt zwischen J. Fr. Pfaff und ... A. v. Humboldt ... u. a. Leipzig 1853, S. 237
9 *Jugendbriefe* ... S. 51: Brief vom 27. 3. 1789 aus Berlin
10 Vgl. *Jugendbriefe* ... S. 71: Göttingen, den 10. 1. 1790
11 Vgl. Georg Forster: Ansichten vom Niederrhein, von Brabant, Flandern, Holland, England und Frankreich im April, Mai und Junius 1790, hg. u. m. Anm. vers. von Robert Geerds. 2 Bde. Leipzig o. J. – Eine Neuausgabe, von Gerhard Steiner bearbeitet, erschien 1958 in Berlin (= G. F. Sämtl. Schriften Bd. 9)
12 Der Brief ist in Oxford am 20. 6. 1790 geschrieben, also ziemlich gegen Ende der Reise. Vgl. *Jugendbriefe* ... S. 78 f

13 Brief Humboldts an F. H. Jacobi aus Hamburg vom 3. 1. 1791 = Rudolph Zoeppritz: Aus F. H. Jacobis Nachlaß. Ungedruckte Briefe von und an Jacobi ... 2 Bde. Leipzig 1869
14 Über Büsch unterrichtet J. Biensfeld: Johann Georg Büsch, ein Beitrag zur Geschichte der Nationalökonomie. Diss. Erlangen 1910
15 Zu Voght vgl. man: Kaspar von Voght. Lebensgeschichte. Hamburg 1917
16 Georg Ernst Stahl (1660–1734). Professor der Medizin in Halle, ist der Schöpfer der Phlogistontheorie, der ersten noch rein qualitativen Theorie der Verbrennungserscheinungen als den chemischen Urphänomenen schlechthin. Wärme war danach kein physikalischer Zustand, sondern ein sehr feiner chemischer Stoff – Phlogiston heißt das «Flüchtige» –, der bei jeder Verbrennung aus den verbrennenden Stoffen entweicht.
17 *Versuche und Beobachtungen über die grüne Farbe unterirdischer Vegetabilien*, in: Gren's Journal d. Physik Bd. 5 (1792), S. 195–204
18 Brief vom 19. 3. 1792. Der Brief befindet sich in einer noch unveröffentlichten Sammlung der Briefe Humboldts an Freiesleben, die sich zur Zeit in den Händen von Dr. Freiesleben in Hamburg befindet.
19 Leopoldina nennt sich abgekürzt die Kaiserlich Leopoldinisch-Carolinische Deutsche Akademie der Naturforscher, die älteste naturwissenschaftliche Gesellschaft der Welt. Sie ist acht Jahre älter als die Royal Society in London, wurde 1652 gegründet und 1687 vom Kaiser Leopold I. mit großen Rechten und Privilegien ausgestattet.

20 Vgl. *Über die unterirdischen Gasarten und die Mittel ihren Nachtheil zu vermindern.* Braunschweig 1799, bes. S. 249 f
21 Vgl. *Kosmos* Bd. 1, S. 458
22 Vgl. *Florae Fribergensis specimen plantas cryptogamicas praesertim subterraneas exhibens... Accedunt Aphorismi ex doctrina physiologiae chemicae plantarum.* Berlin 1793, S. 9–10
23 Ebd.
24 Man denke an Linnés These: «Wir rechnen so viele Arten, als von Anbeginn geschaffen wurden; die einzelnen Wesen vermehren sich durch Eier, und jedes Ei liefert einen Nachkommen, der in allem seinen Eltern gleich ist.»
25 *Aphorismen aus der chemischen Physiologie der Pflanzen,* aus dem Lateinischen übersetzt von Gotthelf Fischer. Leipzig 1794
26 Siehe Anm. 17
27 Der hier verkürzt wiedergegebene Brief Humboldts an Schiller vom 6. 8. 1794 ist ausführlicher zitiert bei H. Beck: Humboldt Bd. 1, S. 64–65
28 Vgl. Artemis-Ausg. der Werke Goethes Bd. 12, S. 619–623, bes. S. 622
29 Zu den überaus engen Beziehungen des morphologischen mit dem historischen Denken vgl. man auch Adolf Meyer-Abich: Geistesgeschichtliche Grundlagen der Biologie. Stuttgart 1963
30 Vgl. Helmut de Terra: Humboldt. New York 1955. – Zum Briefwechsel mit von Haeften vgl. man A. Leitzmann: Eine Jugendfreundschaft Alexander von Humboldts, in: Deutsche Rundschau Jg. 1915, S. 106–126
31 Zu diesem Thema vgl. man die schöne und aufschlußreiche Arbeit von Wolfdietrich Rasch: Freundschaftskult und Freundschaftsdichtung im deutschen Schrifttum des 18. Jahrhunderts... Halle 1936
32 Vgl. H. Beck: Humboldt Bd. 1, S. 69 und S. 260–261
33 Brief aus Göttingen vom 25. 5. 1788 = Briefe von Chamisso, Gneisenau, Haugwitz I. S. 98
34 Vgl. H. Beck: Alexander von Humboldts «Essay de Pasigraphie». México 1803–04 = Forschungen und Fortschritte Jg. 32/1958, S. 33–39, bes. S. 36
35 Vgl. Anm. 6, S. 114
36 Horace Bénédict de Saussure lebte von 1740 bis 1799, fast immer in Genf. Sein Hauptwerk waren seine Voyages dans les Alpes. Vol. 1–4. 1779–1796. Das Werk war zur Zeit von Humboldts Besuch also noch nicht vollendet.
37 Notiz aus dem Jahre 1799, als Humboldt von Madrid nach La Coruña fuhr, um seine große Amerikareise anzutreten. Vgl. «Sammlung Darmstaedter» der Preußischen Staatsbibliothek, großer Kasten 11, 113–126 (z. Z. Westdeutsche Bibliothek, Marburg)
38 Diese Äußerungen finden sich in einem Brief Humboldts an Freiesleben aus Ingelfingen vom 2. 8. 1796 (Sammlung Dr. Freiesleben, Hamburg)
39 H. Beck: Humboldt Bd. 1, S. 83
40 Siehe Anm. 37
41 Brief von Humboldt an seinen Bayreuther Kollegen Frhrn. v. Schuchmann, ohne Datum und Ort. Nach dem übrigen Inhalt des Briefes zu urteilen, ist er kurz vor dem Tode der Mutter geschrieben, als Humboldt noch nicht Millionär geworden war. Der Brief findet sich bei Karl v. Holtei: Dreihundert Briefe aus zwei Jahrhunderten. 2 Bde. Hannover 1872
42 Thaddäus Haenke (1761 bis 1817) entstammt einem deutschböhmischen Bauerngeschlecht, studierte Naturwissenschaften

in Prag und Wien und kam hier mit dem westindischen Forscherkreis um von Born und die Jacquins in Kontakt. Seine Gönner, die durch die Habsburger auch die besten Verbindungen mit dem Hof in Madrid hatten, ermöglichten ihm die Teilnahme an der Weltumseglung des spanischen Kapitäns Alejandro Malaspina, der die gesamte amerikanische Pazifikküste von der Magellanstraße bis Alaska und die Nordwestpassage erforschen sollte. Auch die Südsee gehörte zum Reiseprogramm. Haenke mußte, um die Ausreiseerlaubnis zu erhalten, Kaiser Joseph II. die Rückkehr versprechen, hielt die Zusage aber nicht, sondern verließ im Jahre 1793 Malaspinas Expedition definitiv, um an Land zu bleiben und dort zu forschen. So hat er Hervorragendes in der naturwissenschaftlichen Erforschung Perus, Chiles und Boliviens geleistet. Er starb 1817 auf seinem Landsitz Santa Cruz de Elicona, 250 Kilometer nördlich von Cochabamba in Bolivien. Er hat also gleichzeitig und schon kurz vor Humboldt in Südamerika Landforschung betrieben und muß unstreitig als der bedeutendste deutsche Naturforscher vor und zu Humboldts Zeit in Iberoamerika gelten. Als Humboldt in Peru war, lebte er schon weit entfernt in Bolivien. So sind beide Forscher, obschon sie voneinander wußten, einander doch persönlich nie begegnet. Haenke hat auf Spezialgebieten Gleichwertiges wie Humboldt geleistet. Ihm fehlte aber vollkommen die universale Betrachtungsweise Humboldts. Über ihn vergleiche man Renée Gicklhorn: Thaddäus Haenkes Reisen und Arbeiten in Südamerika = Acta Humboldtiana, Series historica No. 1. Wiesbaden 1966

43 Eine genaue Definition und Beschreibung des «dynamischen Typus» im Sinne Goethes findet sich bei Wilhelm Troll: Organisation und Gestalt im Bereich der Blüte. Berlin 1928
44 Brief Goethes an Frau von Stein aus Rom vom 8. 6. 1787
45 Erster Entwurf einer allgemeinen Einleitung in die vergleichende Anatomie, ausgehend von der Osteologie, verfaßt von Goethe 1795 nach dem ersten Besuch der Brüder Humboldt bei ihm und auf deren Anregung, aber erst 1820 in den Schriften zur Morphologie, Bd. 1, H. 2, veröffentlicht. Vgl. Artemis-Ausg. Bd. 17, S. 231–276, bes. S. 237–238
46 Vgl. Valentin Haecker: Goethes morphologische Arbeiten. Jena 1927
47 Vgl. das handschriftliche Fragment: Versuch einer allgemeinen Vergleichungslehre aus dem Jahre 1790. In: Artemis-Ausg. Bd. 17, S. 230
48 Vgl. Über den Zwischenkiefer des Menschen und der Tiere = Schriften zur Morphologie, Bd. 1, H. 2. In: Artemis-Ausg. Bd. 17, S. 320
49 Siehe Anm. 45
50 Vgl. Vorträge über die drei ersten Kapitel des Entwurfs einer allgemeinen Einleitung in die vergleichende Anatomie ... 1796 = Schriften zur Morphologie, Bd. 1, H. 3. In: Artemis-Ausg. Bd. 17, S. 269–288
51 Der genaue Betrag von Humboldts Erbschaft belief sich auf 91 475 Taler und 4 Groschen. Davon gingen 6100 Taler an Passiven ab. In sein Dresdner Tagebuch notierte er dann: *Mein baares, sicheres und zinsbares Vermögen beträgt am 16. Juni 1797 85.375 Thlr. 4 Gr., davon jährlich gewisse Zinsen 3476 Thlr.* Vgl. Bruhns Bd. 1, S. 243
52 Vgl. Julius Schuster: Alexander

von Humboldts wissenschaftliche Anfänge. 1927. S. 316 (Sudhoffs Archiv f. Gesch. d. Math., Naturw. u. Technik Bd. 10, 1927)
53 Vgl. E. M. Kronfeld: Der Schönbrunner botanische Garten im Jahre 1799 (Arch. Gesch. Naturw. Technik Jg. 1912, S. 330–356)
54 Es ist hier nicht der Ort, diese sechs großen Expeditionen im einzelnen zu beschreiben. Der interessierte Leser sei auf die Zusammenstellung verwiesen, die H. Beck im ersten Band seines Humboldt-Buches S. 271–272 gegeben hat.
55 Leopold von Buch, Freiherr von Gellmersdorf (1774–1853) gilt als der größte Geologe seiner Zeit. Von ihm stammt die erste geognostische Karte von Deutschland in 24 Blättern.
56 Vgl. *Versuche über die gereizte Muskel- und Nervenfaser nebst Vermuthungen über den chemischen Proceß des Lebens in der Thier- und Pflanzenwelt.* 2 Bde. Posen und Berlin 1797
57 Ein Galilei zugeschriebenes Zitat, das sich in seinen Schriften aber nicht hat nachweisen lassen.
58 Albrecht von Haller ist der größte Physiologe des 18. Jahrhunderts. Seine hier zu nennende berühmte Arbeit heißt: Über sensible und irritable Teile des Körpers (Verhandlungen d. Schwedischen Akademie d. Wissenschaften Bd. 45, 1753)
59 Vgl. H. Beck: Humboldt Bd. 1, S. 104
60 Siehe Anm. 58
61 Johannes Müller (1801–58), Professor der Anatomie und Physiologie an der Universität Berlin. Freund Goethes und Lehrer von Virchow und Helmholtz, Entdecker der «spezifischen Energie der Sinnesorgane».
62 Seine von Haeften-Freunde, die ja ebenfalls zur italienischen Reisegesellschaft gehörten, hatten schon im März Salzburg verlassen und sich zunächst nach Bayreuth begeben. Anfang Mai trafen sie wieder mit Humboldt in Paris zusammen. Sie blieben bis in den August und kehrten dann endgültig auf ihr Gut bei Kleve zurück, weil Christiane von Haeften ein Kind erwartete. Humboldt sollte seinen Freund Reinhard von Haeften nicht wiedersehen; denn dieser starb am 20. 1. 1803, als Humboldt in Amerika war. Einen Augenblick hat er daran gedacht, die Witwe seines Freundes zu heiraten, aber sehr bald diesen Plan wieder aufgegeben. Das bewegliche Forscherleben, das er – der Leitidee seines Lebens folgend – führen mußte, konnte durch eine Ehe nicht gefördert, vielmehr nur gehindert werden.
63 Vgl. H. Beck: Humboldt Bd. 1, S. 113
64 Vgl. Goethes Briefwechsel mit Wilhelm und Alexander von Humboldt, hg. von Ludwig Geiger. Bes. S. 49–57
65 Vgl. Allg. Geograph. Ephemeriden 1799. S. 297
66 Es handelt sich um die Abhandlung *Mémoire sur l'absorption de l'oxygène par les terres simples*... (Annales de chimie 29. An. VII. Cah. 2. 1799)
67 Louis-Antoine de Bougainville (1729–1811) leitete die erste große französische Weltumseglung mit zwei Schiffen, die große Entdeckungen in Melanesien machte und die dortigen französischen Kolonien begründete. Im amerikanischen Unabhängigkeitskrieg befehligte er die französischen Truppen in Kanada. Das vielleicht schönste Gewächs der Tropen, eine prachtvoll blühende dornige Kletterpflanze, die Bougainvillea, ist nach ihm benannt.

68 Thomas Nicolas Baudin (1750? bis 1803) war Franzose und Seemann von Beruf.
69 Aimé Bonpland, in La Rochelle am 18. 8. 1773 geboren, wurde nach Rückkehr von der Amerikareise mit Humboldt zum Aufseher der Gärten von Malmaison, der Residenz der Kaiserin Joséphine nach ihrer Scheidung von Napoleon, ernannt. Nach dem Sturz Napoleons emigrierte der getreue Anhänger des Kaisers nach Argentinien, wo er nach einem bewegten Leben, das ihn in politische Wirren verwickelt hatte, einsam und vergessen auf seiner entlegenen Hazienda in hohem Alter – ein Jahr vor Humboldt – am 11. 5. 1858 starb. Vgl. R. Bouvier und E. Maynial: Der Botaniker von Malmaison, Aimé Bonpland, ein Freund Alexander von Humboldts. Neuwied 1948
70 Humboldt an Willdenow in einem Brief aus Havanna vom 21. 2. 1801 (Bruhns Bd. 1, S. 342–343)
71 Humboldt an seinen Bruder Wilhelm aus Cumaná (Venezuela) am 17. 10. 1800 (Bruhns Bd. 1, S. 334)
72 Leider hatte Humboldt die Notizen der Spanienreise verlegt und bekam sie erst 1825 wieder in die Hände. Damals erschienen sie unter dem Titel: *Über die Gestalt und das Klima des Hochlandes der Iberischen Halbinsel* in der geograph. Zeitschrift Hertha Bd. 4, S. 5–23. – Man vgl. auch Karl Förster: Die iberische Halbinsel als Arbeitswelt Alexander von Humboldts (Diss. Leipzig 1923)
73 Vgl. Bruhns Bd. 1, S. 269, Fußnote
74 Vgl. F. v. Richthofen: Wissenschaftliche Beiträge zum Gedächtnis der hundertjährigen Wiederkehr des Antritts von A. v. Humboldts Reise nach Amerika am 5. Juni 1797... hg. von der Ges. f. Erdkunde zu Berlin 1899; Beitrag von Eduard Lentz, S. 11
75 Vgl. *Reise in die Aequinoctial-Gegenden* Bd. 1, S. 11. – Den erhalten gebliebenen Entwurf dieser Denkschrift hat E. Lentz (s. Anm. 74) veröffentlicht, S. 33–36
76 Dieses und die folgenden Zitate finden sich in *Reise in die Aequinoctial-Gegenden* Bd. 1, S. 12. – Vgl. Bruhns Bd. 1, S. 274
77 Vgl. *Vorrede zur ersten Ausgabe der Ansichten der Natur.* Tübingen 1808, S. VII–VIII. Die Unterstreichung stammt vom Verfasser
78 Vgl. *Reise in die Aequinoctial-Gegenden des neuen Continents.* In deutscher Bearbeitung von von Herm. Hauff. 6 Bde. Stuttgart 1861/62. Bd. 1, S. 163 [Dieses Werk wird künftig nur als «Reisewerk» zitiert]
79 Vgl. *Briefe Alexanders v. Humboldt an seinen Bruder Wilhelm.* Stuttgart 1880, S. 7 [Brief vom 20. 6. 1799]
80 Vgl. «Reisewerk» Bd. 1, S. 130
81 Ebd. S. 155 und 158
82 Ebd. S. 182
83 Ebd. S. 194 und 196
84 Dieselbe Quelle wie Anm. 79; S. 12 [Brief aus Cumaná vom 16. 7. 1799]
85 Vgl. «Reisewerk» Bd. 2, S. 50–51
86 Ebd. S. 53
87 Brief an Wilhelm von Humboldt aus Cumaná vom 16. 7. 1799; vgl. Bruhns Bd. 1, S. 319
88 Vgl. «Reisewerk» Bd. 2, S. 60–61
89 In der Sitzung vom 13. Mai 1841. – Vgl. a. Anm. 61
90 Vgl. «Reisewerk» Bd. 2, S. 121
91 Hanno Becks Angabe – Humboldt Bd. 1, S. 285, Anm. 7 –, daß es heute «nur noch wenige Exemplare des Guacharó gibt», entspricht also glücklicherweise nicht den Tatsachen.

92 Vgl. *Vom Orinoco zum Amazonas. Reise in die Aequinoctial-Gegenden des neuen Kontinents.* Nach der Übersetzung von Herm. Hauff bearb. von Adalbert Plott, hg. und mit einer Einführung vers. von Adolf Meyer-Abich. 4. Aufl. Wiesbaden 1964
93 Volkmar Vareschi: Geschichtslose Ufer. Auf den Spuren Humboldts an Orinoco. München 1959
94 Siehe Anm. 56
95 Vgl. «Reisewerk» Bd. 6, S. 143
96 Vgl. Brief an Willdenow vom 21. 2. 1801 aus Havanna. Vgl. Bruhns Bd. 1, S. 335–344
97 Vgl. «Reisewerk» Bd. 6, S. 143
98 Diese Lehre vertrat der französische Geograph Philippe Bouache (1700–73), der unter Berufung auf seine Theorie die Existenz eben des Casiquiare bestritten hatte.
99 Vgl. «Reisewerk» Bd. 6, S. 37
100 Die moderne Technik könnte ein gewaltiges Werk vollbringen, unendlich wertvoller als alle Mond-Astronautik, wenn sie diese Sumpfgebiete und die unmittelbar beteiligten Ströme kanalisierte. Dann könnten Seeschiffe südlich Trinidad bei Curiapo in Venezuela in den Orinoko einfahren und bei Buenos Aires auf dem Rio de la Plata den Südatlantik erreichen. Der Riesenkontinent Südamerika würde dann quer durch seine Mitte, die im Verhältnis zur Küste noch wenig besiedelt ist, erschlossen werden
101 Vgl. «Reisewerk» Bd. 6, S. 16
102 Ebd. S. 86
103 Vgl. Hermann Albert Schumacher: Südamerikanische Studien. Drei Lebens- und Culturbilder. Mutis – Caldas – Codazzi (1760 –1860). Berlin 1884. S. 450–451
104 Ebd. S. 99 f
105 Ebd. S. 100
106 Nach einer Mitteilung – Ende April 1959 – an den Verfasser in Bogotá durch das damalige Oberhaupt der heute noch dort lebenden Familie Mutis.
107 Die Ergebnisse der «Botanischen Expedition» von Mutis sind so wertvoll und auch für alle künftige botanische Forschung Kolumbiens so wichtig, daß die Regierungen von Spanien und Kolumbien die Pflanzentafeln heute in einem großen Prachtwerk herausgeben. Es soll insgesamt 51 Bände umfassen, etwa fünf davon sind inzwischen erschienen.
108 Vgl. Schumacher, a. a. O., S. 102 f
109 Siehe Anm. 107
110 Aus einem Brief an W. v. H. vom 21. 9. 1801 [s. Anm. 79; S. 35]
111 Vgl. Schumacher, a. a. O., S. 110–111
112 Siehe Anm. 103; S. 119 f. – Das Profil ist abgedruckt in dem zum großen Reisewerk gehörenden Band: *Atlas géographique et physique du Nouveau Continent...* Paris 1814. Tafel VI
113 Vgl. Schumacher, a. a. O., S. 105
114 Vgl. Humboldts Tagebuch, zitiert bei Schumacher, a. a. O., S. 131 f
115 Vgl. *Pittoreske Ansichten der Kordilleren und Monumente amerikanischer Völker* (Gesammelte Werke Bd. 10. Stuttgart o. J.) S. 150
116 Vgl. Schumacher, a. a. O., S. 136
117 Brief an Wilhelm von Humboldt aus Lima vom 25. 11. 1802 [s. Anm. 79; S. 41–43]
118 Vgl. Schumacher, a. a. O., S. 98
119 Ebd. S. 146
120 Ebd. S. 147
121 Nach einem Bericht des Geographen Moritz Wagner, der, von Humboldt empfohlen, 1859 in Quito war und mit Rosa Montúfar über Humboldt sprechen konnte. Vgl. Zeitschrift f. allg. Erdkunde NF. 1884, S. 235

122 Vgl. *Kleinere Schriften* Bd. 1. Stuttgart und Tübingen 1853, S. 55
123 *Über einen Versuch, den Gipfel des Chimborazo zu ersteigen* [s. Anm. 122; S. 133–174]
124 Ebd. S. 157. – Humboldts Essay ist wieder abgedruckt in der ausgezeichneten Humboldt-Anthologie von Rudolf Zaunick: A. v. H.: Kosmische Naturbetrachtung. Stuttgart 1958. S. 133–155
125 Vgl. Schumacher, a. a. O., S. 159
126 Ebd. S. 151
127 Gemeint ist neben der Inkasprache noch die der Kariben, die Humboldt am Orinoko kennengelernt hatte.
128 Brief an Wilhelm von Humboldt aus Lima vom 25. 11. 1802 [s. Anm. 79; S. 52]
129 Vgl. *Ansichten der Natur* Bd. 2, S. 322 f
130 Brief an Wilhelm von Humboldt aus Lima vom 25. 11. 1802 [s. Anm. 79; S. 53]
131 Der so betitelte Essay, eines der schönsten «Naturgemälde» von Humboldt, findet sich in den *Ansichten der Natur* Bd. 2, S. 315–367 der 2.–3. Auflage.
132 Ebd. S. 339 f
133 Ebd. S. 346
134 Ebd. S. 354–356
135 Veröffentlicht in El Ateneo de Lima, Jg. 1906, Nov. 40, S. 116–120
136 Vgl. Schumacher, a. a. O., S. 163
137 Die *Ideen zu einer Geographie der Pflanzen*, wie die deutsche, von Humboldt selbst besorgte Ausgabe betitelt ist, erschienen schon 1807 bei Cotta in Tübingen. Die zugehörige französische, dem Reisewerk inkorporierte Ausgabe war schon 1805 gleich nach Humboldts Rückkehr in Paris erschienen, die erste wissenschaftlich vollendete Frucht der großen Reise. Dieser Ausgabe fehlte noch die Chimborazotafel. Das Buch war Goethe gewidmet – mit Recht; denn es war seine Morphologie, die hier auf die Pflanzengeographie angewandt wurde. Goethe war begeistert und zeichnete nun selbst eine «Chimborazo»-Tafel, die er Humboldt sandte. Erst die deutsche Ausgabe brachte auch Humboldts Profil. Der Verfasser hat diese Ausgabe kürzlich neu herausgebracht und ihr neben Humboldts Originalprofil auch Goethes Zeichnung beigegeben. Vgl. A. v. H.: Ideen . . . Darmstadt 1962. – Auch im großen Reisewerk erschien Humboldts Chimborazoprofil als eigene Publikation.
138 Vgl. Bruhns Bd. 1, S. 391–392
139 Vgl. Helmut de Terras im übrigen sehr verdienstvolles Buch: Humboldt, The Life and Times of Alexander von Humboldt 1769–1859. New York 1955
140 Das war in der vielleicht kritischsten Zeit seines Lebens – dem fünften Jahrzehnt –, als er, mit der Bearbeitung des großen Reisewerks fertig, die große Asienreise als komplementäres Pendant zur Amerikareise plante und von der Britisch-Ostindischen Kompanie enttäuscht wurde.
141 Vgl. Gesammelte Werke Bd. 9: Neuspanien I. Stuttgart o. J. S. 94 f
142 *Pasigraphie* ist ein von Humboldt erfundener Ausdruck, der keinen Eingang in die Wissenschaft gefunden hat. Humboldt verstand unter *Pasigraphie* eine schematische Darstellung geologischer Tatsachen in symbolischer Form, in etwa den Formeln der Chemie vergleichbar. Näheres hierüber bei H. Beck s. Anm. 34.
143 «Mein Herr: Ich empfing gestern abend Ihren freundlichen Brief vom 24. und entbiete Ihnen meine Glückwünsche zu Ih-

rer Ankunft hier in guter Gesundheit nach einer Reise, in deren Verlauf Sie so mannigfachen Gefahren und Zufällen ausgesetzt waren. Die Länder, die Sie besucht haben, gehören zu den am wenigsten bekannten und höchst interessanten, und ein lebhafter Wunsch wird überall empfunden, die Information zu erhalten, die Sie imstande sein werden zu geben. Niemand fühlt das stärker als ich, weil vielleicht niemand diese neue Welt mit interessierteren Hoffnungen, daß sie die menschlichen Verhältnisse wesentlich verbessern möge, ansieht. An dem neuen Platze, auf welchem sich der Sitz unserer Regierung befindet [gemeint ist das damals noch ganz junge Washington], haben wir nichts Besonderes, was das Interesse eines Reisenden locken könnte, und können statt dessen nur das Willkommen anbieten, mit welchem wir Ihren Besuch empfangen würden, sollten Sie es passend finden, noch so viel Ihrer Reise hinzuzufügen. Emfangen Sie bitte meine respektvollen Grüße und die Versicherung meiner ausgezeichneten Hochachtung etc. – Jefferson.» – Der Brief, mit dem Humboldt sich bei Präsident Jefferson angemeldet hat, ist publiziert in Felix M. Wassermann: Six unpublished letters of Alexander von Humboldt to Thomas Jefferson, in: The Germanic Review, Oct. 1954, p. 192 f). – H. Beck (Humboldt Bd. 1, S. 223–224) referiert den Inhalt dieses Briefes kurz folgendermaßen: Humboldt «berichtete knapp über seine Reise und meinte, trotz glühenden Wunsches, Paris wiederzusehen, habe er aus moralischem Interesse nicht widerstehen können, die Vereinigten Staaten zu besuchen und den tröstlichen Anblick eines Volkes zu genießen, das die köstliche Gabe der Freiheit vollauf begreife».

144 Vgl. H. de Terra, a. a. O., S. 184
145 Das Wort «philosophical» im Namen dieser Gesellschaft meint nicht Philosophie im heutigen Sinne, sondern einfach «Wissenschaft» im Sinne Newtons, der seine Mathematische Physik ja auch «Natural Philosophy» genannt hat.
146 Vgl. H. de Terra, a. a. O., S. 185
147 Ebd. S. 187
148 Siehe Anm. 141; S. 142
149 Vgl. Eckermann: Gespräche mit Goethe (Artemis-Ausg. Bd. 24, S. 67): «Goethe gefiel mir diesen Abend ganz besonders. Das Edelste seiner Natur schien in ihm rege zu sein; dabei war der Klang seiner Stimme und das Feuer seiner Augen von solcher Kraft, als wäre er von einem frischen Auflodern seiner besten Jugend durchglüht ... Ich konnte nicht umhin, einige hochstehende deutsche Männer zu erwähnen, denen im hohen Alter die nötige Energie und jugendliche Beweglichkeit zum Betrieb der bedeutendsten und mannigfaltigsten Geschäfte doch keineswegs zu fehlen scheine. – ‹Solche Männer und ihresgleichen›, erwiderte Goethe, sind geniale Naturen, mit denen es eine eigene Bewandtnis hat; sie erleben eine wiederholte Pubertät, während andere Leute nur einmal jung sind.›»
150 Vgl. Ernst Kretschmer: Geniale Menschen. 2. Aufl. Berlin 1931
151 Wer es ausführlicher in allen Einzelheiten erfahren möchte, sei auf H. Beck: Humboldt Bd. 2, ausdrücklich hingewiesen.
152 Brief Humboldts an Julius Löwenberg, vgl. Bruhns Bd. 1, S. 402
153 Man vgl. folgende Abhandlungen: K. H. Panhorst: Simon

Bolivar und A. v. H., in: Ibero-Amerik. Archiv Bd. 4, 1930/31, S. 44 f; J. F. Rippy and E. R. Brann: A. v. H. and Simon Bolivar, in: The Amer. Hist. Review vol. 52, 1946/47, p. 701 f
154 Ebd.
155 Vgl. G. Masur: Simon Bolivar und die Befreiung Südamerikas. Konstanz 1949. S. 68
156 Vgl. R. Bouvier und E. Maynial [s. Anm. 69]
157 Vgl. Wilhelm und Caroline von Humboldt in ihren Briefen, Bd. 2, S. 165 f
158 Vgl. H. Beck: Humboldt Bd. 2, S. 9
159 Vgl. Bruhns, Bd. 1, S. 469
160 Siehe Anm. 141; S. 179
161 Vgl. Correspondance d'Alexandre de Humboldt avec François Arago (s. Bibliographie)
162 Vgl. H. Beck: Humboldt Bd. 2, S. 56
163 Wilhelm und Caroline von Humboldt in ihren Briefen, Bd. 2
164 Enthalten in der Humboldt-Anthologie von Zaunick (s. Anm. 124; S. 176–197)
165 Siehe Anm. 79; S. 114
166 Vgl. [Julius Löwenberg:] Memoiren A. v. Hs. 2 Bde. Leipzig o. J. [Bd. 1, S. 371]
167 Wie das sein im übrigen ausgezeichneter Biograph Hanno Beck in seinen beiden Humboldt-Bänden immer wieder versucht.
168 Siehe Anm. 79; S. 99 f
169 Der hier ausgelassene Passus über den bevorstehenden Sturz des damaligen «Kaisers» Iturbide von Mexiko besagt nur, daß Humboldt für sein Institut solide Zustände in Mexiko voraussetzen wollte, und hat nichts mit politischem Republikanismus zu tun. Auch Iturbide, *den ich kenne*, wäre ihm recht gewesen, wenn er nur solide politische Zustände garantiert hätte. Aber das eben war nicht der Fall.
170 Daß er hier besonders die Zoologie und Botanik nennt, hängt damit zusammen, daß die beiden Wissenschaftler, die er mitnehmen wollte, ein französischer Zoologe (Valenciennes) und ein deutscher Botaniker (Kunth jr.) waren.
171 Siehe Anm. 79; S. 99 f [Brief aus Verona vom 17. 10. 1822]
172 Das heutige großartige Instituto Panamericano de Historia y Geografia in Mexiko kann als die beste moderne Verwirklichung von Humboldts Institutsplänen angesehen werden. Sein Arbeitsprogramm ist echt humboldtisch, und es hat auch Wesentliches in der Humboldt-Forschung geleistet.
173 Vgl. H. Beck: Humboldt Bd. 2, S. 62
174 Vgl. Goethe's Naturwissenschaftliche Correspondenz 1812 –1837, hg. von F. Th. Bratranek. Leipzig 1874. Bd. 1, S. 322
175 Interessenten seien auf die spezialisierte Schilderung bei H. Beck: Humboldt Bd. 2, S. 88–154, hingewiesen.
176 Siehe Anm. 79; S. 186
177 Wie er dem Grafen Cancrin in einem Brief mitteilte, der noch einmal eine genaue Prophezeiung bevorstehender Diamantenfunde enthielt, die dann kurz darauf tatsächlich in einem Goldbergwerk des Grafen Polier gefunden wurden. Vgl. Gustav Rose: Mineralogisch-geognostische Reise nach dem Ural, dem Altai und dem Kaspischen Meere. Berlin 1837. Bd. 1, S. 92–94
178 Alexander Herzen, damals noch ein junger Student, hat an diesem Empfang teilgenommen und ihn leicht ironisch geschildert. Vgl. Alexander Herzen: Erlebtes und Gedachtes. Weimar 1953. S. 62 f
179 Zelter am 28. 1. 1828 an Goethe. Vgl. Bruhns Bd. 2, S. 146 f
180 Vgl. H. Beck: Humboldt Bd. 2, S. 294
181 Vgl. Goethes Briefwechsel mit

den Gebrüdern Humboldt, hg. von F. Th. Bratranek. Leipzig 1876. S. 345
182 Vgl. Friedrich Daniel Bassermann: Denkwürdigkeiten. Frankfurt a. M. 1926. S. 273. − Bassermann war Mitglied der Paulskirchenabordnung, die nach Berlin gekommen war, um König Friedrich Wilhelm IV. die deutsche Kaiserkrone anzutragen.
183 Vgl. Wilhelm von Humboldt: Ideen zu einem Versuch, die Grenzen der Wirksamkeit des Staates zu bestimmen. Leipzig o. J. − Diese glänzende Abhandlung, die besonders J. St. Mill und den englischen Liberalismus beeinflußt hat, ist von Wilhelm von Humboldt in seinem 25. Lebensjahr vollendet worden. Abgesehen von einem Auszug, den Schiller in seiner «Thalia» veröffentlicht hat, erschien das ganze Buch erst 1851 im Verlag Trewendt in Breslau, hg. von E. Cauer. Alexander hat dieses in sich vielleicht vollendetste Werk des Bruders natürlich gekannt.
184 Vgl. Alfred von Reumont: Aus König Friedrich Wilhelms IV. gesunden und kranken Tagen. Leipzig 1885. S. 147
185 Vgl. H. Beck: Gespräche ... S. 345 und 388
186 Vgl. Goethe: Die Natur. In: Artemis-Ausg. Bd. 16, S. 923
187 Vgl. Conrad Müller: Alexander von Humboldt und das preußische Königshaus, Briefe aus den Jahren 1835–1857. Leipzig 1928. S. 291
188 Vgl. Anna v. Sydow: Gabriele von Bülow ... 13. Aufl. Berlin 1909. S. 560 f
189 Vgl. H. Beck: Gespräche ... S. 421–423
190 Vgl. Heinrich Brugsch: Mein Leben und mein Wandern. 2. Aufl. Berlin 1894 [s. a. Anm. 189]
191 Vgl. Karl August Varnhagen von Ense: Blätter aus der preußischen Geschichte. Leipzig 1868 –1869. 5 Bde. (Bd. 5, S. 206)
192 Siehe Anm. 79; S. 189 f
193 Vgl. hierzu Goethes Kampagne in Frankreich, besonders seine Betrachtungen bei der «Kanonade von Valmy», in: Aus meinem Leben, zweite Abteilung, fünfter Teil (1822)
194 Vgl. H. Beck: Humboldt Bd. 2, S. 184–185. Ausführlicher in desselben Gespräche ... S. 236–237
195 Wilhelm Ostwald hat psychologisch sehr treffend, aber sachlich doch auch wieder nicht ganz zutreffend «Klassiker» und «Romantiker» unterschieden. Vgl. W. Ostwald: Große Männer. Leipzig 1909
196 Sie findet sich bei H. Beck: Humboldt Bd. 2, S. 211–213
197 Hanno Beck hat das ausführlich besorgt, s. Humboldt Bd. 2, S. 211–222. Auch enthalten seine «Gespräche Humboldts» (s. Anm. 189) viele Mitteilungen zu diesem Thema, z. B. den ausführlichen Bericht von Carl Vogt aus Humboldts Pariser Tätigkeit als Mäzen jüngerer Forscher. Vgl. S. 200–209
198 Siehe ebd. S. 212
199 Moritz Wagner (1813–87) war Professor der Zoologie in München und ist hauptsächlich als Schöpfer der «Migrationstheorie», welche die Entwicklung der Organismen aus ihren geographischen Wanderungen erklärt, bekannt geworden.
200 So der Titel einer seiner wichtigsten Schriften: Leipzig 1864. Darwins Hauptwerk war erst 1859 erschienen.
201 Vgl. Eduard Poeppig: Reise in Chile, Perú und auf dem Amazonenstrom während der Jahre 1827–1832. 2 Bde. Leipzig 1835/36
202 Auf seiner Expedition im Feuerland gelang es ihm, eine französische Fregatte, die dieses Ge-

biet für Frankreich in Besitz nehmen wollte, zu überzeugen, daß sie sich auf chilenischem Gebiet befinde. Sie zog wieder ab, und Philippi hat das Feuerland ohne Kampf für Chile gerettet.
203 Vgl. Karl Ferdinand Appun: Unter den Tropen. 2 Bde. Jena 1871
204 Auch heute wird in Deutschland die humboldtsche Tradition in Iberoamerika aktiv und bewußt gepflegt. Einer ihrer Träger ist die Deutsche Ibero-Amerika Stiftung in Hamburg, die mit vielen iberoamerikanischen Universitäten Gastforscher- und Professorenverträge abgeschlossen hat.
205 Die beste systematische Zusammenstellung einschließlich der von Humboldt selbst veranstalteten Ausgaben in deutscher Sprache hat H. Beck gegeben: Humboldt Bd. 2, S. 353–356.
206 Die deutsche Ausgabe dieses Werkes vom Jahre 1807 ist vor kurzem vom Verfasser neu herausgegeben bei der Wissenschaftlichen Buchgesellschaft in Darmstadt. Diese Ausgabe enthält neben Humboldts auch Goethes Profil von der «Dritten Dimension» der Pflanzenverbreitung.
207 Vgl. *Kosmos* Bd. 1. 1845. S. 12
208 Ferner seien dem an Humboldt interessierten Leser, insbesondere den Studenten der Naturwissenschaften, folgende ausgezeichnete Humboldt-Anthologien empfohlen:
Alexander von Humboldt: Kosmische Naturbetrachtung. Sein Werk im Grundriß hg. von Rudolph Zaunick. Stuttgart 1958. XXXII, 422 S.
[Alle wesentlichen Essays aus den *Ansichten der Natur*, dem *Kosmos* und anderen Werken sind hier ausgezeichnet kommentiert vertreten.]
Kosmos und Humanität. Alexander von Humboldts Werk in Auswahl. Hg. und eingel. von Fritz Kraus. Bremen 1960. XL, 452 S.
[Hier ist der *Kosmos* bei der Auswahl stärker berücksichtigt. Dafür fehlen allerdings so wesentliche naturwissenschaftliche Gemälde wie der *Versuch, den Gipfel des Chimborazo zu ersteigen*. Im ganzen tritt in dieser Anthologie der Humanismus Humboldts stärker hervor.]
209 Vgl. T. S. Eliot: Ausgewählte Essays 1917–1947. Berlin 1950. S. 469–510 (Was ist ein Klassiker?)
210 Vgl. Brief Wilhelm von Humboldts an K. G. Brinkmann vom 18. 3. 1793. Vgl. H. Beck: Gespräche ... S. 7.
211 Vgl. Eberhard Buchwald: Physik, Gleichung und Gleichnis. Mosbach 1967. S. 34. Buchwald ist emeritierter Professor der Optik an der Universität Jena. Das ist ein klassischer, weil von Abbé, dem Gründer der Zeiss-Werke, vertretener Lehrstuhl der Physik, der einzige seiner Art in Deutschland auch insofern, als mit ihm durch Abbés Testament das Generaldirektorat der Zeiss-Werke in Personalunion verbunden ist.
212 So in ihrem ersten Jenaer Gespräch, als er dem Kantianer Schiller widersprach.
213 Vgl. Kosmos Bd. 1. 1845. S. 80–81
214 Ebd. S. 85
215 Ebd. S. 80
216 Vgl. Schellings Werke, hg. von Manfred Schröter. München 1927. Bd. 1, S. 706

ZEITTAFEL

1769	14. September: geboren in Berlin im Hause der Mutter in der Jägerstraße 22
1779	6. Januar: Humboldts Vater, der Major Alexander Georg von Humboldt – 59 Jahre alt – gestorben
1787–1788	Studium an der Alma Mater Viadrina, der Universität von Frankfurt an der Oder: Herbst 1787 bis Ostern 1788
1788–1789	Ostern bis Ostern: Privatstudien in Berlin
1789–1790	Ostern bis Ostern: Studium in Göttingen (zusammen mit seinem Bruder Wilhelm)
1789	24. September bis Anfang November die erste selbständige Reise des Studenten Alexander von Humboldt von Göttingen entlang der Bergstraße bis Heidelberg und nach Mainz, wo er eine Woche bei Georg Forster weilte und dann weiter über Köln nach Pempelfort (Düsseldorf), wo er Goethes Freund Jacobi besuchte und dann zurück über Münster und Kassel nach Göttingen
1790	erschien Humboldts erstes Buch, in welchem die mineralogischen Ergebnisse der Herbstreise von 1789 verarbeitet worden sind: *Mineralogische Beobachtungen über einige Basalte am Rhein.* 25. März bis Ende Juli: Reise mit Georg Forster von Mainz zum Niederrhein und weiter nach England und Frankreich
1790–1791	August bis April: Studium an der Büsch-Akademie (Handelshochschule) in Hamburg
1791	Mai: Wieder in Berlin, botanische Studien mit Willdenow
1791–1792	14. Juni bis Ende März: Studium an der Bergakademie Freiberg. – Seitdem enge Freundschaft mit Johann Karl Freiesleben
1792	Humboldt zum «Assessor cum voto» im preußischen Bergdepartment ernannt (am 6. März)
1792–1793	23. September 1792 bis Ende Januar 1793: Halurgische (Salzbergwerke) Reise von Bayreuth über München, durch Bayern und Österreich nach Wien, dann durch Polen nach Breslau und Berlin
1793	Ende Januar bis Ende April in Berlin. Juni: Dienstbeginn als Oberbergmeister in Franken; 20. Juni zum Mitglied der Leopoldinisch-Carolinischen Deutschen Akademie der Naturforscher ernannt
1794	Im April zum Bergrat ernannt. Juni bis Oktober: Reise mit Hardenberg zum Rhein und nach Brabant. 14.–19. Dezember: Erster Besuch bei Goethe in Jena
1794–1795	Beginn der Freundschaft mit Reinhard von Haeften
1795	Im Mai zum Oberbergrat ernannt. Juli bis Anfang November: Reise nach Oberitalien und in die Schweiz
1796	Juli: Reise im Auftrage des Königs von Preußen zum Prinzen von Hohenlohe nach Ingelfingen. 19. November: Humboldts Mutter stirbt in Berlin. Nach der Mutter Ableben verläßt Humboldt den Staatsdienst, um sich nun ganz auf die geplante große Forschungsreise vorzubereiten
1797	1. März bis Mai: In Jena bei seinem damals dort lebenden Bruder Wilhelm. Vertiefung seiner Beziehungen zu Goethe. Astronomische Studien mit von Zach zur Einübung in die exakte geographische Ortsbestimmung. Juni und Juli: Die Brü-

	der Humboldt in Dresden, enger Verkehr mit Körner. Zusammentreffen mit Kunth zur Regelung ihrer Erbschaften. Anfang August bis Oktober: Humboldt in Wien
1797–1798	Ende Oktober 1797 bis Ende April 1798: Humboldt in Salzburg und Forschungen mit Leopold von Buch im Salzburgischen
1797–1840	Friedrich Wilhelm III., König von Preußen
1798	Ende April bis Ende Oktober: Humboldt in Paris. Bekanntschaft mit Bonpland. Ende Oktober bis Ende Dezember: Humboldt und Bonpland in Marseille. – Danach beider Abreise nach Spanien
1799	Januar bis Mai: Humboldt in Spanien und Madrid. Große geographische Reise durch Spanien. 5. Juni: Abreise Humboldts und Bonplands von La Coruña zu ihrer großen Amerikareise der Jahre 1799 bis 1804. 19.–25. Juni: Auf Teneriffa, am 21. Juni Besteigung des Pico de Teyde. 25. Juni bis 16. Juli: Von Teneriffa nach Venezuela; am 16. Juli Ankunft in Cumaná. 16. Juli bis 16. November: In Cumaná und Umgebung (Guacharó-Höhle). 16. bis 21. November: Von Cumaná bis La Guaira (Küstenreise) und bis Caracas.
1800	21. November 1799 bis 6. Februar 1800: In Caracas und Umgebung. 7. Februar bis 30. März: Von Caracas bis San Fernando de Apure. 30. März bis 9. Mai: Auf dem Apure und über dem Orinoko zum Rio Negro. 10. Mai bis 10. Juli: Von San Carlos am Rio Negro über den Casiquiare und wieder auf dem Orinoko bis Angostura (Ciudad Bolívar). 10. Juli bis 23. Juli: Durch die Llanos nach Nueva Barcelona. 23. Juli bis 17. November: Hin und zurück Küstenfahrt zwischen Nueva Barcelona und Cumaná und längerer Aufenthalt in beiden Städten. 24. November bis 19. Dezember: Seereise von Nueva Barcelona (Venezuela) nach Havanna (Kuba)
1801	19. Dezember 1800 bis 8. März 1801: Reisen in Kuba. 9. bis 30. März: Seereise von Kuba nach Cartagena (Kolumbien). 30. März bis 20. April: In Cartagena, Turbaco und nach Barancas Nuevas am Rio Magdalena. 21. April bis 15. Juni: Flußfahrt auf dem Rio Magdalena bis Honda. 15. Juni bis 6. Juli: Von Honda nach Bogotá. Gast des berühmten Botanikers José Celestino Mutis und in Popayán. 29. September 1801 bis 6. Januar 1802: Von Popayán bis Quito (Ekuador). Zusammentreffen mit Francisco José de Caldas in Ibarra
1802	6. Januar bis 21. Oktober: In Quito und Ekuador. Besteigungen der Vulkane Pichincha und Chimborazo. Weiterreise nach Lima (Peru). 2. Oktober bis 5. Dezember: In Lima und Umgebung. 9. November: Beobachtung des Merkur-Durchganges in Callao
1803	5. Dezember 1802 bis 23. März 1803: Seereise von Callao (Peru) über Guayaquil (Ekuador) nach Acapulco (Mexiko). 23. März bis 11. April: Von Acapulco über Taxco nach Mexico City. 11. April bis 20. Januar 1804: In Mexico City und zahlreiche Reisen in Mexiko, Besteigung des Vulkans Jorullo
1804	20. Januar bis 7. März: Reise von Mexico City über Puebla nach Veracruz. 7. März bis 29. April: Seereise von Veracruz nach Havanna und zweiter Aufenthalt in Kuba. 29. April bis 19. Mai: Seereise von Havanna nach Philadelphia (USA). 19. Mai bis 9. Juli: In den Vereinigten Staaten etwa drei Wochen als Gast des Präsidenten Jefferson in Washington und Monti-

	cello. 9. Juli bis 3. August: Seereise von Philadelphia nach Bordeaux in Frankreich. 3. August: Humboldt und Bonpland landen in Bordeaux. Anschließend in Paris
1805	Humboldt wird am 19. Februar zum o. Mitglied der Berliner Akademie der Wissenschaften ernannt. Seit dem 19. November erhält er dort auch ein Gehalt von 2550 Talern. 12. März bis Ende Oktober: Verschiedene Reisen nach Rom (zu seinem Bruder Wilhelm, der dort preußischer Gesandter war) und nach Neapel in Begleitung von Gay-Lussac und Leopold von Buch und zeitweilig auch von Simón Bolívar, der ihm in Paris nähergetreten war. Anfang November: Nach neun Jahren erstmals wieder in Berlin
1805–1834	Arbeit am großen Reisewerk, hauptsächlich in Paris (1808–27): *Voyage aux régions équinoxiales du Nouveau Continent, fait en 1799, 1800, 1801, 1802, 1803 et 1804 par Alexandre de Humboldt et Aimé Bonpland, rédigé par Alexandre de Humboldt.* Insgesamt 35 Bände
1807	*Ideen zu einer Geographie der Pflanzen, nebst einem Naturgemälde der Tropenländer...* Tübingen. Goethe zeichnete die zuerst noch fehlende Tafel dazu
1808	*Ansichten der Natur,* Humboldts schönstes und liebstes Buch, in zwei Bänden bei Cotta erschienen
1809–1814	*Versuch über den politischen Zustand des Königreichs Neu-Spanien.* Humboldts großes Buch über Mexiko
1811	Humboldt in Wien bei seinem Bruder Wilhelm, der dort preußischer Gesandter war
1814	Juni: Beide Brüder Humboldt im Gefolge König Friedrich Wilhelms III. in London
1822	Mitte September: Reise nach Italien zum Besuch eines Kongresses in Verona als Begleiter König Friedrich Wilhelms III. Anschließend Besuch von Neapel mit drei Vesuv-Besteigungen
1827	14. April: Humboldt verläßt Paris definitiv, macht einen kurzen Besuch in London und trifft am 12. Mai zur endgültigen Niederlassung in Berlin ein
1827–1828	*Kosmos*-Vorlesungen an der Universität Berlin und in der Singakademie
1829	26. März: Wilhelms Frau, Caroline von Humboldt, geb. v. Dachröden, in Tegel gestorben. 12. April bis 28. Dezember: Humboldts russische und sibirische Reise bis zur chinesischen Grenze. Deutsche Begleiter: der Mineraloge Gustav Rose und der Zoologe Christian Gottfried Ehrenberg
1830	28. September bis Ende Dezember in diplomatischer Mission nach Paris
1831–1832	Januar 1831 bis April 1832: Erneute und längere diplomatische Mission in Paris
1832	22. März: Goethe in Weimar gestorben
1834	Im Herbst Beginn der Arbeit am *Kosmos,* die bis an sein Lebensende dauert
1835	8. April: Tod seines Bruders Wilhelm. – August bis Dezember: Dritte diplomatische Mission in Paris
1838–1839	20. August 1838 bis 3. Januar 1839: Vierte diplomatische Mission in Paris
1840	1. Juli: Humboldt hält den Festvortrag vor der Berliner Akademie anläßlich der Jahrhundertfeier der Thronbesteigung

	Friedrichs II. 8. Dezember: Humboldt wird Mitglied des preußischen Staatsrates
1840–1861	Friedrich Wilhelm IV., König von Preußen
1841	Mai bis November: Humboldts fünfte diplomatische Mission in Paris
1842	15. Januar bis 17. Februar: Humboldt im Gefolge des Königs in London. 31. Mai: Humboldt erster Kanzler der von Friedrich Wilhelm IV. neugestifteten Friedensklasse des Ordens «Pour le mérite»
1842–1843	September 1842 bis 19. Februar 1843: Humboldts sechste diplomatische Mission in Paris
1843–1844	erscheint Humboldts großes Rußland-Werk: *Asie Centrale. Recherches sur les chaines de montagnes et la climatologie comparée*, 3 Bände, Paris; deutsche Ausgabe in 2 Bänden in Berlin
1845	28. Dezember 1844 bis 19. Mai 1845: Siebte diplomatische Mission in Paris
1845–1862	erscheint der *Kosmos. Entwurf einer physischen Weltbeschreibung*, 5 Bände, bei Cotta in Stuttgart
1847–1848	Anfang Oktober 1847 bis Januar 1848: Achte und letzte diplomatische Mission von Humboldt in Paris
1857	Humboldt erleidet einen leichten Schlaganfall
1859	6. Mai: Tod von Alexander von Humboldt, beigesetzt am 11. Mai im Familiengrab im Park von Tegel

ZEUGNISSE

Goethe an Johann Friedrich Unger

Die Gegenwart des Herrn Bergrat v. Humboldt macht mir, ich darf wohl sagen, eine ganz besondere Epoche, indem er alles in Bewegung setzt, was mich von vielen Seiten interessieren kann, ich darf ihn wohl in seiner Art einzig nennen, denn ich habe niemanden gekannt, der mit einer so bestimmt gerichteten Tätigkeit eine solche Vielseitigkeit des Geistes verbände, es ist incalculabel, was er noch für die Wissenschaft tun kann.

Weimar, den 28. März 1797

Schiller an Christian Gottfried Körner

Über Alexander habe ich kein rechtes Urtheil; ich fürchte aber, trotz aller seiner Talente und seiner rastlosen Thätigkeit wird er in seiner Wissenschaft nie etwas Großes leisten. E i n e z u k l e i n e, u n r u h i g e E i t e l k e i t b e s e e l t n o c h s e i n g a n z e s W i r k e n. Ich kann ihm keinen Funken eines reinen, objektiven Interesses abmerken, – und wie sonderbar es auch klingen mag, so finde ich in ihm, bei allem ungeheuern Reichthum des Stoffes, eine Dürftigkeit des Sinnes, die bei dem Gegenstande, den er behandelt, das schlimmste Übel ist. Es ist der nackte, schneidende Verstand, der die Natur, die immer unfaßlich und in allen ihren Punkten ehrwürdig und unergründlich ist, schamlos ausgemessen haben will und mit einer Frechheit, die ich nicht begreife, seine Formeln, die oft nur leere Worte und immer nur enge Begriffe sind, zu ihrem Maßstabe macht. Kurz, mir scheint er für seinen Gegenstand ein viel zu grobes Organ, und dabei ein viel zu beschränkter Verstandesmensch zu sein. Er hat keine Einbildungskraft, und so fehlt ihm nach meinem Urtheil das nothwendigste Vermögen zu einer Wissenschaft, denn die Natur muß angeschaut und empfunden werden in ihren einzelsten Erscheinungen wie in ihren höchsten Gesetzen. Alexander imponiert sehr vielen und gewinnt im Vergleich mit seinem Bruder meistens, weil er e i n M a u l h a t und sich geltend machen kann. Aber ich kann sie dem absoluten Werthe nach gar nicht miteinander vergleichen, so viel achtungswürdiger ist mir Wilhelm.

Jena, den 6. August 1797

Wilhelm von Humboldt an Goethe

Bei seiner Abreise trug er mir die herzlichsten Grüße an Sie und Schiller auf. Er macht eine einzig schöne Reise und ist ein glücklicher Mensch. Es ist selten, daß das Schicksal einen Menschen so begünstigt, das zu werden, wozu ihn die Natur bestimmt hat und noch seltener, daß ein Mensch selbst diese Bestimmung so früh und so ganz findet. Er hat sich nie auf seinem Wege irre machen lassen, und was ihn darauf erhalten hat, war einzig sein Genie. Bis in seine früheste Kindheit hinein kann ich diesen Charakterzug an ihm verfolgen.

Berlin, den 26. August 1799

CARL CÄSAR VON LEONHARD

Die verschiedensten und tiefsten Gedanken vorführend, gewandt und sicher, sprach Humboldt, mit der Lebendigkeit, die Alle die ihn kennen, geistvoll und belehrend, über Mineralogie, Geologie, Botanik, Zoologie, Paläontologie, auf Kleines und Einzelnes eingehend, selbst die jüngste Tagesgeschichte blieb keineswegs unberührt. Kein Wort, das nicht zum Zwecke gehörte, was nicht verdiente, aufgefaßt zu werden, jedes trug das Gepräge gewaltigen Geistes, regsten Eifers, unermüdlicher Tatkraft.

1822

GOETHE AN KARL FRIEDRICH ZELTER

Ich habe die zwei Bände «Fragmens de géologie par Alexandre de Humboldt» erhalten und durchgelesen; dabei habe ich eine wundersame Bemerkung gemacht, die ich mitteilen will. Das außerordentliche Talent dieses außerordentlichen Mannes äußert sich in seinem mündlichen Vortrag, und genau besehen: jeder mündliche Vortrag will überreden und dem Zuhörer glauben machen, er überzeuge ihn. Wenige Menschen sind fähig, überzeugt zu werden; überreden lassen sich die meisten, und so sind die Abhandlungen, die uns hier vorgelegt werden wahrhafte Reden, mit großer Facilität vorgetragen, so daß man sich zuletzt einbilden möchte, man begreife das Unmögliche. Daß sich die Himalaja Gebirge auf 25 000 Fuß aus dem Boden gehoben und doch so starr und stolz als ob nichts geschehen, in den Himmel ragen, steht außer den Grenzen meines Kopfes, in den düstern Regionen, wo die Transsubstantion pp. hauset, und mein Cerebralsystem müßte ganz umorganisert werden – was doch schade wäre –, wenn sich Räume für diese Wunder finden sollten.

Weimar, den 5. Oktober 1831

AUGUST BOECKH

Es ist ein glänzendes Gestirn in der Welt des Geistes für diese Welt erloschen. Alexander v. Humboldt hat eine ruhmvolle Laufbahn bis zu einer seltenen Grenze des Alters durchmessen. Sein Leben war glückselig durch Tugend und Erkenntnis und nicht getrübt durch ungewöhnliches Mißgeschick. Mit überreichen Gaben des Geistes ausgestattet, einer unermüdlichen Tätigkeit und geistigen, früher auch körperlichen Anstrengungen gewachsen, niemals nachlassend oder ermattend, fast bis an sein Ende selbst die Nacht bis auf die notwendige Erholung der Arbeit widmend, für alles Edle und Gute nicht nur empfänglich, sondern begeistert, nicht von Leidenschaften gestört, hat er in seinen großen und mannigfachen Lebensrichtungen das Höchste erreicht. Ohne Staatsmann zu sein oder zu wollen, hat er die Tätigkeit des Staatsmannes und die Staatsklugheit geübt. Als ein vermittelndes Band zwischen der Gelehrtenwelt und dem höchsten Kreis wird er für lange Zeit unersetzlich sein. Ein Weltbürger im ausgedehntesten und edelsten Sinne des Wortes, ein Freund der Freiheit und ein Mann des Volkes.

1859

FRIEDRICH ADOLF TRENDELENBURG

Ein lebendiges Band der wissenschaftlichen Vereine auf beiden Erdhälften wirkte er für den Austausch der Gedanken und die Gemeinschaft der wissenschaftlichen Bestrebungen in seinem akademischen Sinne, wie kaum je ein anderer. Nach Reisen, welche Amerika neu entdeckten und Sibirien tiefer aufschlossen, begann er unter uns am Abend seines viel bewegten Lebens sein letztes großes Tagewerk und führte sein Bild der Natur als eines von inneren Kräften bewegten und belebten Ganzen der Vollendung nahe. In allen Völkern wurde sein Kosmos als das Geschenk eines mächtigen Geistes empfangen, wenn es an der Macht ist über den in Jahrhunderten gewachsenen unendlichen Stoff des Wissens wie ein König zu herrschen und ihn wie ein Künstler bis zur anmutigen Darstellung zu gestalten. Es wird noch einige Zeit währen, bis die rechten Männer der verschiedenen Fächer, jeder von seiner Seite die Verdienste Alexander v. Humboldts dargestellt haben. Erst wenn die Einzelnen Wissenschaften, alle welche Humboldt bereicherte oder anregte, ihren frischen Zweig zum Ehrenkranze hinzu gebracht, flicht sich der Kranz in voller Schönheit.

1861

HEINRICH BRUGSCH

Humboldt zeigte sich als bitterster Feind großsprecherischer Ignoranz und heuchlerischer Gesinnung, die im Trüben fischt und in unwürdiger Liebdienerei den Großen der Erde schmeichelt, um ihre egoistischen Zwecke, wenn auch auf langen Umwegen zu erringen. Wahrheit und Recht glänzten als ein Ehrenschild und das Ringen und Streben nach Vollkommenheit auf der Kampfstätte des Wissens erhielt den damals Achtzigjährigen in jugendlicher Frische und Munterkeit. Sittenanmut und edle Anschauungen erschienen ihm als das erste Erfordernis eines Mannes von Ehre. Die kleinen Schwächen im menschlichen Wesen übersah er gern und betrachtete sie als vorübergehende Schatten über den hellen Spiegel eines durch Geist und Wissen bevorzugten Menschen.

1884

BIBLIOGRAPHIE

Der zur Verfügung stehende Raum ermöglicht keine erschöpfende Bibliographie. Deshalb konnten von den Schriften Humboldts nur selbständig erschienene Werke, ausgewählte Werk- und Auswahlausgaben und Sammlungen seines umfangreichen Briefwechsels aufgenommen werden. Außerdem finden sich vor allem neuere Arbeiten zu Leben und Werk Humboldts und zu einzelnen Bereichen seiner Tätigkeiten und Wirkung. Auf die Aufnahme von Artikeln mußte – mit wenigen Ausnahmen – verzichtet werden. Für weiterführende Literatur sei auf die im folgenden angeführten Bibliographien verwiesen.

1. Bibliographien, Chronologie, Nachlaß, Forschungsprobleme

Alexander von Humboldt. Bibliographie seiner ab 1860 in deutscher Sprache herausgegebenen Werke und der seit 1900 erschienenen Veröffentlichungen über ihn. Leipzig 1959

Alexander von Humboldt. Eine Bibliographie der in der DDR erschienenen Literatur, mit einer Übersicht über die Eigentümer von Humboldt-Handschriften in der DDR. Zus.stellung FRITZ G. LANGE. Berlin 1974

Alexander von Humboldt. Bibliographische Übersicht seiner Werke, Schriften und zerstreuten Abhandlungen. Hg. JULIUS LÖWENBERG. Stuttgart 1960 *[Nachdr. d. Ausg. Leipzig 1872]*

Alexander von Humboldt. Chronologische Übersicht über wichtige Daten seines Lebens. Bearb. KURT-R. BIERMANN u. a. Berlin ²1983

BAER, JOSEPH: Alexander von Humboldt. Katalog einer Sammlung seiner Werke, Portraits und Schriften. Frankfurt a. M. 1913

BOPP, MARIANNE OESTE DE: Contribución a una bibliografía mexicana de Alexander von Humboldt. México 1969

FIEDLER, HORST, ULRIKE LEITNER: Alexander von Humboldts Schriften. Bibliographie der selbständig erschienenen Werke. Berlin 2000

The Humboldt library. A catalogue of the library of Alexander von Humboldt with a bibliographical and biographical memoir by HENRY STEVENS. London 1863 *[Nachdr. Leipzig 1967]*

LEITNER, ULRIKE: Alexander von Humboldts Werk. Probleme damaliger Publikation und heutiger Bibliographie. Berlin 1992

MAURA, ZORAIDA, JESÚS DUEÑAS: Bibliografía. In: Islas (Santa Clara, Cuba) 11 (1969), S. 189–250

NELKEN, HALINA: Alexander von Humboldt: Bildnisse und Künstler. Eine dokumentierte Ikonographie. Berlin 1980

ORTIZ, FERNANDO: Introducción bibliográfica al libro «Ensayo político sobre la Isla de Cuba» de Alejandro de Humboldt. La Habana 1969

RAMÍREZ, JESÚS EMILIO: Las obras de Alejandro von Humboldt en la Biblioteca del Instituto geofísico de los Andes Columbianos. Bogotá 1969

SCHMIDMAIER, DIETER: Alexander von Humboldt, 14. 9. 1769–6. 5. 1859. Eine Auswahl aus den Beständen der Bergakademie Freiberg. Freiberg 1969

SCHOENWALDT, PETER: Das Schicksal des Nachlasses Alexander von Humboldts. In: Jb. Preußischer Kulturbesitz. Bd 7 (1969/70), S. 101–148

SUKHOVA, N. G.: Alexander von Humboldt in der russischen Literatur. Bibliographie. Leipzig 1960

ZIELNICA, KRYSZTOF: Alexander von Humboldt in der polnischen Literatur. Bibliographie. Berlin 1989

2. Werke, Werk- und Auswahlausgaben (in chronologischer Folge)

Mineralogische Beobachtungen über einige Basalte am Rhein. Mit vorangeschickten, zerstreuten Bemerkungen über den Basalt der älteren und neueren Schriftsteller. Braunschweig 1790 *[Nachdr. Freiberg 1991]*

Florae Fribergensis specimen plantas cryptogamicas praesertim subterraneas exhibens. Edidit ... Accedunt aphorismi ex doctrina physiologiae chemicae plantarum. Berolini 1793

Aphorismen aus der chemischen Physiologie der Pflanzen. Aus d. Lat. übers. von GOTTH(ELF) FISCHER [v. WALDHEIM]. Leipzig 1794

Versuche über die gereizte Muskel und Nervenfaser nebst Vermuthungen über den chemischen Proceß des Lebens in der Thier und Pflanzenwelt. 2 Bde. Posen 1797

Über die unterirdischen Gasarten und die Mittel ihren Nachtheil zu vermindern. Ein Beytrag zur Physik der praktischen Bergbaukunde. Mit e. Vorrede WILHELM V. HUMBOLDTS. Braunschweig 1799

Versuche über die chemische Zerlegung des Luftkreises und über einige andere Gegenstände der Naturlehre. Braunschweig 1799 *[Nachdr. Hildesheim 1976]*

Antrittsrede in der Kgl. Preußischen Akademie der Wissenschaften zu Berlin am 21. November 1805. O. O. u. J.

Voyage aux régions équinoxiales du Nouveau Continent fait en 1799, 1800, 1801, 1802, 1803 et 1804 par ALEXANDRE DE HUMBOLDT et AIMÉ BONPLAND. Rédigé par ALEXANDRE DE HUMBOLDT. Grande Édition. 30 Bde. Paris 1805–1834 – Petite Édition. 30 Bde. 1816–39

Ideen zu einer Physiognomik der Gewächse. Stuttgart 1806

Ideen zu einer Geographie der Pflanzen, nebst einem Naturgemälde der Tropenländer. Tübingen 1807 *[Nachdr. Darmstadt 1974]*

Ansichten der Natur, mit wissenschaftlichen Erläuterungen. Tübingen, Stuttgart 1808, 3. verb. u. verm. Aufl. 1849

Reise in die Aequinoktial-Gegenden des neuen Kontinents in den Jahren 1799, 1800, 1801, 1802, 1803 und 1804. Verfaßt von A. v. HUMBOLDT u. A. BONPLAND. 6 Bde. in 7. Stuttgart 1815–32

Essai géognostique sur le gisement des roches dans les deux hémisphères. Paris 1823

Evaluation numérique de la population du Nouveau Continent, considerée sur les rapports de la différence des cultes, des races et des idiomes. Paris 1825

Essai politique sur l'île de Cuba, avec une carte et un supplement. Extrait de la «Relation historique». 2 Bde. Paris 1826

Fragments de géologie et de climatologie asiatiques. 2 Tle. Paris 1831 [dt. 1832]

Asie Centrale. Recherches sur les chaînes de montagnes et la climatologie comparée. 3 Bde. Paris 1843 [dt. 1843]

Kosmos. Entwurf einer physischen Weltbeschreibung. 4 Bde. Stuttgart 1845–58

Kleinere Schriften. Bd 1, Mit Atlas. Stuttgart 1853

Volcans des Cordillères de Quito et du Mexique. Paris 1854

Œuvres. 11 Bde. Paris 1864

Ausgewählte Werke. 36 Lieferungen. Stuttgart 1874

Gesammelte Werke. 12 Bde. Stuttgart [1889]

Das Volumgesetz gasförmiger Verbindungen. Abhandlungen von ALEX. VON HUMBOLDT und J. F. [!] GAY-LUSSAC, 1805–1808. Hg. W. OSTWALD. Leipzig 1893

Vorlesungen über physikalische Geographie nebst Prolegomenen über die Stellung der Gestirne. Berlin im Winter 1827/28. Erstmalige (unveränderte) Veröffentlichung einer [...] Kollegnachschrift. Berlin 1934

Memoria racionada de las salinas de Zipaquire [1801]. Bogotá 1952

Kosmische Naturbetrachtung. Sein Werk im Grundriss. Hg. RUDOLPH ZAUNICK. Stuttgart 1958
Vom Orinoko zum Amazonas. Reise in die Äquinoktial-Gegenden des neuen Kontinents. Hg. ADOLF MEYER-ABICH. Wiesbaden 1958 u.ö.
Auf Steppen und Strömen Südamerikas; Reise in die Äquinoktialgegenden des Neuen Kontinents. Hg. ANNELIESE DANGEL. Leipzig 1959
Essai sur la géographie des plantes (1807). London 1959 *[Faks.]*
Über den Zustand des Bergbaus und Hüttenwesens in den Fürstentümern Bayreuth und Ansbach im Jahre 1792. Bearb. HERBERT KÜHNERT, O. OELSNER. Berlin 1959
Werke, Briefe, Selbstzeugnisse. Ausw. LUDWIG SROKA. Hamburg 1959
Kosmos und Humanität. Alexander von Humboldts Werk in Auswahl. Hg. FRITZ KRAUS. Bremen 1960
Südamerikanische Reise. Ideen über Ansichten der Natur. Hg. KURT L. WALTER-SCHOMBURG. Berlin 1967
Über Ausdünstungs-Gefässe (Spaltöffnungen) und Pflanzenanatomie sowie Plantae subterraneae Europ. 1794 cum iconibus. Ein bisher unveröffentlichtes botanisches Manuskript Alexander von Humboldts. Hg. KLAUS DOBAT. Mainz; Wiesbaden 1967
Reisen in den Tropen Amerikas. Stuttgart 1969
Alexandre de Humboldt, observateur de la France de Louis-Philippe; rapports diplomatiques inédits. Alexander von Humboldt als Beobachter Frankreichs unter Louis-Philippe; unveröffentlichte diplomatische Berichte aus Paris, 1835–1847. Hg. JEAN THEODORIDES. Paris 1972
Essai sur la géographie des plantes. New York 1977
Kosmos. Für die Gegenwart bearb. von HANNO BECK. Stuttgart 1978
Lateinamerika am Vorabend der Unabhängigkeitsrevolution. Eine Anthologie von Impressionen und Urteilen aus seinen Reisetagebüchern. Zus.stellung MARGOT FAAK. Berlin 1982
Reise auf dem Río Magdalena, durch die Anden und Mexico. 2 Bde. Zus.stellung und Übersetzung MARGOT FAAK. Berlin 1986–90
Studienausgabe. Hg. HANNO BECK. 7 Bde. in 12. Darmstadt 1987–97
  Bd. 1. Schriften zur Geographie der Pflanzen
  Bd. 2. Die Forschungsreise in den Tropen Amerikas [3 Teilbde.]
  Bd. 3. Cuba-Werk
  Bd. 4. Mexico-Werk; politische Ideen zu Mexico; mexicanische Landeskunde [Text- u. Tafelbd.]
  Bd. 5. Ansichten der Natur. Erster und zweiter Band
  Bd. 6. Schriften zur physikalischen Geographie
  Bd. 7. Kosmos. Entwurf einer physischen Weltbeschreibung [2 Text-, 1 Tafelbd.]
Die Wiederentdeckung der neuen Welt. Erstmals zusammengestellt aus dem unvollendeten Reisebericht und den Reisetagebüchern. Hg. PAUL KANUT SCHÄFER. Berlin 1989
Reise in die Aequinoktial-Gegenden des Neuen Kontinents. Hg. OTTMAR ETTE. 2 Bde. Frankfurt/M. u. a. 1991
Über das Universum. Die Kosmosvorträge 1827/28 in der Berliner Singakademie. Hg. JÜRGEN HAMEL u. a. Frankfurt/M. 1993
Essai politique sur le royaume de la Nouvelle-Espagne: du Mexique. Thizy 1997
Reise durch Venezuela. Auswahl aus den amerikanischen Reisetagebüchern. Hg. MARGOT FAAK. Berlin 2000

3. Briefe, Gespräche, Autobiographisches

A letter of Alexander von Humboldt, 1845. New York 1902
Alexander von Humboldt und das preußische Königshaus. Briefe aus den Jahren 1835–1857. Hg. CONRAD MÜLLER. Leipzig 1928
Archives inédites de Aimé Bonpland. T. 1: Lettres inédites de Alexandre de Humboldt. Buenos Aires u. a. 1914
Aus meinem Leben. Autobiographische Bekenntnisse. Zus.stellung KURT-R. BIERMANN. Leipzig u. a.; München 1987
Briefe Alexander's von Humboldt an seinen Bruder Wilhelm. Stuttgart 1880 [Nachdr. 1980 – Neuausg.: Berlin 1923 u.ö.]
Briefe an Ignaz von Olfers. Hg. ERNST WERNER M. VON OLFERS. Nürnberg 1913
Briefe aus Amerika 1799–1804. Hg. ULRIKE MOHEIT. Berlin 1993
Briefe von Alexander von Humboldt an Christian Carl Josias Freiherr v. Bunsen (1816–1856). Leipzig 1869 [Nachdr. Ann Arbor, London 1980]
Briefe von Alexander von Humboldt an Varnhagen von Ense aus den Jahren 1827 bis 1858; nebst Auszügen aus Varnhagen's Tagebüchern und Briefen von Varnhagen und anderen an Humboldt. Hg. LUDMILLA ASSING. Leipzig ³1860 [Nachdr. Ann Arbor, London 1980]
Briefwechsel Alexander von Humboldt's mit Heinrich Berghaus aus den Jahren 1825–1858. 3 Bde. Hg. H. BERGHAUS. Leipzig 1863
Briefwechsel und Gespräche Alexander von Humboldt's mit einem jungen Freunde. Aus den Jahren 1848 bis 1856. Berlin 1861
Briefwechsel zwischen Alexander von Humboldt und Carl Friedrich Gauß. Neu hg. KURT-R. BIERMANN. Berlin 1977
Briefwechsel zwischen Alexander von Humboldt und C. G. Jacob Jacobi. Hg. HERBERT PIEPER. Berlin 1987
Briefwechsel zwischen Alexander von Humboldt und Emil du Bois-Reymond. Hg. INGO SCHWARZ, KLAUS WENIG. Berlin 1997
Briefwechsel zwischen Alexander von Humboldt und Friedrich Wilhelm Bessel. Hg. HANS-JOACHIM FELBER. Berlin 1994
Briefwechsel zwischen Alexander von Humboldt und Heinrich Christian Schumacher. Hg. KURT-R. BIERMANN. Berlin 1979
Briefwechsel zwischen Alexander von Humboldt und Peter Gustav Lejeune Dirichlet. Hg. KURT-R. BIERMANN. Berlin 1982
Correspondance d'Alexandre de Humboldt avec François Arago (1809–1853). Hg. E.-T. HAMY. Paris [1907]
Correspondance, scientifique et littéraire. Hg. M. DE LA ROQUETTE. Suivie de la biographie des correspondants de Humboldt [...]. Paris 1865
DENECKE, LUDWIG: Georg Friedrich Grotefend im Briefwechsel mit Goethe, Jacob Grimm und Alexander von Humboldt. In: Georg Friedrich Grotefend 1775–1853. Hannoversch-Münden 1975, S. 39–65
Fünf Briefe der Gebrüder Humboldt an Johann Reinhold Forster. Hg. FRITZ JONAS. Berlin 1889
Gespräche Alexander von Humboldts. Hg. HANNO BECK. Berlin 1959
Goethes Briefwechsel mit Wilhelm und Alexander v. Humboldt. Hg. LUDWIG GEIGER. Berlin 1909
Das Gute und Grosse wollen: Alexander von Humboldts amerikanische Briefe. Hg. ULRIKE MOHEIT. Berlin 1999
Im Ural und Altai. Briefwechsel zwischen Alexander von Humboldt und Graf Georg v. Cancrin a.d.J. 1827–1832. Hg. W. V. SCHNEIDER, F. RUSSOW. Leipzig 1869
Die Jugendbriefe Alexander von Humboldts 1787–1799. Hg. ILSE JAHN, FRITZ G. LANGE. Berlin 1973

Jugendbriefe Alexander von Humboldts an Wilhelm Gabriel Wegener. Hg. ALBERT LEITZMANN. Leipzig 1896
Lettres americaines d'Alexandre de Humboldt (1798–1807). Hg. E. T. HAMY. Paris 1905
Memoiren Alexander von Humboldts. 2 Bde. Leipzig 1860 *[Der anonyme Verfasser dürfte Julius Löwenberg sein]*
ROCAFUERTE, VICENTE: Vicente Rocafuerte an Alexander v. Humboldt, 17. Dez. 1824. [Berlin 1939] *[Faks. eines Briefes]*
SCHNABEL, FRANZ: Briefe Alexander von Humboldts in der Bibliothek des Dt. Museums. München; Düsseldorf 1959
SCHWARZ, INGO: From Alexander von Humboldt's Correspondence with Thomas Jefferson and Albert Gallatin. Berlin 1991
THÉODORIDES, JEAN: Une amitié de savants au siècle dernier: Alexander von Humboldt et Achille Valenciennes (Correspondance inédite). In: Biologie et médicine, vol. 54 (1965), S. I–CXXIX
Vier Jahrzehnte Wissenschaftsförderung: Briefe an das preußische Kultusministerium 1818–1859. Hg. KURT-R. BIERMANN. Berlin 1985

4. Leben und Werk – Biographisches, Gesamtdarstellungen, Sammelbände

ACOSTA SAIGNES, MIGUEL: Alejandro de Humboldt. Caracas 1955
ALESSIO ROBLES, VITO: Alejandro de Humboldt, su vida y su obra. Mexico 1945
Alexander von Humboldt. Eine wissenschaftliche Biographie. Bearb. und Hg. KARL CHRISTIAN BRUHNS. 3 Bde. Leipzig 1872 *[Nachdr. Osnabrück 1969]*
Alexander von Humboldt. Leben und Werk. Hg. WOLFGANG-HAGEN HEIN. Frankfurt/M. 1985
Alexander von Humboldt in Hamburg. Aus Anlaß des 200. Jahrestages seines Studienbeginns in Hamburg. Zus.stellung INGO SCHWARZ. Berlin ²1994
BANSE, EWALD: Alexander von Humboldt. Erschließer einer neuen Welt. Stuttgart 1953
BAYO COSGAYA, ARMANDO: Humboldt. Historia. Havana 1970
BECK, HANNO: Alexander von Humboldt. 2 Bde. Wiesbaden 1959–61
BIERMANN, KURT-REINHOLD: Alexander von Humboldt. Leipzig ⁴1990
–: Alexander von Humboldt als Gelehrter und Mensch. Berlin 1994
–: Miscellanea Humboldtiana. Berlin 1990
BITTERLING, RICHARD: Alexander von Humboldt. Ein Lebensweg in Bildern. Berlin 1959
BORCH, RUDOLF: Alexander von Humboldt. Sein Leben in Selbstzeugnissen, Briefen und Berichten. Berlin 1948
BOTTING, DOUGLAS: Alexander von Humboldt. Biographie eines großen Forschungsreisenden. München 1974
BUCHNER, W.: Alexander von Humboldt, ein Lebensbild. Lahr 1882
DANGEL, ANNELIESE: Alexander von Humboldt. Sein Leben in Bildern. Leipzig 1959
DE TERRA, HELMUT: Humboldt. The life and times of Alexander von Humboldt. New York 1979 – Alexander von Humboldt und seine Zeit. Wiesbaden ²1959
DOLAN, EDWARD F.: Green Universe. The story of Alexander von Humboldt. New York 1959
DYCK, J. W., H. E. HUELSBERGEN: Alexander von Humboldt. Waltham 1965
ENGELMANN, GERHARD: Alexander von Humboldt in Potsdam. Potsdam 1969
FEISST, WERNER: Alexander von Humboldt 1769–1859. Das Bild seiner Zeit in 200 zeitgenössischen Ansichten. Wuppertal 1978
FOUQUET, KARL: Alexander von Humboldt 1769–1859. Bildnis eines großen Menschen. São Paulo 1959

Gaines, Ann: Alexander von Humboldt, colossus of exploration. New York 1991
Gascar, Pierre: Humboldt l'explorateur. Paris 1985
Gendron, Val.: The Dragon Tree. A life of Alexander, Baron von Humboldt. New York 1961
Graef, Hermann: Wilhelm und Alexander von Humboldt. Leipzig 1907
Günther, Siegmund: Alexander von Humboldt. Berlin 1900
Imágenes de Humboldt. Hg. Oscar Rodríguez Ortiz. Caracas 1983
Kellner, Lotte: Alexander von Humboldt. London 1963
Klencke, Hermann: Alexander von Humboldt. Leipzig 1851
Kohlenberg, Karl F.: Alexander von Humboldt. Balve 1975
Krätz, Otto u. a.: Alexander von Humboldt, Wissenschaftler, Weltbürger, Revolutionär. München 1997
Krammer, Mario F.: Alexander von Humboldt; Mensch, Zeit, Werk. Berlin 1954
Labastida, Jaime: Humboldt, ciudadano universal. México 1999
–: Humboldt, ese desconocido. México 1975
Massenbach, Heinrich v.: Ahnentafel der Brüder Wilhelm und Alexander von Humboldt. Leipzig 1942
Melón y Ruiz de Gordejuela, Amando: Alejandro de Humboldt, vida y obra. Madrid 1960
Paz Otero, Gerardo: Humboldt. Imagen cultural. Bogotá 1974
–: Vida sentimental de Alejandro Humboldt. Bogotá 1978
Reyes, Alicia: Alejandro de Humboldt, apuntes biográficos. México 1967
Rojas, Arístides: Humboldtianas. Caracas 1984
Ruben, Bärbel: Marie Elisabeth von Humboldt (1741–1796). Spurensuche in Falkenberg. Berlin 1993
Schleucher, Kurt: Alexander von Humboldt. Berlin 1988
Schmidt, Carl W.: Alexander von Humboldt. Berlin 1924
Schwarz, Ingo: Auf den Spuren Alexander von Humboldts in Berlin-Mitte. Berlin 1992
Scurla, Herbert: Alexander von Humboldt. Berlin [11]1985 – Tb.-Ausg.: Frankfurt a. M. 1984
Sorre, Maximilien: Alexandre de Humboldt, 1769–1859. Paris [1961]
Thomas, M. Z.: Alexander von Humboldt, scientist, explorer, adventurer. New York 1960
Venegas Filardo, Pascual: Alejandro de Humboldt. Valor plural de la ciencia. Caracas 1969

5. Würdigungen, Gedenkveranstaltungen, Kongresse, Ausstellungen

Alejandro de Humboldt. La naturaleza, idea y aventura. Zus.stellung Martin Guntau. Essen 1993 *[Katalog]*
Alexander von Humboldt. Wirkendes Vorbild für Fortschritt und Befreiung der Menschheit. Berlin 1969
Alexander von Humboldt 1769–1859. Gedenkfeier der Dt. Akad. der Naturforscher Leopoldina […] 1969 in Halle. Hg. Georg Uschmann. Leipzig 1971
Alejandro de Humboldt 1769–1859. Homenaje en el bicentenario de su nacimiento. Caracas 1969
Alejandro de Humboldt 1769/1969. Bad Godesberg 1969
Alemanes en las regiones equinocciales. Libro homenaje al bicentenario de la llegada de Alexander von Humboldt a Venezuela, 1799–1999. Zus.stellung José Angel Rodríguez. Caracas 1999
Alexander von Humboldt 14. 9. 1769–6. 5. 1859. Gedenkschrift zur 100. Wiederkehr seines Todestages. Berlin 1959

Alexander von Humboldt. Netzwerke des Wissens [Katalogkonzeption: Frank Holl]. Ostfildern-Ruit; Bonn 1999 *[Katalog]*
Alexander von Humboldt. Vorträge und Aufsätze [...]. Hg. Johannes F. Gellert. Berlin 1960
Alexander von Humboldt. Vorträge des 4. Agricola-Kolloquiums der Bergakademie Freiberg [...]. Leipzig 1985
Alexander-von-Humboldt-Ehrung in der DDR. Bearb. Heinz Heikenroth u. a. Berlin 1986
Alexander von Humboldt und seine Welt. 1769–1859. [Katalog: Peter Hahlbrock]. Berlin 1969 *[Katalog]*
Batalla, Angel Bassols u. a.: Homenaje a Alejandro de Humboldt. México 1969
Beauperthuy de Benedetti, Rosario: Humboldt y su bicentenario. Caracas 1970
Bedoya Maruri, Angel Nicanor: Bicentenario del nacimiento de Federico Enrique Alejandro Barón de Humboldt, 1769 – septiembre 14–1969. Quito 1969
Bicentenario de Alexander von Humboldt. Vol. 1–7. La Habana 1969–70
Brann, Edward R.: Alexander von Humboldt. Patron of Science. Madison, Wisc. 1954
Conferencias leídas en la Academia en los días 19 y 22 de octubre de 1959, con motivo del centenario del fallecimiento de Alejandro de Humboldt. Madrid 1960
Gedenkschrift zur 100. Wiederkehr seines Todestages. Hg. v. d. Alexander von Humboldt-Kommission d. Dt. Akad. d. Wiss. zu Berlin. Berlin 1959
Heimann, Hanns: Alexander von Humboldt. Freund der Juden. Quito 1959
Herneck, Friedrich: Abenteuer der Erkenntnis. Fünf Naturforscher aus drei Epochen. Berlin 1973
Hug, Alfons, u. a.: El Retorno de Humboldt 1799–1999, bicentenario de la llegada de Alejandro de Humboldt a Venezuela. Caracas 1999
López Sánchez, José: Humboldt y su época. En homenaje al bicentenario de Alejandre de Humboldt. La Habana 1969
Melón y Ruiz de Gordejuela, Amando: Dieciochesas calidades de Alejandro de Humboldt. Oviedo 1960
El mundo que encontró Humboldt. Zus.stellung Leopoldo Zea, Mario Magallón. México 1999
Ortega y Medina, Juan A.: Reflexiones históricas. México 1993
Petri, Winfried: Alexander von Humboldt als Patriarch eines kosmischen Humanismus. München 1980
Plewe, Ernst: Alexander von Humboldt 1769–1969. Mannheim 1970
Studia Fribergensia. Vorträge [...] aus Anlaß des 200. Jahrestages von A. v. Humboldts Studienbeginn an der Bergakademie Freiberg. Red. Ulrike Leitner u. a. Berlin 1994
Alexander von Humboldt. Studien zu seiner universalen Geisteshaltung. Hg. Joachim H. Schultze. Berlin 1959
Trabajos sobre Humboldt. La Habana 1969
Vorträge der 3. Bad Stebener Humboldt-Tage 14.–16. 10. 1994. Horb 1996
Wilhelm und Alexander von Humboldt zum 150. und 125. Todestag. Berlin 1985
Wissenschaftliche Beiträge zum Gedächtnis der hundertjährigen Wiederkehr des Antritts von Alexander von Humboldt's Reise nach Amerika am 5. Juni 1799. Berlin 1899
200 Jahre Alexander von Humboldt. Bonn-Bad Godesberg 1969
Zawadzky, Alfonso: Centenario de la muerte de Alejandro Humboldt, 1859–6 de mayo – 1959. [Cali 1959]

6. Untersuchungen zu einzelnen Themen

a) Naturwissenschaften

Alexander von Humboldt (1769–1859). Seine Bedeutung für den Bergbau und die Naturforschung. Berlin 1960
BECK, HANNO, WOLFGANG-HAGEN HEIN: Humboldts Naturgemälde der Tropenländer und Goethes ideale Landschaft. Zur ersten Darstellung der Ideen zu einer Geographie der Pflanzen. Stuttgart 1989
BIERMANN, KURT-REINHARD: Alexander von Humboldt in seinen Beziehungen zur Astronomie in Berlin. Berlin 1970
CHARDON, CARLOS E.: Los naturalistas en la America Latina. Ciudad Trujillo 1949
HADOT, PIERRE: Zur Idee der Naturgeheimnisse. Beim Betrachten des Widmungsblattes in den Humboldtschen «Ideen zu einer Geographie der Pflanzen». Mainz; Wiesbaden 1982
HAVERSCHMIDT, FRANÇOIS, ALEXIS J. P. RAAT: Biografische notities betreffende ornithologische verzamelaars in Suriname in het begin van de 19e eeuw. Leiden 1976
HEIN, WOLFGANG-HAGEN: Alexander von Humboldt und die Pharmazie. Stuttgart 1988
Humboldt, Bonpland, Kunth and tropical American botany. Hg. WILLIAM T. STEARN. Lehre 1968
JAHN, ILSE: Dem Leben auf der Spur. Die biologischen Forschungen Alexander von Humboldts. Leipzig u. a. 1969
KLAPROTH, JULIUS VON: Lettre à M. le baron A. de Humboldt, sur l'invention de la boussole. Paris 1834
LINDEN, WALTHER: Alexander von Humboldt. Weltbild der Naturwissenschaft. Hamburg (21.–25. Tsd.) 1948
MEYER-ABICH, ADOLF: Biologie der Goethezeit. Klassische Abhandlungen über die Grundlagen und Hauptprobleme der Biologie von Goethe und den großen Naturforschern seiner Zeit. Stuttgart 1949
–: Die Vollendung der Morphologie Goethes durch Alexander von Humboldt. Göttingen 1970
MUTHMANN, FRIEDRICH: Alexander von Humboldt und sein Naturbild im Spiegel der Goethezeit. Zürich u. a. 1955
Natur, Mathematik und Geschichte. Beiträge zur Alexander-von-Humboldt-Forschung und zur Mathematikhistoriographie. Hg. HANNO BECK u. a. Leipzig 1997
PEREYRA, CARLOS: Humboldt en América. Madrid [1917]
TAMS, ERNST: Materialien zur Geschichte der deutschen Erdbebenforschung bis zur Wende vom 19. zum 20. Jahrhundert. Teil 1. Stuttgart 1952
[THIEMER-]SACHSE, URSULA: Beiträge deutscher Gelehrter zur Erforschung der altmexikanischen Kulturen und der zeitgenössischen Indianerproblematik. Diss. (masch.) Rostock 1968
WATTENBERG, DIEDRICH: Alexander von Humboldt und die Astronomie. Berlin 1959
ZÚÑIGA, NEPTALÍ: Humboldt y la geografía de las plantas; obra ecuatoriana. Quito 1964

b) Geographie

Alejandro de Humboldt en Cuba. Augsburg 1997 *[Katalog]*
Alejandro de Humboldt en México. Beiträge FRANK HOLL u. a. México 1997
Alexander von Humboldt. Abenteuer eines Weltreisenden. Hg. REINHOLD SANTNER. Gütersloh; Wien 1980

Alexander von Humboldt – die andere Entdeckung Amerikas. Hg. WOLFGANG GREIVE. Rehburg-Loccum 1993

Alexander von Humboldt. Stationen eines Forschungsreisenden. Berlin und Teneriffa. / Escalas de un viajero explorador. Berlín y Tenerife. 1999 *[Katalog]*

BECK, HANNO: Alexander von Humboldt und Mexiko. Bad Godesberg 1966

–: Alexander von Humboldts Amerikanische Reise. Aufgezeichnet von H. B. Stuttgart 1985

–: Alexander von Humboldts Reise durchs Baltikum nach Russland und Sibirien 1829. Stuttgart ³1991

–: Große Geographen. Pioniere – Außenseiter – Gelehrte. Berlin 1982

BERRILL, N. J.: Journey into wonder. New York 1952

BOWEN, MARGARITA: Empiricism and geographical thought. From Francis Bacon to Alexander von Humboldt. Cambridge u. a. 1981

BUGENHAGEN, ULRICH: Alexander von Humboldts Reiseweg in Venezuela rund um Cumana. Quantitative Aspekte des Itinerars u. ihre qualitative Interpretation. Diss. Freiburg i. Br. 1994

CIORANESCU, ALEJANDRO: Alejandro de Humboldt en Tenerife. Santa Cruz de Tenerife 1960

Durch das Land der Azteken. Berichte deutscher Reisender des 19. Jahrhunderts aus Mexiko und Guatemala. Auswahl HERBERT SCURLA. Berlin 1978

FAAK, MARGOT: Alexander von Humboldt auf Kuba. Berlin 1995

–: Alexander von Humboldts Begegnung mit den Indios in Venezuela im Spiegel seiner Tagebücher. Berlin 1993

FÖRSTER, KARL: Die Iberische Halbinsel als Arbeitsgebiet Alexander von Humboldts . O. O. 1923 [Diss. Leipzig]

GEBAUER, ALFRED: Alexander von Humboldt. Beginn der Südamerika-Reise; seine Woche auf Teneriffa 1799. Berlin [1989]

GRAU, ENRIQUE: El pequeño viaje del barón von Humboldt. [Colombia 1984]

HAGEN, VICTOR W. VON: Südamerika ruft. Die Entdeckungsreisen der großen Naturforscher La Condamine, Humboldt, Darwin, Spruce. Wien 1948

Im Lande der Kariben. Reisen deutscher Forscher des 19. Jahrhunderts in Guayana. Alexander von Humboldt, Robert Schomburgk, Richard Schomburgk, Carl Ferdinand Appun. Auswahl HERBERT SCURLA. Berlin 1968

MACINTYRE, LOREN A.: Die amerikanische Reise. Auf den Spuren Alexander von Humboldts. Hamburg 1982

MINGUET, CHARLES: Alexandre de Humboldt, historien et géographe de l'Amérique espagnole 1799–1804. Paris 1997

MIRANDA, JOSÉ: Humboldt y México. México 1962

ORTEGA Y MEDINA, JUAN A.: Humboldt desde Mexico. Mexico 1960

PAULUKAT, INGE: Die Auswertung der gesellschaftlich-geographischen Erkenntnisse der großen Forschungsreise Alexander von Humboldts in seinen Länderdarstellungen über Iberoamerika. Diss. Berlin 1960

PETERSEN, GEORG, E. H. NUÑEZ: El Perú en la obra de Alexander von Humboldt. Lima 1971

Stars, mosquitoes and crocodiles. The American Travels of Alexander von Humboldt. Hg. MILLICENT E. SELSAM. New York, Evanston 1962

STEFOFF, REBECCA: Scientific explorers. Travels in search of knowledge. New York 1992

STEVENS-MIDDLETON, RAYFRED L.: La obra de Alexander von Humboldt en México. Fundamento de la geografía moderna. Mexico City 1956

TULARD, JEAN: L'Amérique espagnole en 1800 vue par un savant allemand: Humboldt. Paris 1965

VARESCHI, VOLKMAR: Geschichtslose Ufer. Auf den Spuren Alexander von Humboldts am Orinoko. München ²1971

c) Geschichte und Politik

Alexander von Humboldt über die Sklaverei in den USA. Eine Dokumentation. Hg. Philip S. Foner. Berlin [1984]

Alexander von Humboldt und das neue Geschichtsbild von Lateinamerika. Hg. Michael Zeuske u. a. Leipzig 1992

Bitterli, Urs: Die Entdeckung Amerikas von Kolumbus bis Alexander von Humboldt. Neuausg. München 1999

Bonnlander, Helene: Der vermittelte Imperialismus. Der Blick auf außereuropäische Lebenswelten von Alexander von Humboldt zu Heinrich Brugsch. Frankfurt/M. u. a. 1998

Brann, Edward R.: The political ideas of Alexander von Humboldt. Madison 1954

Goetzl, Ursula: Alexander von Humboldt als Geschichtsschreiber Amerikas. Diss. München 1966

Politica, scienze e cosmopolitico: Alexander e Wilhelm von Humboldt. A cura di Corrado Malandrino. Milano 1997

d) Weltanschauung, Bildung, Wissenschaft, Kunst und Literatur

Heller, Georg: Die Weltanschauung Alexander von Humboldts in ihren Beziehungen zu den Ideen des Klassizismus. Leipzig 1910

Leitner, Ulrike: «Das Leben eines Literaten, das sind seine Werke» – Alexander von Humboldt, von den «Ansichten der Natur» bis zum «Kosmos». Berlin 1995

Löschner, Renate: Lateinamerikanische Landschaftsdarstellungen der Maler aus dem Umkreis von Alexander von Humboldt. Diss. TU Berlin 1976

Mattick, Friedrich: Entwicklungsstufen im Denken Alexander von Humboldts vor seiner Amerikareise, dargestellt an Hand seiner Reizphysiologie. Diss. München 1947

Die mexikanischen Bilderhandschriften Alexander von Humboldt's in der Königlichen Bibliothek zu Berlin. Erl. Eduard Seler. Berlin 1893

Päch, Susanne: Alexander von Humboldt als Wegbereiter naturwissenschaftlicher Volksbildung. München 1980

Richter, Wilhelm: Der Wandel des Bildungsgedankens. Die Brüder von Humboldt, das Zeitalter der Bildung und die Gegenwart. Berlin 1971

Universalismus und Wissenschaft im Werk und Wirken der Brüder Humboldt. Hg. Klaus Hammacher. Frankfurt a. M. 1976

Van Dusen, Robert: The literary ambitions and achievements of Alexander von Humboldt. Bern 1971

Zúñiga, Neptalí: Manuscritos inéditos de Humboldt y la ciencia universal. Ambato 1989

7. Beziehungen, Wirkungen, Einflüsse

Alexander von Humboldt. Eigene und neue Wertungen der Reisen, Arbeit und Gedankenwelt. Beitr. H. Wilhelmy u. a. Wiesbaden 1970

Alexander von Humboldt. Weltbild und Wirkung für die Wissenschaften. Hg. Uta Lindgren. Köln, Wien 1990

Alexander von Humboldt. Werk und Weltgeltung. Hg. Heinrich Pfeiffer. München 1969

Alexander von Humboldt a Ceské Zeme / Alexander von Humboldt und die Böhmischen Länder. Prag 1996

Biermann, Kurt-R.: Beglückende Ermunterung durch die akademische Gemein-

schaft. Alexander von Humboldt als Mitglied der Berliner Akademie der Wissenschaften. Berlin 1991
–: Ja, man muss sich an die Jugend halten! Alexander von Humboldt als Förderer der forschenden Jugend. Schernfeld 1992
Die Brüder Humboldt und ihre Zeit. Berlin [1985]
CASTELLANOS, ALFREDO: Influencia de los científicos alemanes en el desarrollo de las ciencias naturales en la Argentina. Rosario 1970
HARTMANN, HANS u. a.: Die Brüder Humboldt heute. Abhandlungen. Mannheim 1968
Humboldt und Salzburg. Salzburgensische Notizen und Berichte mit den Beiträgen des 2. Alexander-von-Humboldt-Kolloquiums der Academia Cosmologica Nova [...] Hg. J. F. G. GROSSER, F. SCHMEIDLER. Salzburg 1982
JASKUÚA, ROMAN: Alexander von Humboldts Beziehungen zu Karol Forster. Berlin 1997
KIELHORN, FRIEDRICH-WILHELM: Alexander von Humboldt und der Arzt Johann Friedrich Dieffenbach. Berlin 1998
KUCZYNSKI, JÜRGEN: Zum Briefwechsel bürgerlicher Wissenschaftler. Berlin 1976
LEITZMANN, ALBERT: Georg und Therese Forster und die Brüder Humboldt. Urkunden und Umrisse. Bonn 1936
MAY, WALTHER: Alexander von Humboldt und Charles Darwin. Brackwede 1911
MESCHKOWSKI, HERBERT: Von Humboldt bis Einstein. Berlin als Weltzentrum der exakten Wissenschaften. München, Zürich 1989
Nord und Süd in Amerika. Gemeinsamkeiten – Gegensätze – Europäischer Hintergrund. Hg. WOLFGANG REINHARD, PETER WALDMANN. Freiburg 1992
RÜBE, WERNER: Alexander von Humboldt. Anatomie eines Ruhmes. München 1988
SCHNEPPEN, HEINZ: Aimé Bonpland: Humboldts vergessener Gefährte? Berlin 2000
SUCKOW, CHRISTIAN: Der Oberbergrat privat. Freundschaften Alexander von Humboldts in seinen fränkischen Jahren. Berlin 1993
VOGT, MARGARETE: Alexander von Humboldt in seinen Beziehungen zum französischen Geistesleben. Diss. (masch.) Erlangen 1922
Vom Ende der Humboldt-Kosmen. Konturen von Kulturwisssenschaft. Hg. BERND HENNINGSEN, STEPHAN M. SCHRÖDER. Baden-Baden 1997
«Welch herrliches Schauspiel bot sich unseren Augen». Eine Reise durch Südamerika nach Notizen von Alexander von Humboldt. Hg. KLAUS DYCKERHOFF. Klagenfurt 1991
WERNER, PETRA: Übereinstimmung oder Gegensatz? Zum widersprüchlichen Verhältnis zwischen A. v. Humboldt und F. W. J. Schelling. Berlin 2000

NAMENREGISTER

Die kursiv gesetzten Zahlen bezeichnen die Abbildungen

Adalbert, Prinz von Preußen 142
Aguirre y Montúfar, Carlos 93, 94, 97, 103, 106
Aguirre y Montúfar, Don Juan Pio 92 f
Aguirre y Montúfar, Rosa 92
Aleman, Lucas 120
Alströmer, Klas 88
Appun, Karl Ferdinand 146
Arago, François 109, 114 f, 132
Aristoteles 41
Artajo, Don Luis 65, 68, 72
Astorpilco 95
Atahualpa 95
August, Prinz von Preußen 140
Augusta, Deutsche Kaiserin 130, 132

Bassermann, Friedrich Daniel 129
Baudin, Thomas Nicolas 52, 60 f, 66, 86, 90, 94
Beck, Hanno 17, 40, 47, 50, 58, 59, 128, 140
Berthollet, Comte Claude-Louis 110
Bismarck, Otto, Fürst von 38
Blumenbach, Johann Friedrich 28, 29, 112, *30*
Bolívar, Simón 93, 109, 112, 120, *109*
Bonpland, Aimé Goujaud 11, 61 f, 68, 72 f, 77 f, 85 f, 89, 90 f, 97, 103, 106, 109 f, 149, *79, 82, 92*
Bougainville, Louis-Antoine de 60
Bouguer, Pierre 93
Brehm, Alfred 78, 142
Brinkmann, Karl Gustav von 19, 128
Brugsch-Pascha, Heinrich 134, 142
Buch, Leopold von, Freiherr von Gellmersdorf 36, 57, 71, 111, 112, 123, *132, 57*
Buchwald, Eberhard 152 f
Bülow, Gabriele Freifrau von 117, *133*
Bülow, Heinrich Freiherr von 117
Burmeister, Hermann C. K. 142, 145
Burwell, William A. 105
Büsch, Johann Georg 33

Caballero y Góngora, Don Antonio 88
Caldas, Francisco José de 91

Calderón de la Barca, Doña Amanda 98
Campe, Joachim Heinrich 17, 31
Cancrin, Georg Graf von 121, 122
Canning, George 117
Carlos III., König von Spanien 89
Carlos IV., König von Spanien 64
Claudius, Matthias 33
Clausewitz, Karl von 23
Clavijo, Don Rafael 64
Colomb, Marie Elisabeth s. u. Marie Elisabeth von Humboldt
Colomb, Peter 15
Cook, James 18
Cramon, Christiane von 46
Cuvier, Baron Georges 42 f

Dacheröden, Caroline von s. u. Caroline von Humboldt
Darwin, Charles Robert 42, 107, 126, 143
Davy, Sir Humphry 40
Dohm, Christian Wilhelm 17 f, 23

Ebeling, Christoph Daniel 33
Eckermann, Johann Peter 8
Ehrenberg, Christian Gottfried 122, 125, 126, *122*
Einstein, Albert 107, 112
Elhúyar, Fausto de 88, 101
de Elhúyar 88
Eliot, Thomas Stearns 151
Elisabeth, Königin von Preußen *131*
Emperán, Don Vicente 72, 85
Engel, Johann Jakob 17 f
Ernst, Adolf 145
Escallón 89

Falz, August 132
Fareras, Félix 79
Fichte, Johann Gottlieb 59
Fischer, Ernst Gottfried 27
Forell, Baron von 64
Forster, Georg 27, 28, 29, 31 f, 49, 128, 137, *31*
Franz I., Kaiser 57
Franz II., Kaiser 57, 60
Franz, Johann Michael 28, 29
Freiesleben, Johann Karl 35, 36, 46, 47, 48, 65, *33*

187

Friedrich II. der Große, König in Preußen 15, 23
Friedrich Wilhelm III., König von Preußen 114, 115 f, 130, *114*
Friedrich Wilhelm IV., König von Preußen 114, 116, 128, 130, *131*
Fürstenberg, Carl 21

Galilei, Galileo 58
Galvani, Luigi 39, 48
Gauß, Carl Friedrich 67, 138
Gay-Lussac, Louis Joseph 109, 111, 112, *107*
Gentz, Friedrich von 118
Geuns, Jan van 31, 32
Gilbert, William G. 67
Gladstone, William Ewart 38
Goethe, Johann Wolfgang von 8, 9, 12, 13, 16, 23, 29, 31, 41, 43, 44, 46, 47, 50, 53 f, 58, 59, 67, 108, 112, 123, 127, 128, 130, 131, 137, 147, 149, 152 f, *42, 51*
Gómez, Juan Vicente 77
Guevara y Vasconcellos, Don Manuel 77

Haecker, Valentin 54
Haeften, Reinhard von 46 f, 48
Haenke, Thaddäus 52
Haller, Albrecht von 28, 58 f
Hardenberg, Karl August Fürst von 39, 40, 48, 49, *112*
Harvey, William 58
Hedemann, Adelheid von 133
Hedemann, August von 133
Hegel, Georg Wilhelm Friedrich 59, 139
Heinitz, Friedrich Anton von 34, 38 f
Herz, Henriette 22, 23, 47, 48, 140, *22*
Herz, Marcus 23, 47
Heyne, Christian Gottlob 27, 28, 29, *28*
Holwede, Heinrich Friedrich Ludwig Ferdinand von 16
Humboldt, Alexander Georg von 15, 17, 23, *11*
Humboldt, Caroline von 44, 106, 111, 115, 132, 140
Humboldt, Johann Paul von 14
Humboldt, Marie Elisabeth von 15, 17, 23, 24, 25, 36, 38, 49, 50, 56, *10*
Humboldt, Wilhelm von 7, 8, 15 f,
188

23 f, 25 f, 28 f, 40, 44, 48, 49, 50, 53, 55, 56, 57, 59 f, 62, 106, 110 f, 112, 114, 115, 118, 123, 128, 130, 132, 133, 135, 140, 152, 153, *21, 42, 119*

Ihering, Hermann von 143
d'Iranda, Marquis 63
Iturrigaray, Don Vicente de 98

Jacobi, Friedrich Heinrich 31
Jacquin, Nicolaus Joseph Freiherr von 56
Jean Paul (Johann Paul Friedrich Richter) 47
Jefferson, Thomas 8, 86, 103 f, *103*
Joséphine, Kaiserin der Franzosen 110

Kant, Immanuel 23, 41 f, 59, 138
Karl V., Kaiser 88
Karl August, Herzog von Sachsen-Weimar 130
Karsten, Hermann 145
Klopstock, Friedrich Gottlieb 33
Koehler, Johann Gottfried 56
Kolumbus, Christoph 53
Körner, Christian Gottfried 56
Kretschmer, Ernst 108
Kunth, Gottlob Johann Christian 17, 23, 24, 56, 149, *17*

Laborde, José de 98
La Condamine, Charles de 93
Lalande, Joseph-Jérôme Lefrançois de 60
Laplace, Pierre-Simon, Marquis de 110
Lavoisier, Antoine-Laurent de 35, 40
Leopoldina, Erzherzogin 142
Lessing, Gotthold Ephraim 59
Levin, Rahel 22, 23
Lichtenberg, Georg Christoph 28, 29
Liebermann, Max 21
Liebig, Justus Freiherr von 9, 24, 141
Linné, Carl von 24, 88
Loder, Justus Christian 123
Löffler, Josias Friedrich Christian 25
Ludwig XIV., König von Frankreich 59

Mägdefrau, Karl 77
Manzanilla 97

María Luisa de Parma, Königin von Spanien 64
Martius, Karl Friedrich Philipp von 142
Masur, Gerhard 109
Maximilian II. Joseph, König von Bayern 142
Maximilian, Prinz von Wied 142
Medicus, Friedrich Kasimir 31
Mendel, Gregor Johann 107
Mendelssohn, Moses (Moses bei Menachem Mendel) 18, 21, 23
Metternich, Klemens, Fürst von 118
Meyen, Franz J. F. 145
Moll, Karl Ehrenbert Freiherr von 65
Montúfar, Carlos s. u. Carlos Aguirre y Montúfar
Moreau, Jean-Victor 50
Mozart, Wolfgang Amadé 23
Müller, Fritz 143
Müller, Johannes 59, 75
Mutis, Don José Celestino 64, 87, 88 f, 97, 119, 120, 87

Napoleon I., Kaiser der Franzosen 16, 52, 61, 109 f, 112 f, 127
Napoleon III., Kaiser der Franzosen 16
Nava, Marqués de 70
Newton, Sir Isaac 58, 152 f
Niebuhr, Markus 130

Oltmanns, Jabbo 147
Ostwald, Wilhelm 138, 140

Peale, Rembrandt 106
Pedro I., Dom 142
Pfaff, Johann Friedrich 28
Philippi, Bernhard 145
Philippi, Rudolf Amandus 145
Planck, Max 107
Platon 137
Poeppig, Eduard 144
Polier, Graf 123
Pombo, José Ignacio 87, 91
Pozo, Carlos del 78

Rathenau, Walther 21
Reden, Friedrich Wilhelm Graf von 38 f
Reimarus, Hermann Samuel 33
Reinhardt, Max (Max Goldmann) 21
Rennell, James 117
Rennell 117

Río, Andrés Manuel del 101
Rodriguez, Señora 98, 140
Rose, Gustav 121, 122, 125, 126, 121
Rousseau, Jean-Jacques 59

Saussure, Horace Bénédict de 49
Schelling, Friedrich Wilhelm Joseph von 59, 139 f, 156
Schiller, Friedrich 8, 44, 46, 53, 56, 59, 138, 150, 42
Schlegel, Friedrich 57
Schumacher, Hermann Albert 78
Schwerin, Graf 128
Seifert, Caroline 132
Seifert 132
Sieveking 33
Spix, Joh. B. 142
Stahl, Georg Ernst 35
Stein, Karl, Reichsfreiherr vom und zum 23, 38 f

Tafalla, Juan 97
Tapayupangi 94
Terra, Helmut de 47, 99
Thornton 106
Tumenew, Sered-Dschab 125

Uhle, Max 146
Urquijo, Don Marino Luis de 64

Vareschi, Volkmar 77
Veit, Dorothea 23
Vergara y Caicedo, Don Fernando de 89
Voght, Kaspar von 33
Voigt, Johann Karl Wilhelm 30
Volta, Alessandro Graf 48, 112
Voltaire (François-Marie Arouet) 59

Wagner, Moritz 142
Wegener, Wilhelm Gabriel 24, 26, 27, 28, 32, 46, 47
Werner, Abraham Gottlob 30, 35 f, 43, 71, 32
Wilhelm, Prinz von Preußen 114
Wilhelm I., Deutscher Kaiser 130, 133
Willdenow, Karl Ludwig 12, 27, 36, 56, 65, 80, 86, 135, 25

Zach, Franz Xaver von 56
Zea, F. A. 120
Zelter, Karl Friedrich 127
Zerda, Don Pedro Mejía de la 88

QUELLENNACHWEIS DER ABBILDUNGEN

Dr. Richard Bitterling: Frontspitz, 10, 11, 14/15, 17, 19, 22, 25, 26, 28, 30, 31, 32, 33, 37, 39, 53, 57, 68/69, 70, 73, 76, 83, 87, 92, 100, 101, 102, 103, 104, 107, 109, 111, 113, 114, 116, 119, 121, 124, 125, 131, 132, 134, 136, 139, 144, 147, 151 / Schiller-Nationalmuseum, Marbach: 21 / Institut für Film und Bild in Wissenschaft und Unterricht, München: 45, 96, 141 / Ullstein-Bilderdienst, Berlin: 51 / Bildarchiv Preußischer Kulturbesitz, Berlin: 79, 82, 155 / Aus «Horizon», Juli 1959, Bd. 1, Nr. 6: 80/81, 84/85, 105 / Prof. Dr. Adolf Meyer-Abich: 99, 148 / Österreichische Nationalbibliothek, Wien: 110 / Archiv für Kunst und Geschichte, Berlin: 129, 143; Sammlung Historia-Photo: 34, 42, 74, 122, 126 / Metropolitan Museum of Art, New York: 133.

ÜBER DEN AUTOR

Adolf Meyer-Abich (1893–1971), Philosoph und Historiker der Naturwissenschaften, ab 1930 Professor in Hamburg, Mitbegründer und Hauptvertreter der Ganzheitslehre.

Beiträge zur Geistesgeschichte der Naturwissenschaften, insbesondere der Biologie u. a.: Ideen und Ideale der biologischen Erkenntnis (1934); Naturphilosophie auf neuen Wegen (1948); Geistesgeschichtliche Grundlagen der Biologie (1963)

rowohlts monographien

Politik und Geschichte

Anne Frank
Matthias Heyl
3-499-50524-X

Kemal Atatürk
Bernd Rill
3-499-50346-8

Friedrich II. der Große
Georg Holmsten
3-499-50159-7

Mahatma Gandhi
Heimo Rau
3-499-50172-4

Adolf Hitler
Harald Steffahn
3-499-50316-6

Katharina die Große
Reinhold Neumann-Hoditz
3-499-50392-1

Marco Polo
Otto Emersleben
3-499-50473-1

Napoleon
André Maurois
3-499-50112-0

Willy Brandt
Carola Stern
Wie nur wenigen Politikern gelang es Willy Brandt, die Herzen der Menschen zu erobern. Unbestritten ist er einer der bedeutendsten Staatsmänner des 20. Jahrhunderts.

3-499-50576-2